成熟社会と
マーケティング・
イノベーション

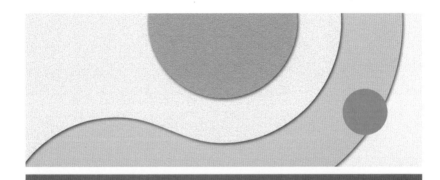

広垣光紀 ● 著

千倉書房

はしがき

　本書の目的は，消費者ニーズを起点としたマーケティングにおける「製品開発」，「流通」，「小売システム」の三つのイノベーションを手掛かりに，成熟しつつある社会や市場に適合する新たなビジネスモデルの可能性を探り，企業が継続的に利益を獲得する仕組みを実現するためのインプリケーションを得ることである。

　少子高齢化による人口構成の変化，東京一極集中による経済の地域格差など，現在の日本が直面する社会構造の変化は，日本の小売マーケットに大きな影響を及ぼしている。この需要サイドの変化に対応するために，メーカーや小売・卸売業者は，成長が見込める海外市場，とりわけアジア市場への進出を推し進める一方で，新たな製品や小売ビジネスモデルの開発により，飽和し縮小傾向にある日本国内市場での成長機会の獲得も模索しようとしている。とりわけ，メーカーや小売・卸売業者にとっての命題は，「価格競争に陥りやすい製品カテゴリーの中で，いかに差別化を図った製品開発を行うか」，「既存の小売業態と流通システムをいかに消費者ニーズの変化に適合させるか」，「消費者ニーズに応じた新たな小売ビジネスモデルをいかに構築するか」という三つの課題に対する取り組みであり，そのために消費者との対話を通じてそのニーズを汲み取るというマーケティング活動がこれまで以上に重要となってきている。加えて，人口減少社会に突入しつつある日本においては，新たなニーズを掘り出し，それを適切な手段で消費者に提供することは，企業の利益維持のためだけでなく，健全な社会を持続する上でも重要であるといえよう。

　しかしながら，このような問題に関する定量的な研究はいまだ少なく，多くは事例調査にとどまっているのが現状である。そこで本書では，独自のアンケートと実験による消費者行動調査の結果を基に，現在の日本の消費者および消費行動の特性を明らかにし，どのような製品や小売サービスを提供すること

が望ましいのか，という問題への答えを探る。そのため，1,000サンプル超の独自のアンケート調査データを用いるなどに加え，評定・選択型各種のコンジョイント分析，ロジット分析など多様な定量分析手法を応用することで，これまで解明が進められてこなかったこれらの問題にアプローチする。

本書は，上述の三つの課題に焦点を当てた三部で構成される。第Ⅰ部では，「価格競争に陥りやすい製品カテゴリーの中で，いかに差別化を図った製品開発を行うか」について，消費者アンケート調査を基に，機能性食品に対する消費者の意識と，それに対応するマーケティング活動のあり方を明らかにする。第Ⅱ部では，「既存の小売業態と流通システムをいかに消費者ニーズの変化に適合させるか」について，サプライチェーンの変革と，それが取引構造に与える影響を分析する。第Ⅲ部では，「消費者ニーズに応じた新たな小売ビジネスモデルをいかに構築するか」について，ネットスーパーの事例を基に，消費者の好みに作用するさまざまなビジネス要因を明らかにする。

以上の展開により，人口減少と少子高齢化が進む日本に適合するマーケティングとそのイノベーションに関心を持つ読者諸氏に，問題のさらなる理解と，解決のための手がかりを提供することができれば幸いである。

本書は，著者が過去10年の間に行ってきた研究をまとめたものである。本書を執筆するにあたっては，さまざまな方にお世話になり，ここでお礼申し上げたい。

丸山雅祥先生（神戸大学）には，理論と実証の両面を重んじるアカデミックな雰囲気の下，暖かなご指導を賜った。先生に，心よりお礼申し上げたい。

石井淳蔵先生（流通科学大学）には，大学院での学位論文のご指導に加え，マーケティング研究の考え方，方法論について学ばせていただき，本書のテーマ設定や問題意識を考える上で大変参考になった。

松島法明先生（大阪大学）には，産業組織論・ミクロ経済学の視点からいくつものアドバイスをいただき，特に流通システムを分析する上で大変貴重なヒントをいただいた。

高嶋克義先生，南知恵子先生，栗木契先生（神戸大学），川端基夫先生（関西学

院大学），新倉貴士先生（法政大学）には，小売マーケティング，製品開発の視点から貴重なご指導を賜った。John L. Stanton 先生（St Joseph's University），Leo Paul Dana 先生（The University of Montpellier），Shahid Anjum 先生（Universiti Teknologi Brunei）には，消費者行動および企業行動の定量・定性分析に関して，貴重なご意見をいただいた。

　本書のもととなった研究は，科学研究費補助金（課題番号 20830129, 23730424, 26780236）釧路公立大学地域分析研究委員会および財団法人北海道開発協会による研究助成を受けている。記して感謝申し上げたい。

　本書の出版に際しては，出版状況の厳しい中，出版をお引き受け下さった千倉書房代表取締役社長千倉成示氏，取締役川口理恵氏，編集の過程でご尽力いただいた編集部の岩澤孝氏に心よりお礼申し上げる。また，元編集部長の関口聡氏においては，本書の完成までに千倉書房を定年退職されましたが，初期の段階から編集にお力添えをいただき，感謝申し上げる。

　最後に，私事にわたり恐縮であるが，研究者という職業を目指すことを理解していただき，常に暖かく支援してくださった父 広垣健吾，母 広垣繁子，そして日々研究生活を支えてくれている妻 かおりに深く感謝し，本書を捧げたい。

2016 年 8 月

広 垣 光 紀

目　次

はしがき………i

序章　日本の小売マーケットをめぐる変化とその問題……………1

  1　問題の所在………2
    1-1　国内マーケットの縮小傾向………2
    1-2　消費者の意識・ライフスタイルの変化・多様化………2
    1-3　日本企業のマーケティング課題………4
  2　本書の目的………5
  3　本書の特徴………5
  4　本書の構成・要約………6

第Ⅰ部　製品イノベーション

第1章　製品差別化と消費者関与……………………………13

  1　はじめに………14
  2　低関与製品に対するマーケティング戦略：
    その手法について………15
    2-1　低関与製品とは………15
    2-2　低関与製品に関するマーケティング………16
    2-3　ヘルスケアおよび機能性食品について………17
  3　低関与製品に対するマーケティング戦略：
    その有効性について………18
    3-1　機能性食品における情報提供に関する研究………18
    3-2　製品の受容・購買に関する阻害要因について………21

4　結　語………23

第2章　特定保健用食品（トクホ）表示が購買行動に及ぼす影響——若年消費者へのアンケート調査——
……………………………………………………………………… 27

1　はじめに………28
2　日本における機能性食品マーケティングの状況………30
  2-1　特定保健用食品（トクホ）表示の認可システムと市況………30
  2-2　栄養素表示規制システムと市況………32
3　機能性食品選択の概念モデル：仮説………33
4　データ………36
5　仮説検証：ロジットモデル………38
6　分析結果………39
7　総　括………42

第3章　トクホ表示は，製品にどの程度の付加価値を生み出すか？——商品選択実験による価格推計——
……………………………………………………………………… 45

1　問題意識：健康強調表示（ヘルスクレーム）と信用属性………46
2　先行研究の検討と仮説の設定………48
3　データと方法論………51
  3-1　方法論………51
  3-2　データ………53
4　分析結果とその検証………54
  4-1　全回答者の分析結果………55
  4-2　健康意識の高い回答者およびそれ以外の回答者の分析結果………56

 5 総　括………58

第Ⅱ部　流通イノベーション

第4章　サプライチェーンの革新とその要因……………………………63

 1 はじめに………64
 2 サプライチェーンの革新………65
  2-1 スポット的取引から契約的取引へのシフト………65
  2-2 各国におけるサプライチェーンの変化：その実態………66
   2-2-1 英国………66
   2-2-2 米国………66
   2-2-3 日本………67
 3 サプライチェーン革新の要因………69
  3-1 各要因について………69
  3-2 要因1：競争構造………69
   3-2-1 競争市場から寡占市場へのシフト………69
   3-2-2 組織規模………71
  3-3 要因2：技術変化：物流・情報流イノベーション………72
   3-3-1 物流・情報流に関するイノベーション………72
  3-4 要因3：小売の戦略行動………73
   3-4-1 製品差別化………73
   3-4-2 リスク分担・取引費用………74
 4 結　語………75

第5章　生鮮サプライチェーンの構造変化
　　　　　——実態の整理——……………………………………………77

 1 はじめに………78
  1-1 青果物の流通に対する公的・私的対応………78

      1-2　卸売段階の変革とその実態………79
      1-3　分析方法………79
      1-4　本章の構成………80
  2　卸売構造の変革：統計調査………80
      2-1　欧米各国における卸売構造の変革………80
      2-2　青果物の流通規模とその構造………83
      2-3　卸売市場による青果物流通の比重：全体に占めるウエイト………86
      2-4　中間業者の実態：業者数・規模分布の変化………87
      2-5　取引慣行の変化：統計調査………90
      2-6　卸売構造の変革：要約………94
  3　生産段階の変化：統計調査………94
      3-1　組織の大型化・集中化………95
  4　小売段階の変化：統計調査………98
      4-1　小売段階の構造変化：組織小売業の台頭と消費者行動の変化………98
  5　卸売構造の変革を促す要因：組織小売業の流通戦略とその実態調査
      ………101
      5-1　実態調査：組織小売業A社の実態調査………102
      5-2　組織小売業の流通戦略：青果物調達システムの革新………102
      5-3　卸売段階における構造変化：その背景………105
  6　内容の要約：欧米との共通した特徴・日本独自の特徴………106

第6章　卸売市場取引と直接契約的取引
　　　　――比較と分析――……………………………………………111

  1　はじめに………112
  2　関連研究………113
  3　流通システムの理論分析………115
      3-1　構造1：伝統的流通のケース………116
      3-2　構造2：卸売市場流通のケース………118
      3-3　構造3：交渉取引流通のケース………121

4　分析結果………124
　　4-1　価格と消費者余剰の比較………124
　　4-2　生産者余剰と社会的余剰の比較………127
　　　4-2-1　伝統的流通（構造1）から卸売市場流通（構造2）への移行………127
　　　4-2-2　卸売市場流通（構造2）から交渉取引流通（構造3）への移行………130
　5　分析結果の要約とその解釈………133

第Ⅲ部　リテール・イノベーション

第7章　ネットスーパーのビジネスモデル
──サービスおよび流通システム──………139

　1　はじめに………140
　2　ネットスーパー市場の実態………141
　　2-1　欧米・アジアにおけるオンライン・グローサリー市場の実態………141
　　　2-1-1　アメリカ市場………142
　　　2-1-2　ヨーロッパおよびアジア市場………142
　　2-2　日本におけるネットスーパーの形成と発展………143
　　2-3　日本におけるネットスーパーの市場規模………145
　3　ネットスーパーのビジネスモデル………146
　　3-1　流通システム………146
　　　3-1-1　店舗型配送モデル………147
　　　3-1-2　センター型配送モデル………147
　　3-2　各ビジネスモデルの特徴………148
　　　3-2-1　店舗型配送モデル………148
　　　3-2-2　センター型配送モデル………149
　　3-3　ネットスーパーにおけるサービス水準：大手チェーンのケース………152
　　3-4　サービス水準とビジネスモデルの関連性………155

4　結　語………156

第8章　ネットスーパー選択の決定要因
　　　　——首都圏における消費者アンケート調査——………161

　1　はじめに………162
　2　先行研究および仮説設定………163
　3　データと方法論………165
　　3-1　方法論………165
　　3-2　プランカードの組み合せ………167
　　3-3　データ：首都圏の消費者へのアンケート調査………169
　4　分析結果………171
　　4-1　回答者全員からの分析結果………171
　　4-2　ネットスーパー利用者の分析結果………173
　5　考　察………175
　6　結　論………177

第9章　買い物弱者（買い物難民）と小売業態………179

　1　はじめに………180
　2　日本における買い物弱者：その背景と小売サービス………181
　　2-1　買物弱者の定義………181
　　2-2「買い物弱者」の規模について………182
　　2-3　買い物支援に向けた新たな小売業態について………183
　　　2-3-1　消費者に近い場所に店舗を設ける：小型店舗，移動販売店舗………184
　　　2-3-2　消費者に商品を届ける：宅配（買い物代行）………186
　　　2-3-3　消費者に移動手段を提供する：シャトルバス，コミュニティバス………187
　3　「買い物弱者」向け小売業態におけるサービス要因………187

4 結　語………191

第10章　チェックアウト・サービス（清算サービス）が顧客満足に与える影響……………………………………193

1　はじめに………194
2　先行研究と仮説設定………195
3　方法論………199
　3-1　方法論………199
　3-2　プランカードの組み合せ………201
4　データ………203
5　概念モデルと分析………204
6　分析結果………205
7　考　察………209
8　総　括………212

終章　本書のまとめと今後の取り組むべき課題………………213

1　本書の主要な結論………213
　1-1　第Ⅰ部の主要な結論………213
　1-2　第Ⅱ部の主要な結論………215
　1-3　第Ⅲ部の主要な結論………216
2　今後の研究課題………218

参考文献………221
索引………243

序章

日本の小売マーケットを
めぐる変化とその問題

1　問題の所在

　日本における小売マーケットでは，現在，質的な面でも量的な面でも大きな変化が起こっている。これは，消費者の価値観の多様化や意識変化，世代・地域間の格差の増大，長引く経済の低迷による可処分所得の減少，少子高齢化による人口分布の変化やボリュームの減少など，いずれも消費者の変化や多様化を起点として生じたものであり，画一的な製品・サービスを提供するだけでは，企業は消費者ニーズを充足できなくなっている。そこには，人口統計的属性（デモグラフィックス）はもちろん，購買行動・購買心理といった心理的属性（サイコグラフィックス）も考慮した多様なアプローチによる消費者理解が必要とされる。

1-1　国内マーケットの縮小傾向

　国の調査によれば，2000年は1億2,693万人であった日本の総人口は，2030年には1億1,662万人に減少し，2048年には1億人を割り9,913万人となると見込まれている（国立社会保障・人口問題研究所「日本の将来推計人口（平成24年1月推計）」）。加えて，消費者の可処分所得も減少しつつある。勤労者の年収推移は，1997年の467万円をピークに2012年は408万円に下がり，15年の間に1割強の減少となっている（国税庁「平成24年民間給与実態統計調査」）。そして，こうした人口減少と可処分所得の低下が国内マーケットのパイ全体の縮小につながっているのである。

1-2　消費者の意識・ライフスタイルの変化・多様化

　消費者の意識やライフスタイルについても，世代間，世代内ともに大きな変

化が生じている。野村総合研究所による 2012 年の調査によれば，所得の減少にもかかわらず，「好きなものは高価でも貯金して買う」といった消費意識が全世代にうかがえる（野村総合研究所「生活者 1 万人アンケート」）。また，ニールセン・カンパニーが 2013 年に実施した国際比較調査によれば，日本でのアンケートで 4 人に 1 人（23％）が「画期的な新商品があれば，高価でも喜んで支払う」，「新しいブランドを喜んで試してみるほうだ」と回答している。「（全く）そう思わない」は 1 割程度に留まり，革新的な製品，あるいは自分にとって興味ある商品については購買意欲が旺盛であることがわかる（ニールセン「新商品購入に関するグローバル調査」）。

ライフスタイルについても多様化が進んでいる。雇用形態のうち「非正規雇用者」の割合は，25～34 歳男性では 2002 年から 2013 年の約 10 年間に約 10％増え，2 割に迫っている。世帯では，単身・核家族が増え，3 世代世帯は減少し続けている。世帯構造をみると，「夫婦と未婚の子のみの世帯」が 1,454 万 6 千世帯（全世帯の 28.8％）でもっとも多く，次いで「単独世帯」が 1,366 万 2 千世帯（同 27.1％），「夫婦のみの世帯」が 1,174 万 8 千世帯（同 23.3％）となっており，3 世代世帯は 6.9％である。2001 年ではそれぞれ，単独世帯 24.1％，夫婦のみの世帯 20.6％，3 世代世帯は 10.6％であった（厚生労働省「平成 26 年国民生活基礎調査」）。

高齢化，都市圏への人口集中，地方の過疎化も進行している。65 歳以上の高齢人口は 2000 年には総人口の 18.5％（2,362 万人）であったが，2013 年には 25.1％で 4 人に 1 人を上回り，2025 年には 30％を超えると推計されている（国土交通省「平成 23 年国土の長期展望中間とりまとめ」）。これは，マーケットのボリュームゾーンが若年者から中高年へと変化しつつあることを意味する。並行して，首都圏を含めた三大都市圏への人口集中とそれ以外の地域における過疎化も急速に進んでいる。三大都市圏の総人口に占めるシェアは 2005 年の時点で 50％を超えており，うち東京圏が占める割合は 27％である。この三大都市圏人口の総人口に対する比率は，2030 年には 53.1％まで上昇すると想定されている。

1-3　日本企業のマーケティング課題

　これらのマーケットの変化に対し、企業はいまだ十分な収益を上げていない。内閣府の調査（平成25年度年次経済財政報告）によれば、企業の収益性を測る指標の一つであるROA（Return On Assets: 総資産利益率）について、製造業、非製造業いずれの業種においても、大企業から中小企業まで企業の規模を問わず、日本企業には長期的な低下傾向がみられる。この傾向は、海外の企業と比較するとより明らかである。製造業のデータのみではあるが、国際比較の結果ではアメリカ、ドイツ企業と比べて日本企業のROAの低さが目立つ。こうした日本企業の収益性の低さの原因として、内閣府は(1)企業間における横並び志向および製品差別化の程度の低さ、(2)研究開発効率の低下、(3)流通システム等における高コスト構造を挙げている。そして、これらが薄利のビジネスモデルを企業に強い、経済全体あるいは個別企業の付加価値の向上や収益性の伸びを阻害する要因になっていると指摘している。

　このような消費者の人口統計学的な変化およびライフスタイルの多様化は、典型的な消費者像を想定して製品・サービスを開発し、単一のマス・マーケットのみをターゲットにマーケティングを行って収益を上げるという、企業の従来のやり方がもはや通用しないことを意味している。そうではなく、消費者と対話し、その多様なニーズをきめ細かく汲み取るというマーケティング活動がこれまで以上に重要になっているのである。さらに、人口減少社会においては、新たな消費者のニーズを掘り出し、それに適切に応える製品やサービスを消費者に提供することは、企業の利益維持のみならず、健全な社会の持続のためにも重要であるといえよう。

2　本書の目的

　本書では，こうした激変する小売マーケットにおいて革新的な製品およびビジネスモデルで事業の拡大に成功しているヘルスケア製品，生鮮サプライチェーンおよび小売サービスについて取り上げる。これらの分野におけるイノベーションは欧米先進国において先行されており，関連する研究の数も多いが，日本における定量的な研究はいまだ限られている。本書は，これらの製品・ビジネスモデルにおけるイノベーションの日本的な特徴を明らかにする。とりわけ，先行研究では十分に焦点が当てられてこなかった消費者の特徴や意識（人口統計学的・心理的変数等）がそれらにどのように影響するかについて注目する。その上で，日本の少子高齢化社会に適合する商品・ビジネスモデル開発を支援し，成熟社会におけるマーケティングのあり方やヒントを提示したい。

3　本書の特徴

　本書の特徴としては，次の3点が挙げられる。1点目は，これまで日本では定量的研究が少なく，事例研究に留まることの多かった各マーケティング・イノベーションについて，独自に収集したアンケートデータ・実験データに基づいて定量分析を行ったことである。2点目は，多様なデータ解析手法を用いて分析を行ったことである。たとえば，本書で用いたコンジョイント分析では，消費者自身が気づかなかった購買の決め手などが明らかになるだけでなく，それぞれの決め手に対して価格を支払う意欲がどの程度あるのかなどについても明確化できる。製品・サービスに対する消費者の意識やニーズの多面性をより

明確に把握するためには，こうした多様な分析手段を用いることが有効である。そして3点目の特徴は，本書における研究がいずれも国際的サーベイに基づいており，日本の成熟社会における消費者行動について欧米先進国との共通項・独自項を明らかにしていることである。

4 本書の構成・要約

本書は，第Ⅰ部から第Ⅲ部の三つから構成されている。第Ⅰ部では，アンケートデータに基づいて，機能性食品の商品開発およびマーケティングを分析する。これまで焦点が十分に当てられてこなかった消費者サイドの要因に注目し，これらが機能性食品のマーケティングに及ぼす影響について明らかにする。

第Ⅱ部では，消費財のサプライチェーンに変革をもたらす要因について考察する。その中でも，(1) 物流・情報流のイノベーション，(2) 製品差別化，リスク分担，流通費用の節減に関わる大規模小売企業の戦略的行動，および(3) 中間・小売段階の変化による競争構造の変革の3点に注目し，それらが企業・消費者に及ぼす影響について明らかにする。

第Ⅲ部では，複数の買い物手段を提供するいわゆる「オムニチャネル」構築の動きが大規模小売業者で広がる中，これらのうち「ネットスーパー」，買い物弱者向け小売業態の開発，および小売のチェックアウトサービスに着目し，これらの小売形態に対する消費者行動の日本的な特徴と，欧米との比較研究を行う。

第Ⅰ部 製品イノベーション

第1章 製品差別化と消費者関与

第1章では，ブランド・ロイヤルティの構築が困難で価格競争に陥りやすい

低関与製品を，いかにして高関与製品へと消費者の認識を転換させるかについて考察した。先行研究をもとに，食品の公的な認証ラベルが消費者の購買態度にもたらす影響を明らかにするとともに，それらの製品の購買の阻害要因・促進要因を列挙し，マーケティング戦略への応用について検討した。

第2章　特定保健用食品（トクホ）表示が購買行動に及ぼす影響：若年消費者へのアンケート調査

　第2章では，特定保健用食品（トクホ）に対する消費者の購買行動に及ぼす要因について，消費者へのアンケート調査に基づく実証分析（ロジット・モデルによる分析）を行った。その結果，トクホ表示（健康強調表示，ヘルスクレーム）の有無は消費者の購入意欲に明確にプラスに作用すること，特に健康意識の高いセグメントに対し購買促進効果が大きく，トクホ表示は消費者が健康食品を選ぶ際の有効な手がかり（cue）となることを確認した。他方，食品に「自然さ」を求める傾向のある消費者にとっては，トクホ表示はむしろ購買意欲にネガティブな影響を与えることも明らかとなった。これらの結果は，健康食品分野において異なる二つのセグメント，すなわち「健康機能・効能を求めるセグメント」と「食品の自然さを求めるセグメント」の存在を示唆し，それぞれに対し異なる商品開発・マーケティングの必要性が明らかとなった。

第3章　トクホ表示は，製品にどの程度の付加価値を生み出すか？：商品選択実験による価格推計

　健康志向食品について，消費者の購買選択においてどのような商品特性が重要となるのか，また，それらの商品特性に対して消費者はどの程度のプレミアム価格を支払う意思があるのかを明らかにするため，消費者に対しいくつかの仮想商品（健康茶飲料）の提示による購買実験を行った。選択型コンジョイントモデル（CBC: choice-based conjoint）による分析の結果，消費者は「原産地」に対する支払い意思額がもっとも高く，次に「トクホ表示（ヘルスクレーム）」が続いた。また，健康意識の高い消費者群では，内容量の大きさは製品評価にマイナ

スとなることがわかった。これらの結果から，健康意識が高く，機能性を求める消費者に対しては，一般消費者とは異なった形での製品開発・マーケティング活動の必要性が示唆された。

第Ⅱ部　流通イノベーション

第4章　サプライチェーンの革新とその要因

　消費財，とりわけ食品を中心としたサプライチェーンに革新をもたらす要因やそのメカニズムについて考察を加えた。その結果，過去10年間の変革の重要なファクターとして，(1) 物流・情報流に関するイノベーション，(2) 製品差別化，リスク分担や流通費用の節減における大規模小売業者の戦略行動，(3) 小規模・多段階性を特徴とする中間・小売段階の変化による競争構造の変革の三つを指摘した。とりわけ，大規模小売企業による製品差別化は，メーカーと卸・小売の間での高度なコーディネーションを必要とし，食のサプライチェーンにきわめて大きな影響を及ぼしている。

第5章　生鮮サプライチェーンの構造変化：実態の整理

　卸売市場を通じた生鮮サプライチェーンの市場構造・取引構造の急速な変化がなぜ生じているのか，統計および関係業者に対するインタビュー調査を通じてその実態を明らかにし，変化の要因について検討した。その結果，組織小売業の流通戦略の変化に伴い，それまでの店舗ごとの分散的な発注から小売本部による一括発注へとシフトすることで，卸売や産地との緊密な調整がなされるようになり，それが相対取引の増加といった卸売段階での市場構造・取引構造の変化を促す要因となっていることが明らかとなった。

第6章　卸売市場取引と直接契約的取引：比較と分析

　生鮮食品市場における取引変化の要因として，生産物の規格化，生産者の組織化および小売の大型化を取り上げ，その社会厚生への影響についてモデル分

析を試みた。その結果，(1) 卸売市場を私的企業が設立する誘引は存在しないこと，(2) 卸売市場の設立は社会厚生（生産者，流通業者そして消費者の厚生の合計値）を改善すること，そして，(3) 小売業者には卸売市場を利用するスポット的取引から直接契約取引へと取引形態をシフトさせる誘引があり，それは生産者，小売業者および消費者にとってメリットとなり得ることが明らかとなった。

第Ⅲ部　リテール・イノベーション

第7章　ネットスーパーのビジネスモデル：サービスおよび流通システム

　ネットスーパーのビジネスモデルについて，流通システムおよびサービス水準の面からその特徴を整理した。ネットスーパーには，(1) 実店舗を拠点として集荷・配送を行う店舗型配送モデル，(2) ネットスーパー専用の配送センターを設置し，それを拠点に一括して集荷・配送を行うセンター型配送モデルの二つがある。店舗型配送モデルは初期投資額が低く，かつレスポンスの速いサービスが提供できる一方，運営コストが高い傾向がある。センター型配送モデルは初期投資額が高く，レスポンスの速さなど利便性に関するサービス水準が低くなりがちであるが，運営コストを抑制できる利点がある。そのため，いずれの方式をとるかについては，高いサービス水準による利便性と配送料等の手数料の低さのうちどちらを消費者に訴求するかという，トレードオフの関係を考慮する必要がある。

第8章　ネットスーパー選択の決定要因：首都圏における消費者アンケート調査

　ネットスーパーに対する消費者行動の特徴を解明し，どのようなネットスーパーのビジネスモデルが競争優位性を持つか考察した。具体的には，首都圏の消費者を対象にアンケートを実施し，ネットスーパーを選択する際の各サービス属性の重要度を測定した。その結果，(1) 配送料はネットスーパー店舗の選

択においてもっとも大きな重要性（50％強）を持つ，(2) 配送時間帯は2番目に重視される，(3) 利便性に関するサービス属性の重要性の合計は配送料の合計に及ばない，の3点がネットスーパー選択の決定要因として挙げられた。このことから，日本のネットスーパーについては，配送料を低く抑えたセンター型配送モデルの競争優位性が示唆された。

第9章　買い物弱者（買い物難民）と小売業態

少子高齢化や地域の過疎化に伴い増加するであろう，日常の買い物（生鮮食品，日用品など）が困難な，いわゆる「買い物弱者」の消費・購買行動の特徴を明らかにし，彼らの消費者ニーズを満たしつつ採算も見込める「地域社会での持続可能な小売システム」とはどのようなものか，既存研究やケースをもとに検討した。具体的には，(1) 消費者の実店舗へのニーズ，(2) サービスを利用できる頻度，(3) サービス料金という3点を消費者の満足度に影響を与える要因として抽出し，仮説構築を行った。

第10章　チェックアウト・サービス（清算サービス）が顧客満足に与える影響

サービス業務におけるチェックアウト・サービス（清算業務）の各要素が顧客満足度に与える影響の程度について検証を試みた。具体的には，スーパーマーケットのレジでの清算サービスを事例とし，消費者アンケートに基づき完全型コンジョイント分析を行い，以下の結果を得た。すなわち，(1) 満足度に対してもっとも大きく影響するのは待ち時間の長さである。とりわけ，(2) 待ち人数が3人を超える場合，消費者の満足度は急激に減少する。(3) 待ち時間をさらに長くするような付加的なサービス（スタッフによる袋詰めなど）は，消費者の満足度にマイナスに作用する場合がある。その一方，(4) ホスピタリティ的要素（スタッフの態度など）は待ち時間に次いで消費者が重要視しており，(5) スタッフのデモグラフィック要素（年齢，性別など）は消費者の満足度や選択行動に影響をほとんど与えていない。これらの分析結果は，先行研究での他のサービス分野（ツーリズム，公共交通サービス）のそれとは異なる点がみられた。

第Ⅰ部
製品イノベーション

第1章
製品差別化と消費者関与

> **要約**
>
> 　ブランド・ロイヤルティの構築が困難な低関与製品をいかにして高関与製品へと転換させるか，それらの製品差別化に関する先行研究を手がかりに考察した。公的認証の有無（原産地表示，ブランド表示，機能性表示）が消費者の購買態度にいかに変化をもたらし，またそれらが製品に及ぼす購買の促進効果・阻害効果について検討した。

1 はじめに

長引く不況や消費の成熟化により，メーカーや小売は厳しい競争環境におかれている。とりわけ，日用雑貨や食品といった頻繁に購入される製品は，大型量販店でのPB商品の増加などにより，厳しい低価格競争に巻き込まれている。このような製品の多くは低関与製品と呼ばれ，ブランド・ロイヤルティの構築が困難で製品の差別化が難しく，価格競争にさらされやすいものが多い。こうした低関与製品の販売促進においては，どのようなマーケティング戦略が有効なのであろうか。本章では，低関与製品に対する関与を高め，差別化を行うための方策について論じる。製品への関与を高めるために提案される手法はいくつか存在するが，なかでもこれまでにある程度の成功を収めてきたものとして，製品に重要な特性を付加するという手法がある。たとえば，近年のヘルスケアへの世界的な関心の高まりから，多くのメーカーが既存の製品に新たな機能を付加する取り組みを行っており，それらに関する研究も増加している。

そこで本章では，低関与製品に対して行われるマーケティング戦略として，ヘルスケアの中でも機能性食品のマーケティングに焦点をあて，先行研究をもとにその有効性や阻害要因を整理するとともに，どのような手法が有効であるのか，先行研究での発見を交えながら検討を加え，さらに今後の研究課題を明らかにする。

第2節では，低関与製品に対するマーケティングについて概観し，それぞれの手法について検討する。第3節では，食品およびヘルスケア製品における二つの異なるマーケティング戦略について検討する。第4節はこれらの議論をまとめ，そこから浮かび上がる今後取り組むべき研究方向について提示し，結びとする。

2 低関与製品に対するマーケティング戦略：その手法について

2-1 低関与製品とは

　関与（Involvement）とは，当該の製品・サービスに対する関心の度合いであり[1]，低関与製品とは，消費者の関心の度合いが少ない製品を指している。低関与製品は，多くの場合，消費者に深く関与されず，ブランド間に大きな差異がない条件の下で購入される。同じブランドを買い続ける場合も，それは単に習慣であり，ブランド・ロイヤルティが強いわけではない（Kotler and Keller, 2006: 邦訳 pp. 250-251）。

　では，低関与製品には具体的にどのようなものが含まれるのであろうか。一般的には，習慣的な購買を行う飲料や食料品等が低関与製品の範疇に入るとされているが，その明確な区分がないまま取り扱われていることが多い。これに関して，製品ごとの低関与製品と高関与製品との区分を試みたのが小林・石橋（1997）の研究である。小林・石橋は，80品目の製品について消費者に対しアンケート調査を行った。そこでは，関与の度合いを示すものとして，その購入に際しての「機能」や「特性」へのこだわり，広告情報の受け止め方，広告への情報内容への欲求などを取り上げている。

　この研究では，関与に関する質問として次の3項目についてアンケート調査を実施している。すなわち，①商品の購入時の「こだわり」の度合い，および購入を決定する際の②会社やブランド，③価格，商品の機能や特性への考慮の有無である。調査の結果，商品・サービスの機能や特性へのこだわりの低い低関与製品は，男女共通の商品としてはアルコール飲料[2]，男性については飲料や菓子全般，およびトイレタリー製品が挙げられた[3]。このように，低関与製

品には低コストで頻繁に購入する製品のほとんどが含まれる。この場合，購買者は信念・態度・行動という通常の購買行動プロセスをたどらず，また広く情報を集め，その特性を吟味して購買ブランドを決定することも少ない。さらに，バラエティ・シーキングによるブランド・スイッチも起こりやすい（Kotler and Keller, 2006: 邦訳 pp. 250-251）。こうした低関与製品にはブランド・ロイヤルティを築きにくいため，差別化が難しく，コモディティとして価格競争に陥りやすいという問題点がある[4]。この点については，実際，トイレタリー製品や飲料などが頻繁に量販店等のプロモーション商品として扱われることからも明らかである。しかしながら，製品のコモディティ化は企業間での模倣や同質化につながり，このような状況を脱却するために企業はいずれ脱コモディティ化の模索を迫られることになる（恩蔵, 2007）。

2-2 低関与製品に関するマーケティング

低関与製品に対する有効なマーケティング手法としては，露出を高めるための小売店頭でのスペース確保や，知名度アップのためのプロモーションの実施などが有効な手法であると主張されている（池尾, 2003）。また，広告においては，高関与製品に適した新聞などの印刷媒体よりも，より受動的な媒体であるテレビ広告の方が効果的であるとされている（Krugman, 1965）。

このような広告による低関与製品に対するマーケティング戦略の成功事例として知られるのが，アサヒビールの「スーパードライ」の広告戦略である。従来，日本ではビールは低関与商品と見られていた。しかしながら，アサヒビールではテレビと同様に新聞雑誌にも広告予算を投入してコク・キレ，ドライの内容を丁寧に説明し，商品に対する理解度・好感度を高めようとした。そして，商品開発から広告活動まで一貫した努力を行うことで，「スーパードライ」を関与の高い製品にする試みに成功したのである[5]。これに続きキリンビールの「一番搾り」に人気が集まるなど，アサヒビールの新たな試みがビール全体について製造法や味への関心を高めることになったといえよう（小林, 石橋, 1997:

p. 55)。

　低関与製品についてその関与を高める手法については，上記に述べたような広告戦略以外にもさまざまな提案がなされている。Kotler and Keller は，低関与製品を高関与製品に変えるために次のような手法を提案した。すなわち，①製品を関与度の高い問題と結びつける方法，②製品を関与度の高い個人的状況に結びつける方法，③個人的価値観や自我の防衛に関連した強い感情を引き起こす広告を立案する方法，および④製品に重要な特性を付加する方法である。これらの戦略を採用して成功した事例としては，シリアルは心臓によく，家庭生活を楽しむために長生きすることは大切であると訴えた，シリアルメーカー各社の成人男性向けの広告が挙げられる（Kotler and Keller, 2006: 邦訳 p. 252)。

　たとえば，ケロッグ社は「オールブラン」のマーケティングにおいて，食物繊維とがんの関係を強調する広告キャンペーンを実施している。食物繊維の摂取が健康に良いという情報を消費者に提供した上で，「オールブラン」の食物繊維量の多さを力説し，結果としてその販売を拡大させた（Ippolito and Mathios, 1989)[6]。Childs（1997）の報告が示すように，米国の消費者を対象とした調査においては，シリアルは野菜や果物と同様に健康に良いと消費者がイメージする商品となっており，低関与製品に対するマーケティング戦略の成功事例の一つであると言える。次節では，こうした機能性を持った食品に焦点を当て，その概略をみる。

2-3　ヘルスケアおよび機能性食品について

　近年，ヘルスケアへの関心の高まりから，機能性食品のニーズが高まっている。機能性食品という分野が登場したのは 80 年代の日本であるとされているが（Siro, et al., 2008)，このマーケットは日本のみならず全世界で成長を続けている。2005 年までには 500 を超える製品が日本の厚生労働省の特定保健用食品の認可を受けたと見積もられている（Fern, 2007; Side, 2006)。

　2009 年には，経済産業省北海道経済産業局が「機能性食品に関する消費者

ニーズ調査」を実施し[7]，消費者の機能性食品の利用状況についてさまざまなデータが集められている。その中で，機能性食品の有効性に関する情報源にどのようなものがあるかの問いに対し，もっとも割合が高かったのが「商品パッケージ」(52%)，次に「インターネットの情報」(46%)，「CM・広告」(33%)，「テレビ・雑誌等の記事」(29%)という結果であったことから，店頭での製品表示の重要性が高いことがわかる。次節では，このような製品の情報伝達に関して詳細に論じる。

3 低関与製品に対するマーケティング戦略：その有効性について

3-1 機能性食品における情報提供に関する研究

前節第3項で示したように，消費者の機能性食品に関する情報収集において，店頭における商品パッケージの確認がもっとも重要な役割を果たしている。Corney, et al.(1994) は，機能性食品を選択する上での表示の重要性について調査している。では，どのような表示が消費者のニーズを高め，当該製品のマーケットシェアを高めることにつながるのであろうか。

この問題に取り組んだ研究としては，栄養が追加された加工食品（スプレッド，オレンジジュース，ヨーグルト）に関し，消費者への伝達情報を操作し，その反応をコンジョイント分析により行った Bech-Larsen, et al (2001) の実証研究がある。具体的には，アメリカ，デンマーク，フィンランドにおいてそれぞれ約500名の被験者（アメリカは507名，デンマーク，フィンランドはそれぞれ513名，3カ国の合計1,533名）に対し，スプレッド（バターおよびマーガリン），オレンジジュース，風味付きヨーグルトを調査対象商品としてコンジョイント分析を行っている。このとき，機能が追加された食品の商品説明として，①成分説明

なし (no claim)：その商品に含まれる成分について，特に説明なく成分表示のみ行う，②機能的表示 (functional claim)：その商品に含まれる成分が体に与える影響について説明，③予防的表示 (prevention claim)：その商品に含まれる成分がどのように疾病を予防し，体を改善するかについて説明，という三つの異なった手法が用いられた (図1)。そして，予測されるマーケットシェアとこれら三つの手法の関連性について，不飽和脂肪酸およびオリゴ糖の両方の成分とも，機能的表示および予防的表示を行った商品のマーケットシェアが成分表示なしの場合に比較して向上したのである。

このマーケットシェアの向上の度合いは，予防的表示のほうが機能的表示よりも高くなった。つまり，知識を伝え，健康に対する効果をより強調した表示の方が，より受容されやすくなったのである。このことは，こうした属性（信用属性）を含む食品に対し，消費者は主観的に品質を判断し購買行動を行うこと，その際に消費者に対する情報発信のコミュニケーションのあり方が重要なこと，さらに，そのコミュニケーションには情報筋の信頼性，消費者の情報受容に対するモチベーションおよび理解するための受容能力が影響することを示唆している (Brunsø, et al., 2002)。

また，日本においても，小林，他 (1997) によって食品のキャッチフレーズのあり方と購買行動との関連についての研究が行われている。1996年から1997年にかけ442名を対象に関東・東北で実施されたこの研究では，キャッチフレーズに対する健康イメージと，購買行動の関連，健康や栄養の関心や健康食品の

図1　健康機能つき商品に関するラベル例

不飽和脂肪酸（Omega-3）

成分説明なし	不飽和脂肪酸が含まれています
機能的表示	不飽和脂肪酸は下半身の血液循環を高めます
予防的表示	不飽和脂肪酸は心臓病のリスクを減らします

オリゴ糖（Oligosaccharides）

成分説明なし	オリゴ糖が含まれています
機能的表示	オリゴ糖は腸内の善玉菌を増やします
予防的表示	オリゴ糖は大腸・小腸がんのリスクを減らします

注：Bech-Larsen, et al. (2001) をもとに筆者作成。

利用状況などの実際の消費行動の関連性を調査し，その相関分析が試みられた[8]。その結果，キャッチフレーズに対して健康に良いというイメージを強く持つほど，消費行動をとりやすい傾向にあることが明らかになった（図2）。

とりわけ，相関係数の大きかったものは，「腸内のビフィズス菌を増やします」(0.511)，「一日分のカルシウムが入っています」(0.411)，「歯にやさしく虫歯になりにくい」（歯にやさしく虫歯になりにくい），「砂糖を一切使用していません」(0.404) といったキャッチフレーズで，逆に「着色料を使用していません」(0.203)，「大腸ガンの予防になります」(0.230)，「コレステロールの増加を抑えます」(0.263) は相関係数が小さかった。つまり，女子学生の健康問題と関連の強い栄養性分野健康への効果をうたっているものは健康イメージと消費行動が結びつきやすく，現在の健康問題としては捉えにくい健康の効果を表現しているものはそれらの結びつきが強くないことがわかる。実際に，身近な健康問題

図2　キャッチフレーズに対する健康イメージと実際の消費行動の相関

	キャッチフレーズ	相関係数
疾病の予防	新陳代謝を促進します	0.317
	スタミナの補給になります	0.284
	疲労回復の効果があります	0.341
	大腸ガンの予防になります	0.230
	コレステロールの増加を抑えます	0.263
	丈夫な骨や歯を作ります	0.345
	腸内のビフィズス菌を増やします	0.511
	歯にやさしく虫歯になりにくい	0.405
	天然水を使用しています	0.327
栄養素の補給	1日分のカルシウムが入っています	0.411
	鉄分がたっぷり入っています	0.312
	不足しがちな食物繊維が補えます	0.302
	レモン○個分のビタミンが入っています	0.392
	DHA・EPAが入っています	0.334
美容・ダイエット	美容の効果があります	0.392
	砂糖を一切使用していません	0.404
	カロリー半分の油脂を使用しています	0.337
	健康的にダイエットできます	0.396
食品の安全	着色料を使用していません	0.203
	農薬を使っていません	0.303

注：小林，他 (1997) より引用。なお，相関係数はすべて 0.1% 水準で有意。

と関連しているもの，美容・ダイエットなど消費のニーズが高いものに，消費に結びつきやすい商品が多い。

　疾病の予防・栄養素の補給との比較では，その相関の強さはその二つの区分というよりは身近な健康問題に関連するかどうかで異なる。たとえば，花王が2003年に発売した茶カテキンを豊富に含む飲料「ヘルシア緑茶」は，発売後10カ月程度の間に200億円を売り上げるヒット商品となった。その際，パッケージングや広告などで，中高年の男性向けに「体脂肪が気になる方に」というわかりやすい訴求を行ったことが成功の一因であるとされる（栗木，余田，清水，2006）が，これは上記の研究結果とも一致している。

3-2　製品の受容・購買に関する阻害要因について

　前節では，消費者が機能性食品を購買する際の情報提供のあり方について検討したが，同様にさまざまな阻害要因についても考慮する必要がある。Poulsen (1999) は，機能性食品を受容・購買するに当たっての阻害要因として，メーカーに対する信頼の欠如や当該食品やその機能に対する消費者の評価能力の欠如などを挙げており，そのなかでも「人工的イメージ」を強調している。Poulsen は，1997年に210人（うち有効回答205人）を対象に，「無添加」，あるいは「不飽和脂肪酸」，「食物繊維」，「カルシウムおよびビタミンD」が添加された乳製品およびパンの消費者選考について調査した。その結果，乳製品やパンに元来含まれていると消費者が連想しやすい栄養素が添加されているタイプが選考されることが示された。たとえば，乳製品については回答者の58％が栄養が添加された商品を好んだが，そのうち，カルシウムおよびビタミンD添加の商品を好んだ消費者が33％であったのに対し，不飽和脂肪酸および食物繊維が添加された商品は10％程度の消費者が好むにすぎなかった。他方，パンについては回答者の74％が何らかの栄養が添加された商品を好んだが，食物繊維添加の商品は37％の回答者が好んだのに対し，カルシウムおよびビタミンD添加の商品は24％，不飽和脂肪酸は13％であった。こうしたことから Poulsen は，機能性食

品を販売する上では利便性 (convenience) のみならず「自然さ (naturalness)」が重要な要素であり，機能的成分が「その商品を拡張したもの」として消費者に違和感なく受け取られるようにすることが重要であるとの結論を述べている。

　これに対し，新倉 (1995) は，あるカテゴリー・ラベルとそれとの適合の程度が異なる二つの属性との関係についての態度を測定している[9]。これは，消費者が持つ事前知識がどのように評価に影響を与えるか，特にカテゴリーについての知識が及ぼす影響について研究したものである。具体的には，仮想の新製品を設定し，この新製品の属性と既存の製品カテゴリーとの適合度を操作し，その際の態度を測定した (図3)。その結果，これら二つの関係が一般的な方が一般的でないものより高い評価を得るケースと，一般的でない関係の方が一般的なものより高い評価を得るケースがあることが明らかになった。たとえば，ゼリーとコーヒー抽出液の関係は，ゼリーとビフィズス菌との関係に比べて評価が高く，健康飲料というカテゴリー・ラベルのもとでは，カフェインが食物繊維に比べて評価が高かった。前者については，コーヒー抽出液はゼリーとの関係がより一般的で既存のカテゴリー内で納まる範囲の属性となるため，消費者に信頼感や安心感を与え，ひいては評価が高くなると説明している。これは，Poulsen (1999) の例と適合している。しかし，後者については，バラエティ・シーキングや新規性の追及という視点から，関係性が一般的でないものの評価が逆に高まったものであろうと説明しており (新倉, 1995: pp. 66-68)，その食品の自然さ (その属性らしさ) だけが必ずしも選択要因となるのではなく，新規性等の別の要因が重要である可能性を示唆している。

図3　カテゴリー・ラベルと属性との関係に対する態度

カテゴリー・ラベル	属性		カテゴリー・ラベル	属性	
コーラ	カフェイン	3.00	健康飲料	カフェイン	3.37
	食物繊維	3.00		食物繊維	3.26
アルコール飲料	果汁	3.44	ビール	果汁	3.68
	麦芽	3.32		麦芽	3.00
ヨーグルト	ビフィズス菌	3.40	ゼリー	ビフィズス菌	3.21
	コーヒー抽出液	3.67		コーヒー抽出液	3.86

注：新倉 (2005) p.66 より引用。
出所：新倉 (1995)。数字は態度スコアを示している。

4　結　語

　本章においては，低関与製品の販売促進に向けたマーケティング戦略の手法とその有効性について見てきた。第2節では，低関与製品の範疇を確認した上で，低関与製品を高関与製品へと変える手法の一つとして，製品に対する機能の追加について検討した。続く第3節では，低関与製品のマーケティング戦略を考える上で重要な，次の二つの点が提示された。

　まず一つめは，メーカー（あるいは小売）が商品に関する情報提供を行う際に，消費者の主観的価値や知識はきわめて重要な要素であり，この点について十分考慮せねばならないということである。機能性食品における情報提供に関する研究でも示された通り，消費者は商品を購買する際にその商品に対する自身の主観的な知識や価値に基づいて意思決定を行う。追加された機能の内容や効用を正確に判断することは消費者にとっては困難であるため，対象とする消費者にとって受容しやすいかたちでのメッセージを提供する工夫が必要になるだろう。二つめは，機能を追加する際に，その商品の属性に適合した「自然な」機能を追加するか，あるいは属性に一見適合しないかのようにみえる「新規的な」機能を追加するかという，二つの相反する方法が存在し，しかもそれぞれに有効性が確かめられている，ということである。商品カテゴリーや対象となる消費者の違い等によって，いずれの方法が有効であるかは変わるものと考えられるが，その背後にある要因を明らかにしていくことが今後の研究課題の一つとなるであろう。

注
(1) 消費者関与とは，マーケティング刺激に反応する（広告を目にしたり，製品またはサービスを評価するなど）際における消費者の係わり合いの度合いと，行われる処理の活発さ

の度合いで定義することができる (Kotler and Keller, 2006: 邦訳 pp. 250-251)。
(2) ただし, これは男女とも関与の低い製品を挙げており, 男女間の違いのみられた商品もある。たとえば, ビールは関与の水準が低かったが, そのような低水準の商品の中においては, 男性では低関与製品のなかではもっとも関与が高かった。また, ビールについては, アメリカでは異なった結果がでており, アメリカにおいては中・高関与の製品であった。
(3) このアンケート調査は,「'95年関西生活総合調査:商品やサービスへの関心度と商品・サービスの広告情報内容についてのニーズ調査」の調査名のもと, 1995年6月23日～7月10日間の調査期間をもうけて行われている。調査対象とした製品・サービスは80品目 (男性は77品目) である。この調査概要は次のとおり。①調査エリアは近畿圏30キロ圏, ②調査対象者は当該エリアに在住する18～69歳の男女個人, ③抽出方法は生活者パネルより条件に合致する人を系統抽出, ④調査方法は郵送法。⑤設定サンプル数は6,000サンプル, ⑥有効回収数は2,282。うち男性1,117 (37.2%), 女性1,165 (38.8%), ⑦総回収数2,455 (40.9%), ⑧調査企画・主体は日本経済新聞社大阪本社広告局開発部, ⑨調査機関は日経リサーチ大阪支社である。
(4) 延岡 (2006) によれば, コモディティ化を促進させる要因は, 供給側要因と需要側要因の二つにあり, 前者は差別化シーズの頭打ち, 後者は顧客ニーズの頭打ちが進行することによる。
(5) アサヒビールの昭和61年4月の広告に,「コクがあるのにキレがある」というキャッチフレーズを登場させ, スーパードライの近日発売を知らせる広告を翌年の3月に行った。このように, 受動的なテレビ広告のみならず, 新聞広告を行うことで消費者の関心を高めている。
(6) ただし, これらの手法について限界も指摘されている。Kotler and Keller は, こうした戦略はせいぜい, 低関与を中程度レベルの関与に高めるに過ぎない。このような戦略では, 消費者がきわめて高関与の購買行動をとるようになるとは限らない, と述べる (Kotler and Keller, 2006: 邦訳 pp. 250-251)。
(7) 「消費者ニーズに基づく安全性等評価を活用した健康食品ビジネスの展開方策に関する調査」における「機能性食品の消費者ニーズWebアンケート調査」である。全国の一般消費者1,000名に対するWebアンケート調査を実施しており, 対象者は20代から60代にかけての男女のウェブモニターである (性別・年代別にそれぞれ100サンプル)。機能性食品を購入したことのある者を対象とした (具体的には, 次の1から5を回答した人を対象とした。「1. ほとんど毎日利用している」,「2. 週に2～3回利用している」,「3. 月に2～3回利用している」,「4. 必要な時に利用している」,「5. 購入・入手時に利用したが今は利用していない」)。
(8) 日本においては, 健康とのかかわりをパッケージングや広告などで訴求することは法律で規制されているため, 厚生労働省より特定保健用食品などの認可を受ける必要がある。そのため, それらの規制を受けた上で, どのように有効なマーケティングが有効である

かについても決める必要がある。

(9) この調査は，1995年2月10日から2月26日にかけて行われ，調査形式は郵送法による質問形式で行っている。被験者は，東京都・神奈川県内の私立大学の大学生および大学院生80名，回収率41.5%である（新倉1995, p. 229）。

第2章

特定保健用食品(トクホ)表示が購買行動に及ぼす影響

——若年消費者へのアンケート調査——

> **要約**
>
> 　健康的な食生活に対する消費者の関心の高まりに刺激を受け，機能性食品市場はEU，米国およびアジア全域で成長を続けている。日本はこのマーケットにおいては世界第2位の市場であり，マーケティングの視点から日本の機能性食品に対する消費者ニーズを洞察する重要性はますます高まっている。
>
> 　本章では，機能性食品に対する日本の消費者の意識と，その購入行動に影響を及ぼす要因を検討する。また，日本国内の機能性食品のマーケティングを促進する要因，妨げる要因についても検討を加える。
>
> 　日本の3地域5都市の若年消費者1,255人を対象とした，特定保健用食品(トクホ)に対する意識，認識および購入行動についての調査データをもとに，ロジット分析を用いて，消費者が機能性食品に対する嗜好を形成する上で重要な要因を特定した。
>
> 　その結果，「トクホ表示」(ヘルスクレーム，健康増進効果の強調表示)の存在は，機能性食品を消費者が購入する可能性を高めることが明らかになった。他方，ブランドや利便性に関する意識は支配的な要因ではなかった。加えて，食品が「自然」かどうかを消費者が懸念している場合，機能性食品を購入する可能性は低下することが分かった。このような結果は，日本の消費者の間には二つの「健康食品」セグメントが存在すること，ならびにそれぞれのセグメントに到達するには異なる販促アプローチが不可欠になることを示唆しており，日本国内での効果的なマーケティング・コミュニケーションおよび小売戦略に寄与するものである。

1 はじめに

　Kotler and Keller（2006）の指摘によれば，マーケッター（マーケティング担当者）は，飲食料品などの低関与型製品を説得力のある課題や個人的状況と関連付けることで，高関与型製品に変換するテクニックを活用しているということであった。そのようなテクニックの一つが，食品に栄養添加物を加えたり食品の栄養価を高めたりしてラベルに健康効果を明示するという方法である。

　最近になって，世界中の消費者の間で食生活に対する意識が高まり，栄養と健康の関係への理解が広まってきている。このような状況の中，飲食料品カテゴリーにおける「機能性食品」の存在感が高まっている（Siro, et al., 2008）。

　「機能性食品」という言葉は，特定の生理的，予防的および／または健康増進効果をもたらす天然の物質／成分を豊富に含有する食品を対象としている（Brunsø, et al., 2002）。

　機能性食品市場は世界中で確実に成長を遂げつつある。たとえば，EU，米国およびアジア地域では，このカテゴリーの市場は顕著に成長している。Datamonitor（2008）の推計によれば，2007年の米国における機能性食品・飲料市場は272億USドル規模となっており，2011年には35％上昇して366億USドルに達すると予想されている。EU地域ではこのカテゴリーは2007年に84億USドル規模となっており，2011年には26％上昇して106億USドルにのぼると見込まれている。アジア地域については，2007年は366億USドル規模となっており，2011年には31％上昇して480億USドルに達する見通しである。

　日本の機能性食品・飲料市場は世界第2位の規模を誇っている（New Zealand Trade and Enterprise, 2009）。ある市場調査機関の予測によれば，日本の当該市場の規模は2010年に213億USドルに達し，2015年には245億USドルにまで成長するという（シード・プランニング, 2010）。Basu, et al.（2007）は，日本の機

能性食品1人あたり年間消費額 (166.00 US ドル) は米国 (136.00 US ドル) および EU (92.00 US ドル) を上回っていると指摘している。よって，日本市場において，このカテゴリーの販売機会は拡大しつつあり将来性が高いといえる（日本貿易振興機構: Japan External Trade Organization (JETRO), 2008)。

それゆえに，日本国内の飲食料品メーカーのみならず，世界的な飲食料品メーカーも，日本国内において，膨大な数の機能性食品関連の製品とブランドを展開している。たとえば，Cadbury (Kraft Foods Japan: クラフト・フーズ・ジャパン) は reCALDENT®, Nestle は Milo® というように，ラベルに認証栄養機能表示を付して，製品を展開している。

1980年代に「機能性食品」という言葉を最初に用いたのは日本であるが (Siro, et al., 2008)，機能性食品市場がその日本で急成長を遂げているにもかかわらず，このようなマーケティングおよび消費者行動の課題に取り組んだ実証的研究はほとんどない。機能性食品に対する消費者の意識と受容が国によって異なることは，いくつかの実証的研究で報告されている（Bech-Larsen and Grunert, 2003; Poulsen, 1999; Bech-Larsen, et al., 2001; Annunziata and Vecchio, 2011)。よって，機能性食品に対する日本の消費者の意識およびその購入行動に影響を及ぼす要因を検討することは，当然のことながら必要である。とりわけ，「機能性食品に対する日本の消費者の関心を喚起する要因とは何か」，および「日本国内に存在する，機能性食品のマーケティングにとっての障壁とは何か」といった疑問に対する回答を得ることが必要である。

このような質問に対する回答は，日本の機能性食品メーカーや小売業者にとって有益であると思われる。さらに，日本の巨大市場において多くのマーケッターや企業が成功するためにも重要であると考えられる。よって，本章は，機能性食品に対する日本の消費者の意識と受容，およびその購入行動に影響を及ぼす要因について調査する。

本章の構成は次の通り。第2節では日本国内の機能性食品市場と規制の概要を紹介し，第3節では理論的背景を提示して本実証研究のための仮説を構築する。第4節では研究のデータと方法論について記述し，第5節では分析で用い

る実証モデルを考察し，第6節は結果の概要と考察，そして第7節では総括を行う。

2　日本における機能性食品マーケティングの状況

Annunziata and Vecchio (2011) によれば，日本では，1970年代初頭に近代的な機能性食品が開発されている。今日，日本国内の機能性食品は，特定保健用食品（トクホ），栄養機能性食品，およびその他健康食品（栄養補助食品など），そして2015年より制度が開始された機能性表示食品の四つに分類できる。この四つのカテゴリーの差異は，製品に表示される栄養機能表示の種類にある。

2-1　特定保健用食品（トクホ）表示の認可システムと市況

　EUの規制体系と同じように，健康強調表示（ヘルスクレーム）の認可には説得力ある科学的証拠が必要となる（Lalor and Wall, 2011）。1991年，厚生労働省は「特定保健用食品（トクホ）」というカテゴリーに関して，健康関連の機能表示の認可に関する規則を導入した。この規則はトクホ用の具体的な機能表示の設定も対象としていた（Siro, et al., 2008）。同時に，日本政府は「セルフ・メディケーション」プログラムを展開し，国民が「食習慣を通じて自ら健康管理を行う」よう促進した（日本貿易振興機構, 2008）。

　この時期に数多くの特定保健用食品が市場に出回るようになり，いくつかは人気製品となった。2003年以降，花王株式会社はヘルシア®緑茶／ウォーターのシリーズを発売し，体脂肪に対する意識の高い消費者に支持されている。このような製品群によって日本の機能性飲料の販売は拡大したが，その背景には，生活習慣病予防のための肥満管理に対する意識が高まっていたという風潮がある（日本貿易振興機構, 2008）。ヘルシア®緑茶／ウォーター製品の売上高は2009

年度に1億7,200万円（約2億2,100万USドル）を記録した（富士経済, 2010）。この製品は機能性食品セグメントにおいて重要なカテゴリーを構成し，その他数多くの製品が出現するきっかけとなった。たとえば，日本国内有数の緑茶メーカーである伊藤園はカテキン緑茶®を市場に投入した。AGF（味の素ゼネラルフーズ株式会社）は，1973年に日本国内有数のグルタミン酸ナトリウム・メーカーである味の素と米国 Kraft Foods 傘下のコーヒーメーカーである General Foods の間で設立された合弁会社であるが，2005年以降，腸機能を改善するとされるオリゴ糖が特徴のコーヒーベース製品「ブレンディプラス®」，ならびに体脂肪カットの効能があるとされる政府認可のコーヒー製品の販売を行ってきた（日本貿易振興機構, 2008）。加えて，Nestle は「トクホ製品」として Milo®を販売している。当該製品はフラクトオリゴ糖を含有し，カルシウムの吸収を促進するとされている。

特定保健用食品（トクホ）の認可は厚生労働省の所管であった。これらの製品は，消費者の健康促進のための特別用途（保健機能）表示と併せて，製品ラベルに正式な「トクホ」のロゴを付することが認められる。特定保健用食品は，各申請において安全性に関する詳細な審査のプロセス，および効能に関する科学的証拠を提出することが必須となっており，食品に活性成分を加えることで健康維持・向上に効果をもたらすものとされている。「トクホ」プログラムなどの食品ラベルの管理は，2009年9月1日付で消費者庁の管轄となった。トクホ表示とは，健康と食品またはその構成物質との相関関係を言及，指摘，示唆することを表明するものである。それらには栄養素，強化機能および疾患リスク軽減に関する表示が含まれる（Shimizu, 2003）。たとえば，Recaldent®ガムは「トクホ」の分類で認可されているが，CPP-ACP（リカルデント：カゼインホスホペプチド（CPP）とアモルファスカルシウムホスフェート（ACP）の複合体）を含有しており，この製品を噛むことで虫歯を予防し，脱灰を抑制して歯を強化するとされている。パッケージには，日常的に消費することが望ましい旨が詳細に記されている。

2009年度には，949品の「トクホ」製品が発売されている（富士経済, 2010）。

「トクホ」製品の市場規模は1999年の27億2,000万USドルから倍以上の成長を遂げ，2010年には65億9,000万USドルに達した。しかしながら，2009年，体重減少と体重維持に関連するトクホ表示を行ったある大手油脂ブランドが製品の販売中止に踏み切った。この背景には，製品が少量のグリシドール脂肪酸エステルを含有していたという事実があった。この一件を受け，市場は縮小化を余儀なくされた。

企業が「トクホ」認可を受けるにあたっては，48,000～119,000 USドル相当の研究開発費の投資が不可欠となり，大半は臨床試験費用に当てられる。このような認可を受ける場合，製品開発は約3～5年間長引くこととなり，結果として市販化が遅れる（医療経済研究・社会保険福祉協会，2009）。

2-2　栄養素表示規制システムと市況

「栄養機能食品」を対象とした標準規制システムが設けられており，厚生労働省が指定する栄養機能表示が付された全ての食品がこのシステムの規制下にある（表1）。

栄養機能表示に関する規格基準は，現在までのところ17成分を対象に規定されている（ビタミン12品目，ミネラル5品目）。このような食品は政府の許可あるいは政府への届出なしに製造・流通が可能であるが，規定の規格基準を満たすことが条件となっている。

こうした食品には栄養と機能に関する表示が付される（New Zealand Trade and Enterprise, 2009）。一例を挙げると，カルシウムを含有する「栄養機能食品」には「骨と歯の形成に必要」と表示できる。ビタミンB1を含有する場合なら，「炭水化物からのエネルギー産生と皮膚や粘膜の健康維持を助ける」と表示することが可能である（厚生労働省，2012）。

「その他の全ての健康食品」というカテゴリーには栄養補助食品（一般食品カテゴリー）が含まれるが，栄養機能表示のメリットを受けることはできない（New Zealand Trade and Enterprise, 2009）。

表1 日本における機能性食品表制度

	表示	認証プロセス	事例（メーカー）
特定保健用食品（トクホ：FOSHU）	ヘルスクレーム（健康強調表示）	個別許可型（個別審査および認証）	リカルデント（クラフトジャパン），ミロ（ネスレ），ヘルシア緑茶（花王），黒烏龍茶（サントリー），ブルガリアヨーグルト（明治），オールブラン（ケロッグ）
栄養機能食品（FNFC）	機能性表示	規格基準型	ダノンデンシア（ダノンジャパン），コーンフロスト（ケロッグ），アクエリアス・ビタミンガード（日本コカコーラ）
機能性表示食品（Foods with Function Claims）	機能性表示	届出型	ネイチャーメイド・イチョウ葉（大塚製薬）
一般健康食品	—	—	グラソービタミンウォーター（日本コカコーラ），レッドブル（レッドブルジャパン）

3 機能性食品選択の概念モデル：仮説

　先行研究では，消費者による機能性食品の受容と選択に影響を及ぼす数多くの要因が検証されている。その焦点は，機能性食品などの食品に関連する意識と認識，および人口統計的要因におかれている。

　複数の研究によれば，機能性食品のヘルスクレームが消費者の選択に明白な効果を及ぼしているが，その理由は「健康」が人生における根源的な価値と購入動機につながっているためである，という事実が示唆されている。

　同時に，健康は目に見えない因子であることから，より具体的な内因および外因上の手掛かりに基づいて推論すべきである（Brunsø, et al., 2002）。ヘルスクレームは，正確な情報を消費者に伝える上で最も効果的なツールの一つであり，複数の実証的分析から，消費者が機能性食品を受容するにあたって当該表示は重要である，ということが明らかになっている。Bech-Larsen, Grunert and

Poulsen (1999), Bech-Larsen and Grunert (2003), Chen, Chen and Wang (2010) は，消費者は機能性食品を受容し購入するときに栄養機能表示から肯定的な影響を受けていると指摘している。Krystallis and Chrysochou (2011) が明らかにしたのは，栄養機能表示のある食品は競合製品に対して優位に立っているとみられるという事実であった。したがって，栄養機能表示は健康促進製品のメッセージを伝搬し，ブランドの差別化戦略を構成する目的で使用されている。

消費者は，食品中の成分の潜在的機能についてほとんど知識がないことから，健康にまつわる推測は，健康との関連を示唆する情報の提供に左右される (Brunsø, et al., 2002)。したがって，以下の仮説が想定される。

> 仮説1：消費者がヘルスクレーム（トクホ表示）を重視するほど，機能性食品（「トクホ製品」）を選択する可能性は高くなる。

先行研究が示唆するのは，自然性は機能性食品の選択において有意であること (Poulsen, 1999; Brunsø, et al., 2002) である。というのは，消費者は，機能性食品を，従来の健康的な食品に劣る人工的なものとして認知すると考えられるためである (Brunsø, et al., 2002)。つまり，自然性が重要な因子である理由は，消費者は機能性食品を「ファスト」フードと認識して「不自然な」ものと見下すことがあるためである。加えて，Niva (2007) および Urala and Lähteenmäki (2004) が主張するのは，一部の消費者が「健康成分」の表示を不誠実なものと解釈する，ということである。このような姿勢は消費者が機能性食品を選択する可能性を低下させてしまう。よって，以下の仮説が想定される：

> 仮説2：消費者が食品の自然性を重視すればするほど，機能性食品（「トクホ製品」）を選択する可能性は低くなる。

機能性食品に関心を持っている消費者は，他の消費者よりもブランドに対するこだわりが弱い傾向がある。その代わり，こうした消費者は栄養機能表示や

成分表示ラベルの影響を受ける。よって，機能性食品を導入すると，知名度の低いブランドであっても知名度の高い他のブランドの顧客を獲得することが可能となる（新倉，2010）。よって，以下の仮説が見込まれる。

仮説3：ブランドを重視する消費者ほど，機能性食品（「トクホ製品」）を選択する可能性は低くなる。

健康は食品購入において味，価格などの属性と同じくらい重要な要因である。消費者の立場からは，健康的な食事は健全な食生活，機能性食品，低脂肪食品などの健康的・栄養的要素がもたらす栄養側面と関連している（Brunsø, et al., 2002）。

機能性食品の消費を予測・判断する材料は消費者の健康上の動機と相関している（Landström, et al., 2007）ことから，以下の仮説が導かれる。

仮説4：消費者の健康志向が高いほど，機能性食品（「トクホ製品」）を選択する可能性は高くなる。

Brunsø, et al.（2002）が指摘したのは，消費者は時として，機能性食品を健康的な食事のための便利なソリューションと認知していることである。さらに消費者は，健康的な食事を実践するには時間と手間がかかることから，機能性食品が利便性と健康とのトレードオフを解決すると考える（Brunsø, et al., 2002）。利便性を気にする消費者は，キッチンで費やす時間と手間が省くと考えて機能性食品を購入しているとも考えられる。よって以下の仮説が導かれる。

仮説5：消費者が利便性を重視するほど，機能性食品（「トクホ製品」）を選択する可能性は高くなる。

利便性を重視する消費者ほど，価格に対するこだわりが弱いと仮定できる。

よって，以下の仮説が導かれる。

　　仮説6：食品価格に対するこだわりが弱い消費者ほど，機能性食品（「トクホ製品」）を選択する可能性は高くなる。

　また，人口統計的要因は消費者行動における最も重要な属性の一つである。所得等の人口統計的要因が機能性食品の選択と相関する可能性があると指摘する実証的研究もある。ある研究は，消費者の人口統計的特性が機能性食品の受容において果たす役割は大きいものと示唆している（Agriculture and Agri-Food Canada: カナダ農務農産食品省, 2009）。対照的に，Verbeke, et al. (2009) は，人口統計的因子が機能性食品の受容において果たす役割は小さいと指摘している。よって，以下の仮説が導かれる。

　　仮説7：人口統計的要因は消費者による機能性食品（「トクホ製品」）の購入意思決定に影響を及ぼす。

　次節では，消費者の購入行動に影響を及ぼす要因についてそれぞれ検討を行う。続いて，分析で採用する手法とデータの説明を行う。

4　データ

　2011年1月10日から同年6月30日の6カ月間にわたって，機能性食品に対する意識に関する消費者調査を実施した。調査対象地域は3地域の5都市，すなわち関西地方の大阪と京都，中国地方の広島，四国地方の松山と徳島であった。対象回答者はこのような大都市圏の六つの大学で社会科学を専攻する大学生とした。

調査の参加に同意した学生にアンケートを配布した結果，1,255件の回答済みアンケートを回収できた。その中から不完全なアンケートを除外したところ，1,179件が残り，これらをサンプルとして使用した。サンプルの男女比は，男性939件，女性240件であった。一見して男性に偏っているが，これは日本国内で社会科学を学ぶ大学生の男女比を反映するものである。

設問内容は，(1) 消費者行動（ヘルスクレーム表示，つまり「トクホ」ラベルが付された機能性飲料の購入），(2) 機能性食品に対する意識と認識，(3) 人口統計的特性（性別，年齢，世帯規模等）の三つのカテゴリーに関するものであった。表2が示すのはサンプルの人口統計的データである。

回収したデータによると，回答者の17.1%が機能性飲料を日常的・継続的に購入しており，残りの82.9%がそうではないことが分かった。

表2　使用データの記述統計量（N = 1179）

変数	分類	標本数	構成比（%）
性別	・男性	・939	・79.6
	・女性	・240	・20.4
年齢	・18	・107	・9.1
	・19	・198	・16.8
	・20	・335	・28.4
	・21	・356	・30.2
	・22	・137	・11.6
	・23	・31	・2.6
	・24	・9	・0.8
	・25歳以上	・6	・0.5
家族構成（世帯人員数）	・1	・448	・38.0
	・2	・39	・3.3
	・3	・111	・9.4
	・4	・312	・26.5
	・5人以上	・269	・22.8
エリア	・関西エリア	・759	・64.4
	（京都市）	（401）	（34.0）
	（大阪市）	（358）	（30.4）
	・中国エリア	・284	・24.1
	（広島市）	（284）	（24.1）
	・四国エリア	・136	・11.5
	（徳島市）	（74）	（6.3）
	（松山市）	（62）	（5.3）

5　仮説検証：ロジットモデル

実証的分析にあたって以下の消費者行動モデルを構築した。モデルは，ロジット分析を用いて，多様な効果の制御，ならびに人口統計的特性，食品と飲料に対する意識と嗜好および経済変数の相対的重要性を検証するために推定される。

線形回帰ロジットモデルを以下のように定義する。

$Y_i = \alpha + \beta_{BRAND}$ BRAND $+ \beta_{CLAIM}$ CLAIM $+ \beta_{NATURALNESS}$ NATURALNESS $+ \beta_{HEALTH}$ HEALTH $+ \beta_{CONVENIENCE}$ CONVENIENCE $+ \beta_{PRICE}$ PRICE $+ \beta_{SEX}$ SEX $+ \beta_{AGE}$ AGE $+ \beta_{HOUSEHOLD}$ HOUSEHOLD $+ \beta_{INCOME}$ INCOME

このモデルでは，従属変数（Y_i）のiが消費者のバイナリ購入行動であり，回答者が日常的に機能性食品を購入する場合には1，そうでない場合には0となる。BRAND（ブランド）が示すのがブランドの重要性に対する意識である（食品選択にあたっての「ブランド」の重要性）。CLAIM（表示）が指すのはトクホ表示に対する意識（食品選択にあたってのトクホ表示の重要性）であり，NATURALNESS（自然性）は自然性に対する意識（食品選択にあたっての自然性の重要性）に相当する。HEALTH（健康）が示すのが健康志向に対する意識である（食品選択における健康の重視度）。CONVENIENCE（利便性）は利便性に対する意識（食品選択における利便性の重視度），PRICE（価格）は価格に対する意識（食品選択における価格の重視度）であり，SEX（性別）はダミー変数（男性または女性）である。AGE（年齢）は回答者の年齢で，HOUSEHOLD（世帯）は回答者の世帯人数を示す。INCOME（所得）はダミー変数（1＝本調査内での平均～平均超，0＝本調査内での平均未満）である。表3には定義，平均および標準偏差が示されている。

6 分析結果

表3にはモデルの推定結果が示されている。このCLAIM（表示）の係数は正で、5％の信頼水準で統計的に有意であった。この結果から、トクホ表示が日本国内の若年消費者層の機能性食品の購入と正に影響することが示唆される。加

表3　使用データの記述統計量

変数	記述	平均	標準偏差
従属変数： 購入行動	・機能性食品を日常的に購入する消費者＝1 ・それ以外＝0	0.1713	0.0109
独立変数： 嗜好と意識 ブランド	食品選択にあたっての「ブランド」の重視度評価 1＝重要である　0＝重要ではない	0.3256	0.0136
表示	食品選択にあたってのトクホ表示の重視度 1＝重要である　0＝重要ではない	0.2256	0.0121
自然性	食品選択にあたっての自然性の重視度 1＝重要である　0＝重要ではない	0.4546	0.0145
健康	食品の選択にあたっての健康に対する重視度 1＝重要である　0＝重要ではない	0.5199	0.0145
利便性	食品選択にあたっての利便性の重視度 1＝重要である　0＝重要ではない	0.5962	0.0142
価格	食品選択にあたっての価格の重視度 1＝重要である　0＝重要ではない	0.519	0.0145
独立変数： 人口統計的変数 性別	1＝男性　0＝女性	0.7964	0.0117
年齢	回答者の年齢	20.2349	0.0504
世帯	回答者の世帯規模	3.0059	0.0518
所得	1＝平均〜平均超の所得 0＝平均未満の所得	0.3528	0.0139

えて，こうした要因を限界効果を測定することで比較した（表4）。CLAIM（表示）の限界効果が全要因の中では最も高かった（6%）。その他を等しくすると，この要因は機能性食品製品に対する購入行動の可能性を6.0%上昇させる。この事実は「仮説1」を裏付けるものである。

2009年，体重減少と体重維持に関連するヘルスクレームを付した「トクホ」食品カテゴリーに関して，ある大手油脂メーカーが製品の販売中止に踏み切った。この背景には，製品が少量のグリシドール脂肪酸エステルを含有していたことがあった。この一件を受けて「トクホ」市場は一時，縮小化を余儀なくされた。この結果，栄養機能表示と「トクホ」ラベルが機能性食品購入における意思決定にあたって大きな影響力を持つことが明らかになった。日本の規制システムに対する消費者の信頼に関する先行研究（Hirogaki, 2011）でも明らかなように，こうした結果から暗示されるのは，消費者が依然として「トクホ」ラベルに信頼を寄せていることである。

他方，NATURALNESS（自然性）の係数は負であった。10%の信頼水準で有

表4　トクホ商品の購買行動に関するロジット分析結果（N = 1,179）

変数	係数	標準偏差	限界効果	有意確率
嗜好と意識				
ブランド	0.1244499	0.1813531	0.0168195	0.493
表示	0.4190937**	0.1927002	0.0603187	0.030
自然性	− 0.2810492*	0.166239	− 0.0371224	0.091
健康	0.4271248**	0.1669583	0.0566302	0.011
利便性	0.2356781	0.1754628	0.0309115	0.179
価格	0.3941864**	0.1637466	0.0522865	0.016
人口統計的変数				
性別	0.4225331**	0.2118439	0.0516419	0.046
年齢	− 0.0883208**	0.0402308	− 0.0117602	0.028
世帯	0.0133538	0.0449902	0.0017781	0.767
所得	0.3761322**	0.1629051	0.0520453	0.021
定数	− 0.9686379	0.8806004		
LR chi2(10)	51.57			
Prob > chi2	0.0000			
疑似 R^2	0.0477			
尤度	− 514.18827			

***，**，* はそれぞれ1%，5%，10%有意を表す。

意であったに過ぎないが，それでもなお注目に値する。この結果が指摘しているのは，機能性食品およびそのヘルスクレーム（トクホ表示）は，自然性を重視する消費者の購入意欲をそぐ可能性があるということである。この要因は限界効果が最も低かった（−3.7%）。こうした結果は「仮説2」を裏付けるものである。

　この結果が示唆するのは，機能性食品に対して懐疑的で食品の自然性を重視している消費者層の存在である。日清オイリオは二つのカテゴリーの油脂製品を市場に投入したが，そのうちの一つのカテゴリーはヘルシー・リセッタやヘルシー・コレステとして「機能健康油脂製品」カテゴリーに相当し，各製品が栄養機能表示を付し，「トクホ」認可を受けていた。もう一つのカテゴリーがBosco（ボスコ）オリーブオイルやPure（ピュア）グレープシードオイルのような「ナチュラルでヘルシーな油脂製品」であった（宣伝会議，2009）。

　前者の製品は「コレステロール値の低下」といった表示で健康促進の効能を強調し，後者は「フランス産のリノール酸を含有するブドウの種子」あるいは「オレイン酸を含有するイタリア産のピュア・オリーブオイル」といった基本原料から抽出した健康促進の効能を強調している。われわれの研究結果では，2種類の健康食品市場が存在し，それぞれ排他的な市場として捉えても良いのではないかということが指摘されている。

　BRAND（ブランド）の係数は正であるが，有意ではないことから，この結果は「仮説3」を支持しない。HEALTH（健康）の係数は正で5%の信頼水準で有意であり，健康的な食生活に対する意識の高い消費者ほど機能性食品を購入する可能性が高いことが指摘される。こうした結果は「仮説4」を裏付けるものである。また，この要因の限界効果は2番目に高かった（5.6%）。

　CONVENIENCE（利便性）の係数もまた正ではあるが，有意ではなく，このことから「仮説5」は支持されない。

　PRICE（価格）の係数は正かつ有意（5%の信頼水準）で，その限界効果が5.2%である。この結果から示唆されるのは，消費者は，価格に対するこだわりが弱いほど，機能性食品を購入する可能性が高くなるということである。こうした

結果は「仮説6」を裏付けるものである。

さらにAGE（年齢），SEX（性別），HOUSEHOLD（世帯）およびINCOME（所得）といった人口統計的変数も推定した。AGE（年齢）の係数は負で有意（5％の信頼水準）であり，その限界効果は－1％であった。SEX（性別）の係数は正で有意（5％の信頼水準）で，その限界効果は5.1％である。すなわち，男性回答者の場合，機能性食品を購入する可能性は5.1％増加する。

こうした事実の背景には二つの理由が潜んでいると考えられる。まず，日本国内の機能性飲料製品の大部分が中性脂肪，肥満，コレステロールに関係している。2008年に日本政府が「メタボリック症候群」に関する健康ガイダンスの提供を開始して以降，主として男性が体重コントロールに関心を寄せるようになった。二つ目に，女性と比べると男性は成分とその効能について知識が少ないと言われており，こうしたことからヘルスクレームに関する情報をより信頼しやすい傾向にあると考えられる。

HOUSEHOLD（世帯）の係数は人口統計的変数の中で有意ではなく，その限界効果は0.1％で最小となった。INCOME（所得）の係数は正でその限界効果は3番目に高かった（5.2％）。こうしたデータによると「仮説7」は支持される。

7　総　括

消費者は食品購入に際して健康を重視する。機能性食品製品の購入者は，風味のような属性とは違って，製品が明示する健康上のメリットを直接的に認知することができない。よって，機能性食品製品のメーカーや小売業者にとって，消費者コミュニケーションは扱いの難しい問題である。品質表示を消費者に確実に理解してもらえるよう，機能性食品の大手メーカーは政府の定めた基準に基づくトクホ表示の認可を取得しようとする。なお，メーカー，小売業者およびマーケッターが利益について懸念するのは，政府の認可を得るにはコストが

かかるためである。最近のいくつかの論文では，機能性食品のマーケティングに及ぼすトクホ表示の影響が取り上げられている。しかしながら，当該表示が日本の消費者に及ぼす影響を実証的に検証している先行研究はほとんどない。本稿では，消費者による機能性食品の受容やその特性など，顧客行動のロジットモデルを用いて実証的分析を行った。

　本稿の成果として実証されたのが，トクホ表示によって消費者は機能性食品を受容するようになるという事実である。日本では，ヘルスクレーム（すなわち，「トクホ」認可の取得）のマーケティング効果について相反する見解が存在していた。いくつかの研究では，機能性食品産業の企業は「トクホ」認可を取得することで市場シェアを拡大し得ると主張されている（栗木，他，2006；新倉，2010）。一方，付随する経費や制約事項は売上高や市場シェアでは回収することができないと主張する研究もある（松本，有吉，2006）。われわれの研究結果が示唆するのは，「トクホ」ラベルとその栄養機能表示が，日本の消費者による機能性食品の選択に影響を及ぼすということである。この事実は，購入および消費者の受容に対してヘルスクレームが及ぼす影響に関する，先行する実証的研究による成果と一致する。本研究の成果は次の通りである。

・消費者は，健康に対する意識が高いほど機能性食品を選択する可能性が高くなる。
・機能性食品の消費は，健康であろうとする消費者の動機と密接な関係がある。
・消費者は，機能性食品に対して高いお金を払おうという意思が強いほど，機能性食品を消費する可能性が高くなる。
・消費者の人口統計的特性は機能性食品の受容にあたって有意である。

　ただし，本研究での興味深い結果として，このロジットでの変数NATURALNESS（自然性）の推定による係数が負であり，限界効果が小さいことがある。このことから，食品に関して自然性を重視する消費者は機能性食品を敬遠する傾向が指摘されるが，こうした負の効果はトクホ表示などの効果と比べて比較的小さい。

　日本の消費者は機能性食品製品および「トクホ」ラベルが付されたヘルスク

レームに対して馴染みが深いということが一般的に考えられる (Heasman and Mellentin, 2001)。しかしながら，われわれの研究では，機能性食品について馴染みの薄い消費者と同様に，機能性食品の受容における障壁が存在することが明らかになった。

同時に，われわれの研究には，機能性食品のメーカーおよび小売業者にとってのマーケティングに関連する事項が提示されている。明示的なヘルスクレームは日本の消費者の選択に絶対的な影響を及ぼす。したがって，「トクホ」認可を取得するとブランド価値を高める可能性がある。他方，食品の自然性を重視する消費者は機能性食品を敬遠することが考えられる。マーケッターは，こうした負の影響を加味して，顧客セグメントおよび販売チャネルを慎重に見極めるべきである。消費者コミュニケーションは製品の機能的メリットのみならず，自然との調和をも重視したものとすべきである。

本研究は日本国内の若年層を対象に実施された。そのためわれわれの考察は限定的であり，より普遍的な検証にあたっては，調査対象となる回答者の年齢層と国内地域の範囲の拡張が必要であろう。ただし本研究は，消費者による機能性食品の受容および意識について明らかにし，機能性食品の選択に影響を及ぼす要因を解明することができたものと思われる。

第3章

トクホ表示は，製品にどの程度の付加価値を生み出すか？
——商品選択実験による価格推計——

要約

　本研究は，食品のヘルスクレーム表示（健康促進効果の表示）が製品価格と消費者の購買行動にプラスの影響を与えるかどうかを検討するものである。ここ数年，先進諸国では，食品のヘルスクレーム表示は，消費者にとっては製品の魅力となり，食品会社にとっては有効な販促ツールとなった。しかし，日本をはじめとする一部の先進国では，ヘルスクレーム表示は政府の規制対象であり，製品開発の過程においては，費用と時間が掛かる認証プロセスが要求されている。

　このような課題を考察するために，トクホ製品を調査対象とし，日本国内の265人の大学生を対象に選択型コンジョイント（CBC: Choice-Based Conjoint）実験を行って消費行動に影響を及ぼす主要要素を特定し，トクホ表示（ヘルスクレーム表示）によって製品価値がどの程度押し上げられるかを判断した。その結果，ヘルスクレーム表示が機能性食品の購買に正の影響を及ぼすこと，ならびにヘルスクレーム表示商品に対する消費者の支払意欲（WTP: Willingness to Pay）が高いことが判明した。加えて，消費者は製品を選択する際にその原産国を重視しており，日本産食品に対する消費者のWTPが高いことも明らかになった。さらに，健康意識の高い消費者ほど内容量の少ない機能性食品を好む傾向にあることも分かった。機能性食品の消費に影響する特徴を解明することで，本章では日本市場におけるヘルスクレーム表示の効果的な導入および販促のカギとなる重要要素を明らかにする。

1 問題意識:健康強調表示(ヘルスクレーム)と信用属性

大半の先進諸国において,消費者の食品に対する需要はここ数年で劇的な変化を遂げてきた。消費者は従来以上に食品の栄養,健康,品質といった要素に高い関心を持つようになり,単に食欲を満たす以上の食品を求めるようになってきた(Gil, et al., 2000)。また,理想的な健康状態を維持および保持することは,生活の質の向上に寄与する(Milner, 2000)。

消費者の需要の変移,製造面やマーケティング面での技術的変化,および法律制度の発展に伴い,食品のマーケティング環境に変化がもたらされてきた。特に注目すべき点として,法と法律制度の発展による「機能性食品市場」とよばれる新たな食品市場の成長があげられる (Coppens, et al., 2006; Lalor and Wall, 2011)。

新たな法律制度の下では,「本製品は健康促進効果があります」などのヘルスクレーム表示の明記が認められるようになった。その結果,消費者はそうした食品は健康によい食品であると考えるようになった。また食品メーカーも,自社製品の健康的なイメージを向上させ,製品に対する消費者の関心を高めることができるため,積極的にこのような表示を採用するようになった。こうした状況の下,食品メーカーは健康増進効果のある新たな原材料や成分の開発を進めるようになった(Siro, et al., 2008)。

こうした開発の動きは食品市場の構造に著しい影響を及ぼしてきた。機能性食品の最も明白な特徴の一つは,それが「機能的」であるという信用属性である。消費者は,購入時も消費後もこの属性を評価できない。したがって,機能性食品においては,消費者はその製品の健康に対するプラスの効果を評価できないと考えられる。

こうした課題を鑑みて,日本,米国,EU および台湾などの国では,企業が食

品ラベルにヘルスクレームを貼付するには、十分な科学的根拠を明記し、安全性に関する政府の認可を取得することが義務付けられている（Lalor and Wall, 2011; Chen, et al., 2010; Basu, et al., 2007）。日本の政府認可制度は特定保健用食品（トクホ）と呼ばれており、この認可を受けた製品は「トクホ食品」と呼ばれる（Shimizu, 2003; Lalor and Wall, 2011; Patel, et al., 2008）。長引く不況と高齢化に伴う市場の成熟化という現実にもかかわらず、この市場の潜在的価値は高い（シード・プランニング, 2010）。実際のところ、2012年度の当該市場の規模は3,235億円（32億5,000万USドル）で、当初予想されていた3,362億円（33億8,000万USドル）をわずかに下回ったに過ぎない（富士経済, 2013）。ただし、機能性食品に対する日本の消費者の意識に関して実施された実証的分析はごくわずかであることから、ヘルスクレーム表示が消費者の購買意欲にどの程度影響を及ぼすのかはあまり解明されていない。既存の証拠はおおむね個々の事例に基づくものである（例：角田, 2010; 村田, 2010; 栗木, 他, 2006; 富士経済, 2010）。マーケティング担当者が新興成長市場において機能性食品をどのように位置付けているのか、ならびに表示と研究開発（R&D）に関わる高いコストを加味した上でマーケティング戦略をどのように立案するのかを解析することは不可欠であろう（医療経済研究・社会保険福祉協会, 2009; Hirogaki, 2012）。本研究では、機能性食品市場のプレーヤーが置かれている市場環境や採用している市場戦略を分析し、こうした問いに対する答を導き出そうとしている。欧州と北米市場を分析した先行研究はあるが、アジア地域の機能性食品市場に関する研究数は少ないことから、本研究は有望なアジア市場を深く理解する上でのヒントを導き出すことを目的とする。

　機能性食品を効果的に開発しマーケティングを行うには、企業は日本の消費者をひきつける要素の把握に努める必要がある。とりわけ、トクホ認証（すなわち、ヘルスクレーム表示認証）が、その取得に掛かる費用と時間に見合う価値のあるものなのかを見極めるべきであろう（医療経済研究・社会保険福祉協会, 2009）。よって、本研究は日本の消費者の機能性食品に対する意識と受容を掘り下げて考察し、ヘルスクレーム表示が消費者の購買行動にどのような影響を

及ぼすのか，ヘルスクレーム表示に伴う価格プレミアムをどの程度許容するのかを検証する。加えて，本章ではヘルスクレーム表示に対する消費者の支払意欲（WTP）を解明し，機能性食品のマーケティングに及ぼす影響の特定と考察を行う。同時に，各特徴の相対的重要性を分析し，条件付ロジットモデルを用いてWTPを推定する。最後に，製品の価格関連要素が製品価値の向上に寄与するのかどうかを解析する。

本章の構成であるが，第2節では先行研究の検証と本実証研究の仮説の設定を行い，第3節ではデータと方法論を詳述し，第4節では実証的分析の成果を考察して，第5節では総括を行う。

2　先行研究の検討と仮説の設定

本節では消費者による機能性食品の選択に関する先行研究を検証し，本実証研究の概念的仮説を構築する。

先行研究で明らかになったのは，消費者による機能性食品の選択に影響を及ぼす数多くの要因であった。全般として，消費者は栄養性と健康性を食品の品質の重要要素として捉えているため，機能性食品を高く評価すると考えられる。

ただし，味覚やその他の感覚とは異なり，「信用属性」は消費者が直に認識できる要素ではない（Urala and Lähteenmäki, 2004）ため，機能性食品の効果的なマーケティングに不可欠となるのは，それが健康に良いことを消費者に認識させることである（Brunsø, et al., 2002; Kotler, and Keller, 2006）。食品に使用されている原材料や成分に関する消費者の知識は乏しいため，健康に関する機能を伝えるには，その食品と健康を関連付ける情報を提供する必要がある（Brunsø, et al., 2002）。

いくつかの実証研究によれば，ヘルスクレーム表示は消費者の食品選択に影響を及ぼしている（Chen, et al., 2010; Bech-Larsen, and Grunert, 2003; Bech-Larsen, et al., 2001; Krystallis and Chrysochou, 2011)。加えて，ヘルスクレーム表示およびその規制に対する信頼は，消費者の購入意思決定に著しい影響を及ぼす (Markovina, et al., 2011)。機能性食品の選択に関係する最重要属性の一つは，身体に対して明白な効果を及ぼすことである (Brunsø, et al., 2002)。

日本国内では，トクホ認証の取得をめぐる意思決定はアカデミックおよび実業界双方の議論のテーマとなっている（栗木，他，2006；新倉，2010；松本，有吉，2006）。アンケート調査にて得られたデータが示唆していたのは，機能性食品の選択において，トクホ認証関連のヘルスクレーム表示が重要な役割を果たしていることであった（消費者委員会，2012）。よって，次の仮説を設定する。

仮説1：製品のヘルスクレーム表示は購入行動にプラスに影響する。

消費者は原材料の原産国に魅力を感じる場合があり，往々にして，国内の生産者による農産物を品質と安全性の面で優れているとみなし，高く評価する傾向がある。日本の消費者は，大抵の場合，国内産の農作物を好む（上岡，2005）。日本政策金融公庫による調査では，国内産農産物は安全面と品質面で優れていると日本の消費者が考えていることが明らかになった（日本政策金融公庫，2013）。

よって，複数の原産国間の品質，安全性および味の違い（すなわち国内産かどうか）は消費者の選択に影響を及ぼすと考えられている。したがって，次の仮説を設定する。

仮説2：原産国は購買行動にプラスに影響する。

製品サイズが消費者の選択に影響を及ぼす場合があるのは，価格と製品サイズが分離不可能な要素であるからであり，製品サイズは機能性食品における重要な製品属性である。それを踏まえて，次の仮説を設定する。

仮説3：製品の内容量は消費者にプラスの影響を及ぼす。

　全般として，消費者の購入意図は製品価格に左右される。機能性食品の開発と受容における大きな障壁の一つが価格であり，食品の価格および製品ラベルは消費者をひきつける上で重要な影響力を持つ要素である。同様に，単位量あたりの価格もまた，消費者の購入意図に影響を及ぼす。よって以下の仮説を設定する。

仮説4：製品価格が高いほど，製品に対する購入意図が低くなる。

　消費者は人口統計的要因などの複数の特徴に応じてセグメント化することができる。
　先行研究からさらに明らかになったのは，ヘルスクレーム表示は年齢，性別，収入，教育（学歴）などの特性とは異なる形で消費者の購入意思決定に影響を及ぼすことであった（Feick, et al., 1986; Verbeke, 2005; Verbeke, et al., 2009; Krystallis, et al., 2008; Agriculture and Agri-Food Canada, 2009）。たとえば，消費者の健康志向と生活様式は，機能性食品およびヘルスクレーム表示に対する認識と受容に影響を及ぼす（Feick, et al., 1986; Landström, et al., 2007）。Poulsen（1999）およびKrutulyte, et al.（2011）では，購入する食品とその機能性原料が適切かどうかについての消費者の認識の影響が指摘されている。消費者が往々にして機能性食品に対して無意識にマイナスの印象を抱くのは，「伝統的」で健康的な食事と比べると，機能性食品は人工的な「まやかし」だと考えてしまうからである（Poulsen, 1999; Brunsø, et al., 2002）。
　よって以下の仮説を設定する。

仮説5：消費者が健康維持を重要な要素として重視すればするほど，機能
　　　　性食品を購入する可能性が高くなる。

以上の仮説を簡潔化したのが以下である（図1）。

図1　機能性食品購入に係る消費者効用の概念モデル

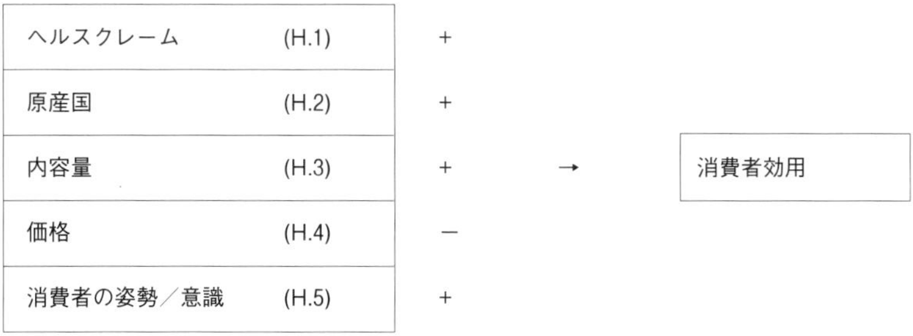

ヘルスクレーム	(H.1)	＋
原産国	(H.2)	＋
内容量	(H.3)	＋
価格	(H.4)	−
消費者の姿勢／意識	(H.5)	＋

→　消費者効用

3　データと方法論

3-1　方法論

コンジョイント分析は，食物属性に関する消費者の嗜好や姿勢／意識の認識を分析する便利な手法である（Verbeke, 2005; Luce and Tukey, 1964; Green and Rao, 1971）。選択型コンジョイント（CBC）実験を実施して機能性食品間における異なるプロファイルの優先傾向を分析し，消費者から見た該当属性の相対的重要性の評価を行った。また CBC 実験を通じて，食品の各属性における消費者の限界 WTP（MWTP）を推定した。多様な属性に対する消費者の認識と嗜好は機能性食品の選択においてしばしばトレードオフの関係にあることから，本方法は機能性食品に関する各消費者の好みと姿勢／意識を明らかにする。

最初に，先行研究，本研究の仮説および日本の若年消費者を対象としたパイロット・インタビューに基づいて，製品選定実験のためにアンケート調査を作成した。われわれは，製品選定実験用の一つの製品として，ペットボトルのト

クホ緑茶を指定した。なぜなら，トクホ表示のある緑茶製品は，日本の消費者にはなじみ深い機能性食品として普及しているからである（マイボイスコム，2010; 全国清涼飲料工業会，2010）。前述したように，ヘルスクレーム表示，原産国，製品サイズおよび価格という仮説をベースにこの製品の四つの属性を選択した。加えて，各属性の詳細を記載する（表1）。

ヘルスクレーム表示の属性にはトクホ認証ありとトクホ認証なしの二つを設定した。一つは「本製品は脂肪燃焼を促進します」というヘルスクレーム表示が貼付されたトクホ認証表示で，もう一つにはトクホ表示もヘルスクレーム表示も記載されていないものとした。

原産国の属性には二つの「原産国」，すなわち日本（「日本産の茶葉使用」と表示）と表示なしを採用した。

製品サイズの属性としては，それぞれ，小，中，大に相当する 350 ml，500 ml，550 ml を記載した。日本国内では 100 円，150 円および 180 円で販売されており，それぞれ，特売価格，通常価格，プレミアム価格に対応している。

以上の因子を勘案すると，調査において想定される製品の組み合せ，もしくは機能性食品のプロファイルは計 36 種類（$2 \times 2 \times 3 \times 3 = 36$）となった。36種類の選択肢は消費者には多すぎることから，われわれは実験計画法を採用し

表1 コンジョイント分析の属性と詳細

属性	詳細	説明
ヘルスクレーム表示	有	トクホ認証表示，ならびに「本製品は脂肪燃焼を促進します」というヘルスクレーム表示
	無	トクホ表示なし，ヘルスクレーム表示なし
原産国	日本	「日本産の茶葉使用」と明記された原産国表示
	日本以外	表示なし
サイズ	350 ml 500 ml 550 ml	ボトル入り緑茶の容量（小，中，大）
価格	100 円 150 円 180 円	ボトル入り緑茶の価格（日本国内の小売店舗で一般的なサービス価格，通常価格，プレミアム価格）

表2 製品選定実験（事例）

製品属性	製品1	製品2	製品3	製品4
ヘルスクレーム表示	無	有	有	有
原産国	日本以外	日本	日本以外	日本
サイズ（ml）	555 ml	500 ml	350 ml	350 ml
価格（日本円）	100 円	180 円	150 円	180 円
選定：				

てその数を9種類に絞った。

要因の数と分析法におけるレベルに応じて，回答者には通常4択形式による選択回答を求めた。各回答者に尋ねた質問は，「特性と価格の異なる製品1〜4があるとしたら，どの製品を購入したいと思いますか?」という内容であり，同時に，生活様式，習慣，人口統計的情報および機能性食品や食品選択に対する考え方についても尋ねた。表2は離散選択実験におけるトクホ茶製品選択の例を示している。

各属性に関して，実証的調査方法によって消費者から見た相対的な重視事項を評価し，MWTPを推定した。後者が示唆するのは，他の全ての属性が同じであるとしたら，特定の属性を持った製品購入に際して余分に支払っても構わないと考える金額（日本円）はいくらであるのかであり，よって本章における研究成果は，メーカーやマーケティング担当者が新たな機能食品を開発する上での指針的な役割を果たすだろう。

3-2　データ

2012年4月2日から5月1日まで日本有数の都市である広島市で調査を実施した。同市を選んだ理由は，居住者の収入と嗜好が日本の平均的な消費者の収入や嗜好に相似しているからである。よって，主要なメーカーや小売業者は，広島市内で日常的にテストマーケティングを行っている（岩中，2011）。調査対象者は地域の大学に通う経済学部の学生で，参加に合意した学生に対して調査を行い，計270件の回答済みアンケートを回収した。そのうち5件には未記入

部分が含まれていたため，残りの265件を調査対象とした。調査対象者の内訳は男性243人，女性22人で年齢層は18～25歳であった。性別比率から男性に偏りがあることが指摘されたが，この性別比率は，日本の大学で学ぶ経済学部の学生を反映している。

4 分析結果とその検証

本節では仮説を検証して実証的調査の結果の考察を行う。

McFadden（1974）で提案されたランダム効用フレームワークを使用して，CBC実験向けの以下の消費者行動モデルを構築した。

$$V_i = \beta_{\text{ヘルスクレーム}} \text{ヘルスクレーム} + \beta_{\text{原産地}} \text{原産地} + \beta_{\text{サイズ}} \text{サイズ} + \beta_{\text{価格}} \text{価格}. \quad (1)$$

本モデルでは，V_i は製品 i 購入時の消費者の効用関数である従属変数である。次に，ヘルスクレーム，原産地，サイズ，価格は消費者の効用に影響を及ぼす属性を指し，$\beta_{\text{ヘルスクレーム}}$，$\beta_{\text{原産地}}$，$\beta_{\text{サイズ}}$，$\beta_{\text{価格}}$ は各属性の係数推定を示す。ヘルスクレームが指すのは製品のヘルスクレーム表示属性（ヘルスクレーム表示の有無）で，原産地が指すのは製品の原産国（茶葉の原産国が日本であるか否か），サイズは製品のサイズ属性（小，中，大），価格は製品価格属性（日本国内の小売店で一般的なサービス・通常・プレミアム価格）である。したがって，各従属変数は機能性食品購入における消費者の効用に影響を及ぼす。

われわれはSPSSバージョン19を用いて条件付ロジットモデルの推定を行ったが，表3～5はその結果を示している。カイ2乗検定および決定係数が明らかにするのは，当該モデルがきわめて有意であることである。加えて，われわれは係数を使用して各属性のMWTPの算定を行った。MWTPは通貨単位，もしくは特殊属性の変化に関わる消費者効用の変化に関して表される。以

表3　全回答者間の条件付ロジットモデルの実証的結果

	係数	標準誤差	有意確率	MWTP
ヘルスクレーム表示	1.7956***	0.2028	0.0000	44.8192
原産国	2.3545***	0.2161	0.0000	58.7665
サイズ（ml）	− 0.1848	0.1356	0.1728	− 4.6143
価格（円）	− 0.040	0.0323	0.2148	
LR Chi2	295.387			
Prob > Chi2	0.0000			
疑似 R^2	0.4038			
尤度	436.0083			
サンプルサイズ	265			

*** 係数が1%の信頼水準で有意であることを指す。

下は MWTP 算定の手順である。

$$MWTP_i = -\beta_i / \beta_{PRICE}. \quad (2)$$

この結果は表3〜5に示される。

4-1　全回答者の分析結果

　ヘルスクレーム表示の係数は正で，統計的には1%の信頼水準で有意であった。回答者間では，ヘルスクレーム表示が機能性食品の購入とプラスに影響していたため，H1 は支持される。よって，ヘルスクレーム表示が機能性食品のカテゴリーにおける購入行動に顕著な影響を及ぼすことが示唆され，これは他国で実施された他の研究結果と合致している。健康は信用属性に分類されることから，消費者はヘルスクレーム表示のある製品の方を好む。したがって，機能性食品におけるトクホ認証はブランド価値を向上させることが指摘される。

　さらに，研究から明らかにされたのが，回答者はヘルスクレーム表示またはトクホ認証表示のある機能性食品に対しては支出を厭わないと考えていることであった。すなわち，ヘルスクレーム表示に対する MWTP は約45円で，全ての属性において2番目に高いことが判明した。調査結果によれば，他の全ての

属性が同等だとすると,トクホ認証が消費者のMWTP (WTP) を45円上昇させる。よって,ヘルスクレーム表示は販売価格を約20%増価させることから,ヘルスクレーム表示が製品の価値を上昇させるとの結論が導かれる。これは機能性食品カテゴリーの新製品開発において最も重要な要素の一つで,市場から得られる証拠と合致する。トクホ表示のある緑茶は日本国内では170〜190円で販売されており,トクホ表示のない緑茶製品より約20〜40円高い。2012年4月にアサヒが販売開始したトクホ認証飲料は150円で,大ヒット製品となった。

二つ目に,機能性食品の選択に際して,原産国は日本の若年消費者にとって重要である。国の係数は1%の信頼水準で正であることからH2は支持される。ここから指摘されるのは,機能性食品カテゴリーにおいて,日本の消費者が日本産の食品を重視していることで,この事実は先行研究に合致し,日本の消費者が日本製品は質,味,安全面で優れていると信じている可能性を示している。同時に,外国産茶葉を使用するメーカーは,外国風のお茶であることを特徴として製品を展開すべきだともいえる。

また,この属性に関わるMWTPは最も高い (58円)。この結果は,日本産の緑茶は日本の消費者の間で高く評価される傾向があることを示唆している。

三つ目に,サイズの係数は負であったものの,有意ではなかった。この結果が示唆するのは,この要素が消費者の製品選定に影響を及ぼしていないことであり,よってH3は支持されない。加えて,価格の係数もまた負であったが有意ではないことから,H4が支持されず,価格は購入意図に大きな影響を及ぼさないといえる。この食品カテゴリー (機能性飲料) においては,消費者は価格が品質に比例すると考えていると思われる。

4-2 健康意識の高い回答者およびそれ以外の回答者の分析結果

表4と表5が示すのは,自身を健康意識が高いと考える回答者とそうでない回答者とに分類した後の実証的結果である。結果からは回答者間の差異はほとんど見られないものの,健康意識の高い回答者のヘルスクレーム表示および原

表4 健康意識の高い回答者に関する条件付ロジットモデルの実証的結果

	係数	標準誤差	有意確率	MWTP
ヘルスクレーム表示	1.5151***	0.2480	0.0000	120.4405
原産国	1.8169***	0.2402	0.0000	144.4332
サイズ (ml)	− 0.3524**	0.1691	0.0371	− 28.0188
価格 (円)	− 0.0125	0.0399	0.7528	
LR Chi2	145.006			
Prob > Chi2	0.0000			
疑似 R^2	0.0968			
尤度		1496.5799		
サンプルサイズ	130			

** および *** はそれぞれ，5％，1％の信頼水準で有意であることを示す。

表5 健康意識の高くない回答者に関する条件付ロジットモデルの実証的結果

	係数	標準誤差	有意確率	MWTP
ヘルスクレーム表示	1.6315***	0.2743	0.0000	54.6070
原産国	2.2397***	0.2845	0.0000	74.9648
サイズ (ml)	− 0.2253	0.1831	0.2184	− 7.5430
価格 (円)	− 0.0298	0.0438	0.4951	
LR Chi2	137.594			
Prob > Chi2	0.0000			
疑似 R^2	0.3693			
尤度	234.9116			
サンプルサイズ	135			

*** は1％の信頼水準で有意であることを指す。

産国の MWTP は高い。この発見から，消費者がトクホ・ヘルスクレーム表示と原産国の双方を重視していて，さらに，健康意識の高い回答者がこうした属性をより重要視していることが分かる。

ただし，興味深いのは，こうした実証的結果から，健康意識の高い回答者の内容量の係数が5％の信頼水準にて負であることが示されていることである。つまり，消費者は製品の内容量を重視しておらず，また機能性食品を栄養食品として捉えているため，味には期待していないことが示唆されている。つまり，消費者は「味と栄養とのトレードオフに直面している」のである（Thunström and Rausser, 2008）。Thunström and Rausser（2008）では，消費者は往々にして，味と栄養とのトレードオフに直面することから，食品の特性に対する消費者の評価

もまた製品特性の変化に影響されやすいことが強調されている。

　したがって，消費者は内容量が少なめのパッケージの機能性食品を好む傾向がある。実際，機能性食品カテゴリーの大半の飲料の内容量は，他の飲料が500～550mlであるのに対して350 mlである。新倉（2010）が強調するのは，消費者は製品カテゴリーに応じて製品を評価する（消費者は通常のソフトドリンクのカテゴリーまたは機能性飲料カテゴリーに属する製品としてこの製品を認識する）ことである。つまり，トクホ認証製品の魅力というのは，身体に及ぼす機能的効果であることから，こうした機能性食品カテゴリーのマーケティングにあたって着眼すべきは，製品が消費者の健康にどのように作用するのかであって，喉を潤すといった基本的な機能ではないのである。よって，マーケティング活動はマーケティング担当者と消費者間の認識のギャップを埋めることに注力すべきであろう。マーケティング担当者が製品を機能性食品として認識する消費者をターゲットにするのであれば，こうした製品には別のマーケティング手段を用いることが求められる。マーケティング担当者および製品開発関係者は，機能性食品として明確に識別できるような方法で製品展開を行うべきである。

　こうした結果から示唆されるのは，機能性食品には，従来型の食品とは異なるブランド管理，製品サイズおよび販売網といったマーケティングアプローチが必要になることである。栗木，他（2006）によれば，適切な販売網の選定こそ花王のヘルシア緑茶の販促における成功要因であった。この洞察からは，製品内容量のコンパクトさがコンビニ消費者のニーズに適合することが示唆される。

5　総　括

　機能性食品のマーケティング・コミュニケーションは，メーカーおよび小売業者にとってもっとも難易度の高い課題の一つではあるが，それは機能性食品

カテゴリーには信用属性が伴うからであり，消費者は，購入や摂取の前の段階では，製品の品質を知らないからである。よって，効果的なマーケティングを行うには製品の品質および身体に及ぼす効果を保証することが不可欠になる。

消費者に正確な情報が提供され，製品に期待される健康上の効果が確実に満たされるようにするには，大手の食品メーカーは特定保健用食品制度を通じて製品の認証に注力すべきである（New Zealand Trade and Enterprise, 2009）。最近のいくつかの研究では，トクホ表示という本章のテーマが分析されてきた。しかしながら，価格やその他の特性に及ぼす効果を検証してきた先行研究は数えるほどにすぎない。

本章ではコンジョイント分析を用いて，日本の消費者が健康促進作用のある茶飲料を選択する際に影響を及ぼす要因を特定してきた。以下はそのまとめである。

ヘルスクレーム表示は，日本国内の18～25歳の消費者による機能性飲料の購入に正かつ有意な影響を及ぼす。ヘルスクレーム表示および原産国は消費者の製品選択に著しい影響を及ぼすことから，外国産の茶葉を使用する生産者は外国風のお茶であることを強調した製品展開を図るべきであろう。さらに，われわれの実証的結果から明らかになったのが，消費者は内容量の少ない茶製品を好む傾向があり，健康意識の高い消費者ほど機能性食品を高く評価するということであった。

こうした結果から，日本の機能性食品市場における効果的な製品開発および消費者とのコミュニケーションについて，経営面での示唆がいくつか導き出される。ヘルスクレーム表示と原産国，すなわち製品の安全性と優れた品質のイメージこそ，機能性食品のマーケティングにおける重大な成功要因である。さらに，マーケティング担当者は，機能性食品に対する消費者の認識に合わせて製品サイズの調整を図り，適切な販促網を活用した流通を行うべきである。新製品は消費者の機能性食品に対する特異な認識をターゲットにすべきであり，マーケティング担当者は健康に与える効果を周知するための適切なツールを採用すべきである。

こうした事実や発見をさらに確固たるものにするには、より大規模なサンプル数およびより広範な人口層を対象にした調査が不可欠である。さらに、機能性食品のカテゴリーをより幅広くとらえた相互比較を行い、より広範なカテゴリー範囲内で具体的な特性を定義する必要がある。ヘルスクレーム表示を採用する他の製品を研究することによって、日本の機能性食品市場に関する一層深い洞察が得られるだろう。

第Ⅱ部

流通イノベーション

第4章
サプライチェーンの革新とその要因

要約

　消費財のサプライチェーンに変革をもたらす要因について，生鮮食料品の流通をケースとして考察した。結果，過去10年間の変革の重要なファクターは次の三つであることが明らかとなった。すなわち，(1) 物流・情報流のイノベーション，(2) 製品差別化，リスク分担，流通費用の節減に関わる大規模小売企業の戦略的行動，(3) 中間・小売段階の変化による競争構造の変革である。

---

1 はじめに

近年，多くの生産財・消費財において，サプライチェーンの革新がもたらされており，その要因やメカニズムに注目があつまっている。なかでも，生鮮食料品におけるサプライチェーンは近年きわめて急速な革新を経験しており，その変革についてとり上げることは，他の財のサプライチェーンの変革を考える上でも大きな意義があると思われる。本章の目的は，生鮮食料品のサプライチェーンに焦点をあて，変革の要因について検討することで，そのメカニズムを明らかにすることである。このような生鮮食料品のサプライチェーンの革新がもたらされる要因としては，Mittendorf（1986）やKaynak（1999）らの研究に見られるように，当該国における経済の発展段階あるいは小売の発展段階との関わりに伝統的に焦点が当てられてきたものが多い。しかしながら，このような変化には多様な要因が関係しており，それらの各要因はどのようなものであり，どの程度の重要性をもって作用しているのか，検討を加える必要があろう。

本章の構成は以下の通りである。第2節（サプライチェーンの革新）において，各国で生じているサプライチェーンの革新の実態とその特徴を述べる。第3節（サプライチェーン革新の要因）において，変革をもたらす要素として，どのような要因が存在しているのか，それぞれについてこれまでに行われてきた議論を整理し検討する。第4節（結語）では，本稿で明らかとなった事項に関して要約を行う。

2 サプライチェーンの革新

　本節では,生鮮食料品のサプライチェーンにおいて生じつつある変化について説明する。その変化とは,生産者・小売間における短期的・スポット的取引から,長期継続的・契約的取引への取引関係のシフトであり,これは先進各国において共通してみられる現象である。

2-1 スポット的取引から契約的取引へのシフト

　生鮮食料品におけるサプライチェーンは,長らく卸売市場に代表される組織化された市場(organized market)におけるスポット的取引の下での,多対多の取引が中心であった。しかしながら,近年,スーパーを中心とした組織小売業の発展の下で,調達先との関係性(relationship)の下,1対1の契約的な取引へとその取引システムは移行しつつある。主体間の取引システムは,組織化された市場におけるスポット的取引と,それに相対するものとして,個別交渉による取引システム(decentralized individual negotiation)による契約的取引[1]の二つに大別できる。サプライチェーンは,スポット市場(spotmarkets)の連続によって構成されているものと,垂直的統合(vertical integration)によって構成されているものとがあるが,この両極端な二つのスタイルの間には,さまざまな形態の契約的取引が存在している(Sexton and Lavoie, 2001: p. 869)。Rhodes, et al.(2007)やSexton and Lavoie(2001)らをはじめとする多くの研究では,先進国において,農産物にまつわる取引関係は,スポット市場から,垂直的統合により近い長期継続的な取引関係へと利用のシフトが生じている事を指摘している。

2-2 各国におけるサプライチェーンの変化:その実態

ここでは,英国,米国,および日本を例として,先進各国におけるサプライチェーン変化の実態を見てみよう。いずれも共通しているのは,取引形態がスポット的・短期的なものから,契約的取引に基づく,長期継続的なものへとシフトしている点である。

2-2-1 英国

80年代頃まで,小売業者は,各地域での卸売市場を利用し,スポット的な取引によって生鮮食料品の調達を行ってきた。調達される商品は,ブランド化がなされていない一般的な商品が中心であった。もちろん,生産者とそれらの小売業者の間では,長期的な,関係性を持った取引関係が構築されることはなかった (White, 2000)。しかしこの状況は,1990年代に至って大きな変革を迎えることになる。スーパーマーケットをはじめとする組織小売業は生産者との直接取引や,特定の卸売業者との長期的な取引を進めるといった戦略を取るに至っている[2]。このような傾向の中で,英国においてはスポット取引の場である卸売市場の利用が減少し,スーパーマーケットと生産者との契約的な取引の割合が増大している。これを具体的な数値で見ると,1980年では契約的な取引の割合が34%,卸売市場の利用の割合が66%であったが,1986年ではそれぞれ45%,55%,1990年においてはそれぞれ50%,50%となった。1996年においては生産者との直接取引は70%に達しており,残りのわずか30%が卸売市場をはじめとする伝統的な卸売業者を通じた取引であった (Retail Business, 1997 a, b)。この頃には,卸売市場は,スーパーマーケットにとって余分なマージンを発生させるものであると彼らにみなされるに至っている (Cadilhon, et al., 2003)。

2-2-2 米国

米国では,スーパーマーケットの出現以来,すなわち1920年代以降において,

このような近代的な小売業者と生産者との直接購買の動きがはじまっている[3]（Jumper, 1974: p. 392）。米国において，野菜や果実の流通では，卸売市場等の伝統的な卸売業者を経由した取引は，1973 年では全体の取引量の 32.5%，1996 年では 34.3%と低迷しており（McLaughlin and Perosio, 1994），この間，とりわけ 1980 年代から 90 年代にかけて，生産者および小売業者の大型化が進む一方で，卸売業者の規模の縮小が続いている。このような状況の中において大規模スーパーマーケットを中心として，卸売業者を介在しない，生産者との直接取引の動きが進んでいる。たとえば，1996 年においては，卸売市場を通じない取引[4]による仕入れの割合は，大規模スーパーマーケット（年間売上高 15 億ドル以上）は 84.5%に達しており，中規模スーパーマーケット（同 3 億ドル以上 15 億ドル以下）では 63.4%，小規模スーパーマーケット（同 3 億ドル以下）においても 34.8%を占めていた（Dimitri, 1999）。

取引の方式にも大きな変化が生じている。交渉（negotiation）による，契約的な取引が農産物全般の取引に占める割合は，1969 年においてはわずか 12%であったが，2000 年代初頭においては取引額の 36%を占めるに至っている。契約的な取引は，牛乳・豚・ブロイラーを皮切りに現在においては青果物に関しても主要な取引方法の一つとなりつつある（MacDonald et al., 2004）。さらに，卸売市場内における取引慣行にも大きな変化が生じている。松田（1993）によるインタビュー調査によれば[5]，スポット的な取引形態の典型であるオークションによる青果物取引は，80 年代初頭に消滅するに至っている（松田, 1993: pp. 39-40）。

2-2-3　日本

長らく，卸売市場での取引が流通の中心であった。しかしながら，1990 年代以降，スーパーマーケットの台頭により彼ら主導による卸売市場外での取引が進んでいる。たとえば，1980 年には，85.9%もの野菜・果物が卸売市場を経由して取引されていたが，2004 年においてはその割合は 64.8%にまで減少している。スーパーマーケットは，市場外流通の取り組みを進め，卸売市場が介在

しない取引の割合を増やしている[6]。また，卸売市場においても，取引の変化が生じている。以下，(1)，(2) においてそれらの変化を説明する。

(1) 小売と生産者間の契約取引の進展：

近年のアンケート調査によれば，生産者団体（野菜・果物に関する生産者団体）において，調査対象の 50.3％が小売との契約取引を行い，卸売市場以外の販売チャネルを有している。とりわけ，野菜の販売額が 20 億円以上の大規模農協では，68.1％の農協が契約取引を実施しており，農業法人においても 65.9％が契約取引を行っている（独立行政法人農畜産業振興機構，2004）[7]。

(2) 卸売市場内部における契約取引の進展：

卸売市場での取引構造においても，近年，きわめて大きな変化が生じている。当日の需給を反映するスポット的取引（いわゆる「セリ取引」）は急速に減少しており，契約的な取引の一形態である相対取引が増加している。スーパーは卸売市場に対して，商品の安定的な確保，物流機能の負担，および流通加工を求めており，その結果として，卸売市場内の業者（卸売業者，仲卸業者）は，当該商品に対して需給を反映した価格を成立させ，小売へと分配するという役割から，産地と小売双方の要望を調整し，取引を成立させるコーディネーターとしての役割へと自らを大きく変貌させている[8]。彼らは，この新たな役割やスーパーマーケットの要望を果たすため，取引の調整のための専門的人員の育成と配置，情報技術に対する投資，物流への対応，流通加工設備への投資等を進めているが，このような対応の必要性は，零細な卸売業者・仲卸業者の淘汰を促している。

3 サプライチェーン革新の要因

以上で取り上げた，スポット的取引から契約的取引へのシフトには，どのような要因が影響しているのだろうか。本節では，これまで行われてきた議論を取り上げ，この点に関して検討を加える。

3-1 各要因について

生鮮食料品におけるサプライチェーン革新の要因に関しては，生産者とその下流に位置する経済主体との垂直的調整（Vertical Coordination）に関する議論[9]や，小売・生産者のマーケティング活動，取引主体間のリスク分配の問題，生産・流通にまつわるイノベーションに関連する研究取引費用経済学等の下でさまざまな議論が行われている。以下，これらを踏まえ，経済主体間の取引関係を，短期的・スポット的な取引関係から長期継続的・契約的な取引関係へとシフトさせる要因として，三つの要因を取り上げ，それぞれの要因について検討する（図1）。

3-2 要因1：競争構造

ここでは，競争構造の変化が取引関係に及ぼす影響について検討する。競争市場から寡占市場への市場構造の変化や，生産者・小売業者といった各経済主体の組織規模との関連について取り上げる。

3-2-1 競争市場から寡占市場へのシフト

市場構造のあり方は，経済主体間の取引に大きな影響を与え得る。競争的な

図1 サプライチェーンに影響を与える要因

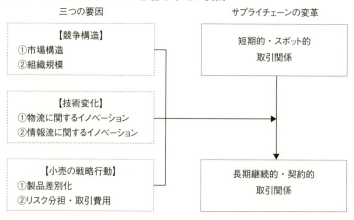

　市場においては，スポット取引は経済主体や社会全体の利益からみて適合的であるが,寡占的な市場においてはそうではない状況が存在するとの指摘がある。Buccola (1985) は，売手・買手間の情報伝達の効率性の側面から，競争市場においては，組織化された市場におけるスポット取引が取引システムとして優位性を持つことを指摘している。売手・買手が多数存在する状況においては，個別交渉による価格決定にはきわめて多くのコストがかかることとなるため，組織化された市場における価格発見 (price discovery) の仕組みが必要となる (Rhodes, 1978: p. 180)。これは，Hall (1948) の取引総数最小化の原理で説明されるように，売手・買手間の中間段階において，取引をとりまとめる組織が介在することで，全体の取引数を減らすことが可能となるためである。また，Stigler (1961) は，時間と場所，取引対象となる財を特定化することにより，売手・買手とも，取引相手の探索にかかる費用の節減が可能となることを指摘する。

　一方，取引に参加する売手・買手の数が減少すればするほど，各経済主体にとって，価格発見に要する費用が低くなる。ゆえに，各主体および社会的にも組織化された市場の必要性が薄れ，個別交渉での取引が選択される可能性が高くなり得る (Sexton and Lavoie, 2001: p. 869)。このような状況の下では，売手は価格受容者 (price taker) ではなく，価格設定 (price setting or administered pricing) を

行う主体(価格設定者)として行動することになる(Rhodes, 1978)。

3-2-2 組織規模

規模の経済・範囲の経済に関して生産者あるいは小売業者がそれらを享受できる場合，契約的取引が選択され得る。組織化された市場は，その取扱い規模の大きさゆえに，各種の流通課業の遂行において規模の経済を発揮する可能性が高い(Cadilhon, et al., 2003)。これは，散在する生産・消費地に対し集荷・集散の機能を発揮すること(Tracey-White, 1991)，多様な品質の農産物に対して効率的な選別や等級付けを行うこと(Tollens, 1997)などによって実現される。とりわけ，生産者が小規模・零細である場合，組織化された市場は，これらの各種マーケティング活動を零細な生産者に代わって遂行することにより，社会的にも大きな重要性を持つ(Mittendorf, 1986)。Tradescope (1995) は，欧米に比べ，日本の卸売市場の地位がいまだ高いものである一因として，生産者，小売業者に比較して，卸売市場が規模の経済をもっとも享受できる立場にあることを挙げている。また，生産者に比して卸売業者の経営規模が巨大であるため，生産者の卸売業者への取引の依存度が高くなることで，卸売市場の経由率の高さの原因が説明できるとの指摘もある(食品需給研究センター, 2000)。しかしながら，英国・米国においては，これらの規模の経済は，卸売市場ではなく，むしろ生産者やスーパーマーケットをはじめとする組織小売業が発揮している。英国におけるスーパーマーケットは，各地域に設立したデポに対して，調達した商品を集荷し各店舗へ配送を行うというオペレーションを展開しているが，生鮮食品の取扱いについても，その他の加工食料品，生活日用品と同一の設備を共用することで配送コストを節減している (White, 2000)。このように，物流設備や作業を集約することによってスーパーマーケットは規模・範囲の経済を享受している。この点はアメリカにおいても同様であり，スーパーマーケットは，生鮮食料品の流通において，流通設備，加工設備への積極的な投資を行うことによって，かつて卸売市場で行われていた数々の流通課業を代わりに担っている。また，Cadilhon, et al. (2003) は，生産者の大型化が進展し，生産者がマーケティ

ング能力を高めた点も，欧州各国での卸売市場への依存度低下の一因であることを指摘している。

3-3　要因2：技術変化：物流・情報流イノベーション

　ここでは，技術変化が取引関係に及ぼす影響について検討する。とりわけ，物流に関するイノベーションおよび情報流に関するイノベーションについて取り上げる。

3-3-1　物流・情報流に関するイノベーション

　卸売市場における取引の集中化は，買手にとって，価格情報のみならずさまざまな産地からの入手可能な財の範囲を速やかに知ることを可能にさせる。他方，売手にとっては，競売によって買手の留保価格を迅速に知ることができる。このような，卸売市場内におけるスポット取引で生じる競争が，取引をまとめる効率的な方法を提供している（McMillan, 2003: p. 66）。逆に，取引相手が容易に探索でき，かつ，それらの取引情報が市場外でも入手が容易になれば，卸売市場での取引は減少することになる（Rhodes, 1978: p. 183）。組織化された市場においては，物流・情報流において次のようなデメリットが生じると指摘されている。

1. 物流費の増加

　組織化された市場における現物取引は，市場への輸送が行われる分，直接生産地から消費地へ輸送する場合に比べ，追加的な物流費用や時間が必要となる。このためきわめて高い鮮度が要求される商品は，このような現物取引に適さず，産地から小売へ直接配送を行う取引が合理的となる（Cadilhon, et al., 2003; Shepherd, 2005; Rhodes, et al., 2007）。とりわけ，輸送方法の変化（たとえば，列車・船舶からトラックへの利用のシフト）により，物流の利便性の面での有利さが失われた場合，市場での取引はその魅力を失うことになる（食品需給研究センター，

2000)。

2. 取引機会の限定

　取引機会（タイミングや場所等）が限定されるため，市場に赴かずとも取引相手が容易に探索でき，またはそれらの取引情報が市場以外でも入手可能となれば，遠隔地間で直接的に情報の交換が可能となり，組織化された市場での取引は減少する（Rhodes, et al., 2007）。とりわけ，規格化は遠隔地間取引を実現させるための重要な要素である（MacDonald et al., 2004）。規格化は，卸売市場における現物取引の必要性を減少させ，契約的取引を増加させる作用をもたらしている。アメリカの青果物市場における近年のセリ取引の消滅は USDA 規格の青果物への普及が大きな要因であると指摘する（松田，1993: pp. 39-40）。

3-4　要因3：小売の戦略行動

　小売の戦略行動が取引関係に及ぼす影響について検討する。かつてスーパーマーケットにとって生鮮食品は，仕入・管理等の費用が高く取扱いが困難であり，避けるべきカテゴリーの商品であるとみなされていた（Zimmerman, 1955; Markin, 1968）。しかしながら，現在，生鮮食品はスーパーマーケットにおいてその収益の高い割合を占めるに至っており，小売の戦略行動により，取引関係は大きな影響を受けている。

3-4-1　製品差別化

　Breimyer（1976）は，小売業者間で製品差別化が試みられるようになれば，生鮮食料品において，小売と生産者間の垂直的調整の必要性が高まると指摘する。これは，差別化された製品に対し，供給の安定を小売が確保する必要が生じるためである。生鮮食料品の製品差別化の次元としては，鮮度や味覚等の品質の高さ，安全性の高さや原産地証明などがあるが，これらの点において高品質な製品を提供可能なスーパーマーケットは，消費者に対してより良質なストアイ

メージを獲得することができる（Brookes, 1995）。スーパーマーケット各社は，この製品差別化の重要性について認識を高めており（Goldman, et al., 1999；Reardon and Timmer, 2007），さまざまな製品差別化を試みている。とりわけ，90年代以降，各国において食品安全性への関心が高まっており，スーパーマーケットはこの点で差別化された製品（たとえば，トレーサビリティー，原産地証明，有機等特定の栽培方法による製品）の提供を競っている（Reardon and Timmer, 2007）。Helmberger, et al.（1981）は，製品差別化の度合が高くなればなるほど，契約的取引の必要性が高まり，それに従ってスポット的取引は減少し契約的取引が増大すると主張する。また，Reardon and Timmer（2007）は，生鮮食品における製品差別化の度合の高さは，消費者の所得の向上など，需要の大きさの程度に依存することを指摘している。

　上記の製品差別化を小売が図る場合，スポット的取引を利用する事は困難であるとの指摘がある。そこでは，取引は需要と供給を反映した価格の下で行われることとなるが，製品差別化を図る上で重要な要素である，消費者の新たな需要（たとえば，原産地証明，有機食品等の信用属性であらわされるような需要）の情報を反映させ，加えて生産・小売の間の情報伝達や調整を行うことが難しいためである（Helmberger, et al., 1981；Barkema, et al., 1991；Hennessy, 1996）。したがって安定的に製品を確保するためには，垂直的な意志決定の調整が必要とされる（MacDonald et al., 2004）。

3-4-2　リスク分担・取引費用

　Mueller and Collins（1957）は，次の二つのリスクの存在が大きいほど，農産物の生産者と下流業者が契約取引を結ぶインセンティブが高まると述べている。すなわち，(1) 生産物の腐敗性に基づくリスク，(2) 生産の不確実性に基づくリスクである。農産物が持つ腐敗性は，時間の経過とともに商品価値の下落が進むことを意味しており，生産者は取引先を十分に探索することができないまま取引を結ばざるを得なくなる可能性が高くなる。他方，下流業者にとって生産の不確実性は，効率的な生産規模を維持しながら操業する上で大きな障害と

なる⁽¹⁰⁾。この二つの要因の下で,生産者と下流業者は,あらかじめ価格や品質,生産時期について契約を行い,垂宜的調整を行うインセンテイブを高める事となる⁽¹¹⁾。Rhodes (1978) は,上記の腐敗性が,卸売市場におけるスポット取引を減少させる大きな要因であると述べている。卸売市場におけるスポット取引では,いったん,生産物を卸売市場に搬入する必要があり,腐敗性による商品価値の低下とそれによってもたらされる買手独占的状況が,契約的取引に比べ格段に高まるからである。そのため,生産者にとり契約的取引が実行可能な状況にあれば,卸売市場への出荷を減少させる傾向がある (Rhodes, 1978: p. 183)。また,Dimitri (1999) は,このような腐敗性に由来するホールドアップ問題の発生の可能性は,取引費用を増加させ,生産者の生産・マーケティング設備への過少投資を誘発するため,下流業者がこの問題の解決策として長期継続的な契約を推進することになると主張する⁽¹²⁾。

4 結　語

　以上の検討により,明らかとなった事項を要約する。組織小売業の発達が進んだ先進各国において,生鮮食料品のサプライチェーンにおける生産者と小売業者との取引関係は,スポット的なものから,契約的取引に基づく,長期継続的なものへとシフトが生じている。このような取引の変革をもたらしている要因として,市場構造のあり方や,生産者・小売業者といった市場参加者の組織規模が関連する競争構造の状況,物流・情報流に関するイノベーションといった技術変化,製品差別化やリスク分担のあり方,製品差別化にまつわる取引費用への対処といった,小売の戦略行動を挙げる事ができる。本稿で検討した各要因が,それぞれどの程度の重要性を持ってサプライチェーンの革新に影響を及ぼしているのかについて,定量的な調査・分析を行う必要があるがこの点に関しては今後の課題とする。

注

(1) ここで，契約（Contracts）とは，書類に取引条件が明記されるものばかりではなく，インフォーマルかつ明示的ではない取引を広く含んだ概念である（Hueth, et al., 1999）。生鮮食料品における契約の形態に関しては，Mighell and Jones（1963）の先駆的研究がある。

(2) たとえば，Hughes and Merton は，90年代のセインズベリーにおける生鮮食料品のサプライチェーンの変革について調査している。その結果，セインズベリーにおいて構築された新たなサプライチェーンの特徴は，生産者とのパートナーシップ関係の生成・維持であり，両者の間に長期継続的・排他的取引が行われているという事実であった（Hughes and Merton, 1996）。英国における生産者と小売業者との取引関係の変化に関しては，Shaw and Gibbs（1996）も参照のこと。

(3) Manchester（1964）によれば，1958年時点において，三つの全国的小売チェーン（National chain store），五つのローカル小売チェーン（Regional chain）が直接購買を行っていた。

(4) 統計においては，生産者との直接取引に加え，卸売業者である Shipper，Broker による取引を含む。

(5) 松田（1993）は，アメリカにおける農産物関連業者，卸売市場関係者に対しヒアリング調査を行っている。それによれば，調査当時，セリ取引が行われなくなってからすでに10年以上経過していた（松田，1993: p. 39）。

(6) これらの数値および推移の詳細は，たとえば広垣（2008: pp. 212-214）を参照。

(7) この実態はアンケート調査に基づいており，農協においては181団体，農業法人の場合では170団体を対象に行っている。なお，ここでの契約取引には，卸売市場に出荷する野菜のうち，特定の実需者との間で価格や数量，出荷時期を事前に決めておく，いわゆる「予約相対取引」も含まれている。

(8) 1980年においては，青果物の8割近く（76.4％）がセリ取引によって販売されていた。しかしながら，1990年においてはその比率は64.9％に減少し2000年には34.3％，2005年においては24.9％にまで落ち込んでいる（広垣，2008）。

(9) 垂直的調整の研究としては，Royer（1998），Giraud-Héraud, et al.（1999）らの一連の理論的分析を代表的なものとして挙げる事ができる。

(10) Hoffman（1976）は，とりわけ下流に位置する業者が，製品に対し積極的な広告を行う場合に，生産の不確実性によるリスクが高まると主張する。これは，広告により需要が高まるため，製品販売を実現できなかった場合の機会費用がより高くなるためである。

(11) MacDonald, et al. は，生産者と下流業者との取引においては，多くの場合，生産者がリスク回避者として行動する傾向があることを指摘している。

(12) 食料品市場に取引コストの議論を援用した嚆矢としては，Goldberg（1968），Purcell（1973）の一連の研究がある。

第5章

生鮮サプライチェーンの構造変化
——実態の整理——

要約

　日本の青果物流通における構造変化に焦点をあて，統計資料および実地調査によって，その構造変化の特徴を整理した。現在，青果物流通の構造は大きく転換しており，なかでも卸売市場内部における取引様式はセリ取引から相対取引へと著しい変化をしている。

　さらに，1980年代から2000年代初頭の20年間の長期的推移を見た場合，卸売市場の青果物流通全体における地位の低下傾向にあわせ，卸売市場内の中間業者数も減少傾向にある。このような卸売市場内の構造変化は，大規模な組織小売業者の台頭と彼らの流通戦略の変化によって，卸売市場の求められる機能が変化したことによりもたらされている。すなわち，卸売市場は，需給調整の場所としてよりも，生産者と小売業者との取引の調整を行い，流通加工を行う場所へと変化している。

78　第Ⅱ部　流通イノベーション

1　はじめに

　本章の目的は，青果物流通における卸売市場の市場構造および流通機能についての変化とその実態を把握し，加えて，それらの変化をもたらした主要な要因の一つである，小売構造の変化とその流通戦略を明らかにすることである[1]。

1-1　青果物の流通に対する公的・私的対応

　青果物流通においては，生産の不確実性，腐敗性といった商品特性が流通コストを高めており，生産者と流通業者との間において，それらの特性に対処し，流通コストを節減するための仕組みが私的・公的両面にわたって構築されてきた。

　私的な取引形態の工夫としては，江戸・明治期において問屋により組織された特定の産地（手山）との生産・卸段階における長期継続的取引関係の構築[2]や，近年の組織小売業の主導による，供給サイドとの情報シェアリングによる協調的関係に基づくサプライチェーン・マネジメントへの取り組みをそれらの一例として挙げることができよう[3]。

　たいして，公的な取引形態の工夫としては，卸売市場および卸売市場制度の整備が例として挙げられる[4]。日本においては，1923年に卸売市場制度が導入されて以降，全国各地に中央卸売市場および地方卸売市場が設置された[5]。それらの市場は，供給および需要の集計化によって青果物の需給調整を容易にし，さらに集荷・分散といった流通課業に対して，規模および範囲の経済の享受を実現させた[6]。そして，このような卸売市場の普及に伴い，生産・小売段階は卸売市場への依存度を高めてきた[7]。

1-2 卸売段階の変革とその実態

しかしながら,現在において卸売市場内部における取引の実態は大きく変化している。卸売市場の青果物流通に占めるシェアはいまだに高い割合を維持しているが,小売段階が零細な業種店から大規模な組織小売業へと変化するに従い,卸売市場においても内部の取引構造に大きな変化が生じている。具体的には,卸売市場内においてセリ取引に代表されるスポット的取引が急速に減少し,相対取引と呼ばれる交渉型・長期継続的取引へと取引方法が大きく変動している。加えて,市場内に存在する中間業者は大幅に減少しており,さらに中間業者間の流通機能の分担関係が大きく変化している。このような構造変化により,青果物流通全体の経済厚生に対し,何らかの影響が生じていることが予測され,その理論的・実証的分析が必要となるだろう。しかし,そのためには,取引変化の背後にある市場構造の変化や,卸売業者の機能的変化の実態を把握した上で,それらの実態に基づいた分析のモデルを構築する必要がある。

1-3 分析方法

したがって,本章においては,卸売市場内におけるセリから相対への取引の変化の背後に存在する卸売市場の機能的な特性の変化について,その実態を把握し検討を加えたい。そのための分析方法としては,二つの方法を用いている。第1は,各種統計資料[8]を用いた時系列的な比較である。これにより,卸売市場の実態と,そこで生じている変化の詳細について確認を行う。その上で,第2の方法として,卸売市場関係者,卸売市場との取引を行っている組織小売業者との実態調査[9]による実態の把握である。これにより,小売の流通戦略の変化が,具体的にどのように卸売市場の機能を変化させているのかを明らかにする。

1-4 本章の構成

本章の構成は次の通りである。第2節（卸売構造の変革）では，各種統計をもとに，卸売市場における取引変化の進展とそこでの市場構造の変化を統計的に確認する。第3節（生産段階の変化）では，生産者の変化を統計的に確認し，卸売・小売段階に与える影響を見る。第4節（小売段階の変化）では，小売構造その変化を統計的に確認する。第5節（卸売構造の変革を促す要因）では，組織小売業による卸売市場を利用した青果物調達についてその内容を描写し，それによってどのように卸売市場の流通機能が変化したのかを検討する。第6節（内容の要約）においては，明らかになった流通構造変化の内容について整理し，結びとする。

2　卸売構造の変革：統計調査

2-1　欧米各国における卸売構造の変革

日本における青果物の構造変化を見る前に，他国における動向について簡単に把握をしておく。先進国，開発途上国において共通する点は，小売構造の変化により，卸売市場がバイパスされ，生産段階と小売段階での交渉，契約を通じた取引が主流となる点である。

アメリカ

Dimitri（1999）による，青果物流通構造の調査によると，1980年代から90年代にかけ，生産者および小売業者の大型化が進む一方，中間業者の規模の縮小

が生じている。そして，卸売市場を経由する流通から，生産者あるいはシッパー（Shipper）と小売業者が直接取引を行う流通への移行が生じている。たとえば，1996年においては，卸売市場を通じない取引方法[10]による仕入れの割合は，大規模スーパーマーケット（年間売上高15億ドル以上）は84.5％，中規模スーパーマーケット（3億ドル以上15億ドル以下）は63.4％，小規模スーパー（3億ドル以下）は34.8％に達している。

また，McLaughlin and Perosio (1994) によると，卸売市場等の伝統的な卸売業者を経由した青果物の取引は，米国では1973年では全体量の32.5％，1996年では34.3％と低下傾向にある。このような傾向は，すでに1970年代においてJumper(1974)が指摘している。アメリカにおいて，中央卸売市場(terminal market)は1920年代から1940年代にかけ設立ブームであり，この間49もの市場が整備された。しかしながら，このような卸売市場の青果物流通に占める重要性は早くも第二次大戦後には減少し続けている（Jumper, 1974: p. 392）。

逆に，スーパーマーケットによる直接購買は早くから始まっている。Manchester (1964) によると，アメリカにおいて，1920年代に大規模スーパーマーケットチェーンが登場した当時から，それらのチェーンストアによる直接購買が始まっていた。1958年には，三つの全ナショナルチェーンおよび五つのリージョナルチェーンが直接購買を行っていた。

取引変化：セリ（Auction）から相対取引（negotiation）への取引の移行

BronxにおけるNewYork Fruit Auctionでは，1949年のピーク時においては4万本，10億ドル分の人参が市場のセリで取引された。しかしながら，1974年においてはわずか1万1000本，6億ドル分が取引されたに過ぎなかった（Supermarket News, 1974）。さらに，1980年代には卸売市場での取引においてセリは完全に消滅するに至り，アメリカにおける青果物取引はnegotiationで行われている[11]。

イギリス

　生産者あるいは生産者団体から組織小売業への直接取引の比率と，卸売市場等，伝統的な卸を介した取引の比率は，1980年においては前者が34％，後者が66％であった。この比率は前者が高く，後者が低くなる傾向が続いており，1986年ではそれぞれ45％，55％，1990年ではそれぞれ50％，50％，1996年においてはそれぞれ70％，30％となり，直接取引が主流となるに至っている（Retail Business, 1997 a,b）。

　多角的な事業を行う組織小売業が，直接購買に取り組むに至る以前においては，小売業者の青果物の調達の形態としては，地域の卸売市場が中心であった。そこでは，ブランド化されていない，差別化されていない生鮮品をアドホックに購入する形態が普通であり，生産者から出荷された商品を取引ベース（transaction basis）で購入していた。もちろん，生産者とそれらの小売業者の間では，長期的な取引関係が築かれることはなかった（White, 2000）。

欧州各国

　他の欧州各国の青果物流通構造の変化についても，ドイツ・オランダ等，北欧諸国おける卸売市場を含めた中間流通業者の役割は，低下しており，たとえばドイツでは，1971年において，卸売業者を経て販売された生鮮食品は全体のわずか30％にすぎなかった（Cadilhon, et al., 2003）。

開発途上国

　チェーンストアの国際的な進出や競争により，発展途上国においても近代的な流通チャネルがチェーンストアによって構築されつつある。発展途上国が多い東南アジアにおいても，流通は独立小売店とそれらに生産物を供給する卸売市場といった構造から，チェーンストアとそれにより開発された生産者との直接取引という構造へとシフトしつつあるのである（Department of Foreign Affairs and Trade, Australia, 2002）。たとえば，ベトナムにおいては，近年国際的チェーンストアにより小売と生産者とのサプライチェーンが築かれ始めている。ドイ

ツ資本の Metro Cash & Carry は 2002 年にベトナムに出店し，独自の調達チャネルを築き生産者との直接取引を行っている（Cadilhon, et al., 2006）。

2-2 青果物の流通規模とその構造

日本における青果物の流通構造

日本における卸売構造の変化の実態をつかむ上で，はじめに，青果物流通の構造について確認しておこう。図1は日本における青果物流通チャネルの主要な構造の概略であり，青果物が生産段階を経て消費段階にまで到達する経路を示している[12]。矢印は所有権移転を表している。太線は，卸売市場を通じた青果物流通を表している。そこでは，まず生産者あるいは生産者団体より，生産物は卸売市場に入居する卸売業者[13]に委託される。卸売業者に委託された生産物は，同様に卸売市場に入居する仲卸業者[14]・売買参加者[15]が購入し，小売等の市場外の業者へと再販売がされる。そして生産物は最終的に消費者へと到達することになる。

図1　日本における青果物流通構造

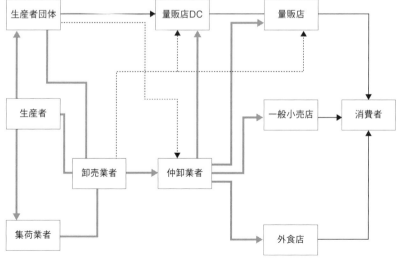

卸売市場における規制

卸売市場においては，取引に多くの規制がかけられている。とりわけ，(1) 取引相手の制限，(2) 取引方法の規制といった規制がなされている。しかしながら，近年これらの規制は緩和がされている。以下，それらの規制の内容について述べる。

取引相手の制限：第三者販売・直荷引きの禁止

(1)の取引相手の制限は，生産者や産地商人など上流の業者の取引相手は卸売業者に限定され，仲卸業者や小売業者との間で直接取引を行うことを不可とする制限である（直荷引きの禁止）。また，卸売業者は市場外の業者（小売等）へ生産物を直接販売することはできない（第三者販売の禁止）。

取引方法の規制：セリ取引・委託販売の原則

(2)の取引方法の規制は，セリ売りの原則（中央卸売市場法第14条：セリの原則），および委託原則[16]（中央卸売市場施行規則第21条），全量上場の原則といった規制である。セリ売りの原則の下では，卸売業者から仲卸業者へと生産物を販売する際においては，セリ・入札による取引が行われることが原則であった。また，生産者から卸売業者が直接買い付けることについても制限がされており（委託原則），卸売業者は生産者が希望するだけの生産物を委託販売することが求められていた（全量上場の原則）。

規制緩和

近年これらの規制は緩和がされており，セリ原則は1999年に廃止され，第三者販売，直荷引きについても2004年に大幅に認められるようになった。破線は，これらの規制緩和により卸売市場において新たに出現した取引ルートである。生産者団体から卸売業者への破線の矢印は買付集荷を，卸売業者から量販店DC，量販店への矢印は第三者販売を表している。また，生産者団体から仲卸業者への破線の矢印は，直荷引きを表している（図1）。

卸売市場の流通規模

次に，卸売市場の青果物取扱実績をみてみよう（表1）。農林水産省の調査によれば，青果全体の卸売市場における取扱実績は，2005年において重量で954万9,000トン，金額で2兆299億円であった[17]。長期的な推移を見ると，90年代初頭まで重量，金額とも増加傾向であり，以後減少傾向にあることが確認できる。1980年において取扱実績は，1,063万3,000トン，1兆9,310億円であったが，1990年には1,129万9,000トン，2兆8,472億円であり，1980年の取扱実績と比較して重量で約6％の増加，金額で約47％の増加をしている。しかしながら，2000年においては1,064万9,000トン，2兆3,240億円と1990年と比べ若干の減少がみられ，2005年においては954万9,000トン，1兆299億円と，1980年と比較して重量は10％程度減少している。

野菜，果実それぞれの長期的推移も青果全体と同様の傾向を示しており（図2），野菜については1980年において664万1,000トン，1兆1,107億円であり，これが1990年には752万9,000トンと1980年と比較して13％の増加，金額は1兆7,192億円と54％もの増加をしている。2000年には739万6,000トン，1兆4,333億円と減少傾向にあり，2005年度には686万5,000トン，1兆3,298億円であった。ところで，1990年代以降の取扱実績の減少傾向は果実が特に際

表1　中央卸売市場の取扱実績の推移　　　（単位：数量＝1,000トン，金額＝億円）

年度	青果 数量	青果 金額	野菜 数量	野菜 金額	果実 数量	果実 金額
1980	10,633 (1.000)	19,310 (1.000)	6,641 (1.000)	11,107 (1.000)	3,892 (1.000)	7,914 (1.000)
1985	11,233 (1.056)	22,941 (1.188)	7,337 (1.105)	12,978 (1.168)	3,769 (0.968)	9,598 (1.213)
1988	11,758 (1.106)	24,300 (1.258)	7,660 (1.153)	14,621 (1.316)	3,952 (1.015)	9,184 (1.160)
1990	11,299 (1.063)	28,472 (1.474)	7,529 (1.134)	17,192 (1.548)	3,629 (0.932)	10,855 (1.372)
1993	11,384 (1.071)	28,234 (1.462)	7,640 (1.150)	18,210 (1.640)	3,605 (0.926)	9,603 (1.213)
1995	11,330 (1.066)	26,249 (1.359)	7,656 (1.153)	15,909 (1.432)	3,410 (0.876)	9,947 (1.257)
1997	11,029 (1.037)	25,567 (1.324)	7,544 (1.136)	16,359 (1.473)	3,354 (0.862)	8,811 (1.113)
2000	10,649 (1.002)	23,240 (1.204)	7,396 (1.114)	14,333 (1.290)	3,129 (0.804)	8,556 (1.081)
2003	10,012 (0.942)	21,662 (1.122)	7,086 (1.067)	13,921 (1.253)	2,808 (0.721)	7,435 (0.939)
2005	9,549 (0.898)	20,299 (1.051)	6,865 (1.034)	13,298 (1.197)	2,684 (0.690)	7,001 (0.885)

出所：農林水産省総合食料局市場課資料より筆者作成。
注：各年度における括弧内の数値は，1980年の値を1.00とした場合の値である。

図2 中央卸売市場の取扱実績の推移（金額ベース）

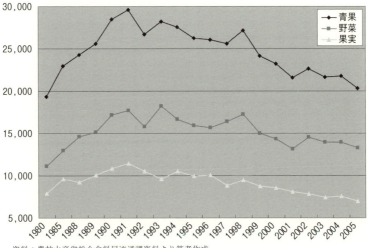

資料：農林水産省総合食料局流通課資料より筆者作成。

立っており，それが青果全体の取扱実績に大きく影響していることが分かる。すなわち，果実においては，1980年に389万2,000トン，7,914億円であった取扱実績が1990年においては362万9,000トンと1980年と比較して8％の減少，金額は1兆855億円と37％の増加であった。しかし，2000年には312万9,000トン，8,556億円と重量で16％減少している。これが2005年度には268億4,000万トン，7,001億円となり，1980年と比較して重量で31％の減少，金額で12％の減少であった。

2-3　卸売市場による青果物流通の比重：全体に占めるウエイト

　青果物流通において卸売市場がどのような地位を占めているかを確認しておこう（表2，図3）。農林水産省の調査によると，卸売市場を経由する流通のシェア（卸売市場経由率）は2004年において全体の65.8％を占めており，青果物流通の中でもっとも大きな割合を占めていることがわかる。しかし，長期的な推移を見ると，この卸売市場経由率は1980年代後半から90年代初頭にかけ減少

表2　卸売市場経由率　　　　　　　　　　　　　　　　　　（金額ベース，単位＝％）

年度	1968	1970	1973	1976	1980	1983	1986	1990	1993	1996	2000	2004
青果	79.6	81.8	91.1	89.1	85.9	86.3	86.3	81.9	80.0	74.8	70.9	65.8
野菜	78.5	81.6	88.2	87.2	85.2	87.5	87.2	85.2	84.8	82.6	79.2	76.8
果物	81.5	82.1	94.9	92.0	87.1	84.3	84.7	76.1	72.0	61.7	57.6	49.0

出所：農林水産省総合食料局流通課資料より筆者作成。
卸売市場経由率＝｜(市場流通量)－(転送量)｜／(総流通量)

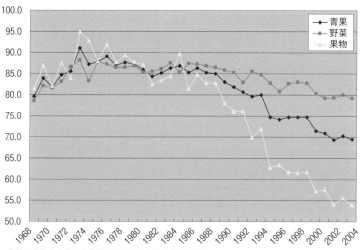

図3　卸売市場経由率

資料：農林水産省総合食料局流通課資料より筆者作成。

をはじめ，2000年代においてもこの減少傾向が続いていることが確認できる。たとえば，1980年には，85.9％もの青果物が卸売市場を経由して取引されていた。しかし，1990年では，この比率は81.9％に低下しており，2004年度においては65.8％にまで比率が減少している。とりわけ，野菜は依然76.8％と高い比率を維持しているが，果実は49.0％にまで減少している。

2-4　中間業者の実態：業者数・規模分布の変化

ここでは，卸売業者・仲卸業者の数および規模分布についてみてみよう。卸

売業者・仲卸業者の数は減少傾向にあり，とりわけ仲卸業者の減少傾向は著しい（表3，図4，5）。1985年において，中央卸売市場内に入居する卸売業者は119社であり，仲卸業者は2,612社であった。これが，2005年において卸売業者は96社と，23社減少し，仲卸業者は1,925社と，実に687社の減少をみており，20年間に，3割近く（26％）の仲卸業者が中央卸売市場から消滅したことになる。一方，この間中央卸売市場の数は3市場減少したのみであった。

表3　中央卸売市場数・卸売業者・仲卸業者数の推移（青果）

年度	中央卸売市場数	卸売業者数	仲卸業者数
1985	74	119 (1.00)	2,612 (1.00)
1990	72	116 (0.97)	2,539 (0.97)
1995	72	113 (0.95)	2,440 (0.93)
2000	72	108 (0.91)	2,213 (0.85)
2005	71	96 (0.81)	1,925 (0.74)

出所：農林水産省総合食料局流通課資料より筆者作成。
注：括弧内の数値は，1980年の値を1.00とした場合の値である。

図4　卸売業者数の推移

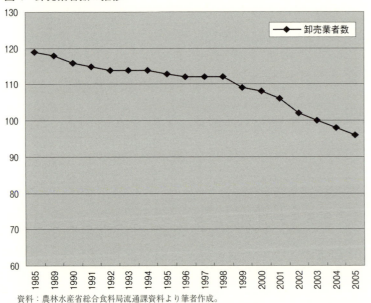

資料：農林水産省総合食料局流通課資料より筆者作成。

図5 仲卸業者数の推移

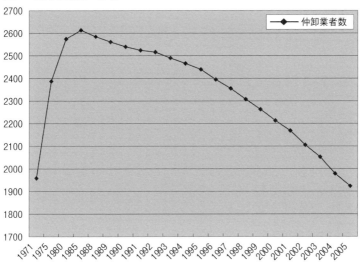

資料：農林水産省総合食料局流通課資料より筆者作成。

次に，取扱規模別の内訳で測った卸売業者の規模分布とその推移をみていこう（表4）。1995年では，全卸売業113社のうち，取扱規模が100億円から500億円未満の範囲の業者が69社存在しており，これが全体数の61％を占めている。そして，より小規模な50億円から100億円未満の範囲の業者が24社，全体数に占める割合が21.2％とそれに次いでいる。2005年においてもこのような規模分布の傾向はほとんどかわらず，100億円から500億円未満が56社（全体数の58.3％），50億円から100億円未満が25社（全体数の26％）である。1業者あたりの取扱金額をみると，1995年においては平均で232億円，最高が

表4 取扱規模別卸売業者数の推移　　　　　　　　　　　　　　1業者当り取扱金額（億円）

年度	卸売業者数	取扱規模別業者数					平均	最高	最低
		50億円未満	50〜100億円未満	100〜500億円未満	500〜1000億円未満	1000億円以上			
1995	113	6(5.3)	24(21.2)	69(61.0)	12(10.6)	2 (1.8)	232	1,670	18
2005	96	5(5.2)	25(26.0)	56(58.3)	9(9.4)	1 (1.0)	211	1,545	25

出所：農林水産省市場課，農林水産省総合食料局流通課資料。
注：括弧内の数値は各年度の全体数に対する比率（％）を表している。

表5 取扱規模別仲卸業者数の推移

年度	総数	うち法人	1億円未満～10億円未満	10億円以上
1995	2,442	2,197 (89.9)	1,848 (75.6)	594 (24.3)
2005	1,908	1,775 (93.0)	1,411 (73.9)	497 (26.0)

出所：農林水産省市場課資料より筆者作成。
注：括弧内の数値は各年度の全体数に対する比率（％）を表している。なお，係数において表4の数値と若干のずれがあるが，これはカウント方法が異なる（表4は年度末現在で計測）ためである。

1,670億円，最低が18億円であった。2005年においては平均が211億円，最高が1,545億円，最低が25億円であり，取扱金額の最低額は上がっているが最高額は下がり，平均も約20億円低下している。この間，業者数は113社から96社と17社減少しているが，それが卸売業者の集約化へと結びついているわけではないことが伺える。

　最後に，取扱規模別の内訳で測った仲卸業者の規模分布とその推移をみる（表5）。1995年では，仲卸業者の全体数は2,442社であった。そのうち法人は2,197社で89.9％を占めていた。取扱規模が1億円未満から10億円未満の小規模な業者は1,848社と全体数の75.6％と大きな割合を占めており，取扱規模が10億円以上の比較的大規模な業者は594社と24.3％であった。2005年においては，全体数は1,908社と10年前と比較して22％減少しており，うち法人は1,775社と比率でみると若干の増加をしている。取扱規模が1億円未満から10億円未満の業者は1,411社と24％の減少がみられ，取扱規模が10億円以上の業者は497社と17％減少している。それぞれの全体数からみた割合は，前者は73.9％，後者は26.0％となっており，零細規模の仲卸業者の減少度合いが高いことがわかる。

2-5　取引慣行の変化：統計調査

セリ取引から相対取引へのシフト

　卸売市場の機能として，スポット取引により当日の需給調整を図るという点が強調されてきた。しかしながら，組織小売業のシェアの増加に見られるよう

な小売段階の変化は，この取引構造に重要な影響を与えており，小売業者主導による卸売市場業者・生産者との緊密な垂直的調整は，スポット取引の典型であるセリ取引を減少させている。表6，図6は中央卸売市場におけるセリ取引の比率の推移である。1980年においては，青果物の8割近く（76.4%）がセリ取引によって販売されていた。しかしながら，1990年においてはその比率は64.9%に減少しており，2000年には34.3%，2005年においては24.9%にまで落ち込んでいる。このようなセリ取引の減少傾向は，野菜・果実とも一致している。たとえば1985年において野菜は77.5%，果実は72.4%であったが，1990

表6 セリ・入札取引の割合（中央卸売市場） （金額ベース）

年度	1980	1985	1988	1990	1992	1994	1996	1998	2000	2002	2003	2005
青果	76.4	74.3	69.3	64.9	59.8	58.2	52.4	49.3	34.3	28.5	26.5	24.9
野菜	—	77.5	72.4	67.1	62.4	60.5	54.5	51.0	35.3	28.4	26.2	24.1
果実	—	72.4	66.4	63.2	57.7	56.9	50.7	47.6	33.7	29.4	27.7	26.4

出所：農林水産省総合食料局流通課資料より筆者作成。

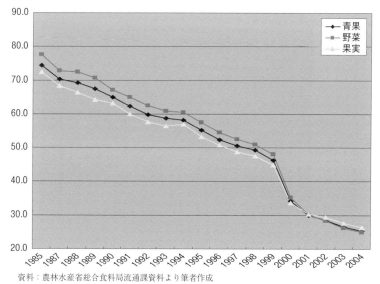

図6 セリ・入札取引の割合

資料：農林水産省総合食料局流通課資料より筆者作成

年には野菜が 67.1%，果実が 63.2%であり，2000 年にはそれぞれ 35.3%，33.7%，2005 年には 24.1%，26.4%であった。

第三者販売，直荷引の増加

2004 年の卸売市場法改正後，卸売業者の委託以外の取引が増加している。1980 年代初頭においては，卸売市場を通じた青果物取引のほとんどが委託によって取引されてきた（表7，図7）。1985 年においては，青果物の 82.3%，野菜では 90.3%，果実では 77.4%が委託による取引であった。しかしながら，この割合は減少傾向にあり，1990 年においてはそれぞれ 81.0%，86.8%，72.8%に

表7 委託集荷の割合（金額ベース） （単位：%）

年度	1980	1985	1988	1990	1992	1995	1997	2000	2003	2004
青果	83.7	82.3	81.3	81.0	79.3	77.8	77.1	75.0	72.3	71.2
野菜	-	90.3	88.0	86.8	85.8	82.6	81.8	79.0	76.6	75.3
果実	-	77.4	71.8	72.8	70.6	71.0	69.4	69.0	65.0	64.4

出所：農林水産省総合食料局流通課資料。

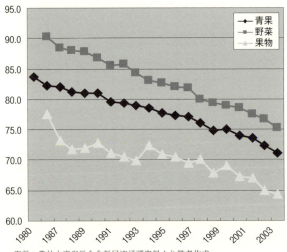

図7 委託集荷の割合（金額ベース）

資料：農林水産省総合食料局流通課資料より筆者作成。

減少している。2000年においてはそれぞれ75.0%, 79.0%, 69.0%と80年代初頭に比べ1割程度減少しており, 2004年においてはそれらの数値は71.2%, 75.3%, 64.4%であり, 1980年と比較して青果全体では15%の減少を示している。一方, 直荷引についても, 1992年には9.6%であったが, 1996年には10.1%と取引の1割を占めるに至っており, 法律改正後の2005年には12.3%にまで増加している（表8）。

次に, 需要側からこれらの取引の変化について見てみる。表9は量販店の生鮮食料品の仕入先別の構成である。これによると, 1990年度において, 量販店は中央卸売市場より野菜を62.9%, 果実を63.0%の割合で仕入れていた。うち, 卸売業者から仕入れた割合は野菜が6.6%, 果実が5.6%であり, 仲卸業者から仕入れた割合はそれぞれ56.3%, 57.4%であった。この比率の長期的な推移は前者が増加傾向, 後者が減少傾向にあり, 1994年においては卸売業者から仕入れた割合は野菜が9.0%, 果実が9.9%と前回調査に比べてそれぞれ2.4%, 4.3%増加しており, 対照的に仲卸業者から仕入れた割合は野菜が48.7%, 果実が47.6%とそれぞれ7.6%, 9.8%の減少であった。2002年においてはこの傾向

表8 中央卸売市場仲卸業者の仕入先および販売先別割合 （単位：%）

年度	卸売業者	その他（直荷引き）
1992	90.4	9.6
1993	90.2	9.8
1994	90.3	9.7
1995	90.1	9.9
1996	89.9	10.1
1997	89.5	10.5
1998	89.0	11.0
1999	88.5	11.5
2000	86.8	13.2
2001	87.6	12.4
2002	87.3	12.7
2003	89.2	10.8
2004	88.2	11.8
2005	87.7	12.3

出所：農林水産省市場課, 農林水産省総合食料局流通課, 全国中央卸売市場協会調査資料。

表9 量販店の生鮮食料品の仕入先別構成 （単位：%）

年度		卸売業者	仲卸業者
1990	野菜	6.6	56.3
	果実	5.6	57.4
1994	野菜	9.0	48.7
	果実	9.9	47.6
1999	野菜	7.5	47.1
	果実	9.3	47.5
2002	野菜	10.2	35.0
	果実	10.5	37.4

資料：食品需給研究センター「卸売市場流通ビジョン調査」, 同「卸売市場整備基本方針策定調査報告書」, 同「卸売市場実態調査報告書」, 同「生鮮食料品等流通円滑化緊急対策事業事業報告書」より筆者作成。

注：食品需給研究センターによるアンケート調査および面接聞き取り調査により得られたデータであるため, 各年度の厳密な意味での比較は困難である。

はさらに進んでおり，卸売業者から仕入れた割合は野菜が10.2%，果実が10.5%と1割を超える一方，仲卸業者から仕入れた割合は野菜が35.0%，果実が37.4%と，1990年と比較して実にそれぞれ21.3%，20.0%の減少が見られる。

2-6　卸売構造の変革：要約

以上の検討を通じて明らかにされた，卸売市場を通じた青果物流通構造の変化についての特徴を要約しておこう。

(1) 卸売市場の取扱規模は減少傾向にあり，さらに青果物流通全体に占めるウエイトは減少している。

(2) 卸売市場における流通業者（卸売業者，仲卸業者）は減少傾向にあり，とりわけ仲卸業者数は大幅に減少している。

(3) 市場内業者の規模分布は大きく変化していないが，仲卸業者は小規模業者の減少が見られる。

(4) 卸売市場における取引方法は大幅に変化しており，セリ取引から相対取引へと取引の主流が変化している。

(5) 卸売市場法の取引原則であった委託取引は減少傾向にあり，加えて第三者販売，直荷引が増加するなど取引構造の変化がみられる。

3　生産段階の変化：統計調査

生産者に関しても大きな変化が見られる。生産段階における組織の大型化や産地の集中化が進むことで，卸売市場や小売業者の要望に対応しており，生産者がこれまで卸売市場が担ってきた機能を代替している状況も観察される。以下，これらについて統計資料をもとに説明する。

3-1 組織の大型化・集中化

組織の大型化

近年，農業協同組合をはじめとする生産者組織では大型化・集中化が進展している。生産者組織の大型化・集中化は，1961年「農協合併促進助成法」が公布され，以後数次にわたる延長を通じて図られてきており，同法制定当時，11,000程度存在していた組合は，以後現在に至るまで減少を続けることになった。表10から組合数の増減を確認すると，1995年から2000年の5年にかけて，組合数は2,457組合から1,424組合へと実に42%の減少が生じている。さらに，それに伴い組合の事業規模の拡大も生じている。図8および表11で示されるように，1組合あたりの販売取扱高は野菜では1980年の約1.8億円から2000年の約9億円へとおよそ5倍に増加しており，果実については約1.2億円から約3.8億円へとおよそ3倍に増加している。

組織の集中化

生産者組織の規模の拡大に伴い，青果物の各品目において，一つの産地が出荷量に占めるシェアは増加している。上位5県の（大規模卸売市場に占める）出荷シェアは9割を超える品目も出現するにいたっている[18]。たとえば[19]，たまねぎ，人参，大根，キャベツ，レタスは耕地面積の拡大が進展し，大型化，寡占化が進んでいる。さらに，大規模な生産者組織において機械化が進展しており，それに伴う規模の経済の享受による，選別調製コストの低下や規格化の進展が進み，それが卸売市場における商物分離取引の進展を促している[20]。

表10 組合数の変化 （単位：組合）

	1995	1996	1997	1998	1999	2000
組合数	2,457 (1.00)	2,331 (0.95)	2,112 (0.86)	1,840 (0.75)	1,620 (0.66)	1,424 (0.58)

資料：総合農協統計表。
注：各年度における括弧内の数値は，1995年の値を1.00とした場合の値である。

図8 当期販売・取扱高の変化

(単価：億円)

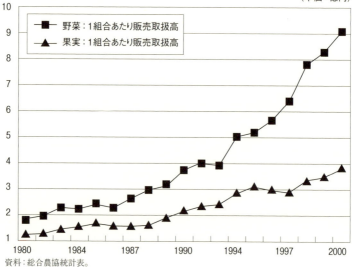

資料：総合農協統計表。

表11 1組合当たり販売取扱高の変化

(単位：100万円)

	1980	1982	1983	1984	1985	1986
野菜：1組合あたり販売取扱高	184 (1.00)	195 (1.06)	228 (1.24)	224 (1.22)	241 (1.31)	232 (1.26)
果実：1組合あたり販売取扱高	126 (1.00)	133 (1.06)	146 (1.16)	158 (1.25)	168 (1.33)	161 (1.28)

1987	1988	1989	1990	1991	1992	1993	1994
264	297	318	374	400	395	497	501
(1.43)	(1.61)	(1.73)	(2.03)	(2.17)	(2.15)	(2.70)	(2.72)
158	165	192	217	235	242	236	286
(1.25)	(1.31)	(1.52)	(1.72)	(1.87)	(1.92)	(1.87)	(2.27)

1995	1996	1997	1998	1999	2000
519	565	640	785	828	905
(2.82)	(3.07)	(3.48)	(4.27)	(4.50)	(4.92)
309	300	291	336	348	382
(2.45)	(2.38)	(2.31)	(2.67)	(2.76)	(3.03)

資料：表10と同様。
注：数値は，10万の位で四捨五入してある。また，各年度における括弧内の数値は，1980年の値を1.00とした場合の値である。

組織内部の機能の高度化と契約取引

　以上に述べたような大型化・集中化に伴い，各生産者間の調整や集荷，出荷の意思決定の重要性が増すことになり，組織内部の諸機能においても高度化が促されている。これまでの零細な村落や旧村単位の出荷組織による出荷態勢から，農協共販中心の組織出荷が出荷態勢として進んでおり，とりわけ農協共販においては，品種や選別調製，包装の方法の統一といった商品の統一化，出荷の計画的な調整といった一連のマーケティング機能が統一的意思の下で行われ，生産者間の調整が図られている[21]。

　さらに，このような生産者組織の機能の高度化は，生産者とその下流段階との契約的取引を可能にするに至っている。独立行政法人農畜産業振興機構(2004)では，複数の農協および農業法人に対し，小売段階との契約取引への取り組みについてアンケート調査を行っている。それによると，農協での契約取引への取組状況（サンプル数181）では，全体の50.3%が契約取引を行っていることが明らかになっている。とりわけ，野菜販売額20億円以上の農協では，68.1%の農協が契約取引を実施している（ただしこの契約取引には，卸売市場出荷する野菜の一部に対して，特定の実需者との間で価格や数量，出荷時期を事前に決めておく，予約相対取引も含まれる）。農業法人の場合では（サンプル数170），全体の65.9%が契約取引を行っていた。

　このような契約取引においては，生産者の供給量調整だけではなく，組織小売業による需要調整も重要であることが指摘されている。業務用需要における契約取引では，価格がほぼ一定かつ契約数量も安定する傾向にあるが，組織小売業との契約取引は，直前まで双方の微調整が必要となる。契約価格は週間の値決めであるが，数量は事前の予定数量の発注を前提に，前々日発注，あるいは前日発注に対応している。さらに，出荷量の予想以上の増加が見込まれる時には，組織小売業に対して，時期を指定した特売等の提案を積極的に行い，価格を下げても販売量の増加によって調整を行うことを要請する。組織小売業のバイヤーにとっても，事前に産地から直接そのような情報を得ることは重要であると考えており，両者の長期間にわたる取引関係の中で，需給の微調整に協

力している。このように，量販店との取引においては，生産者と組織小売業の間での情報の交換や微調整が行われている（小野沢, 2004: pp. 34-59）。

4　小売段階の変化：統計調査

1980年代と比較して，卸売市場内での取引構造が大幅に変動している理由としては，直接的には卸売市場法の改正により，取引の自由化がなされることになったことが挙げられる。さらに，青果物の規格化が進んだことにより，商物分離取引が容易となった点もその一因であり，前節で述べたような，出荷における生産者組織の大規模化，高度化が影響を与えている。しかしながら，卸売市場における取引構造の変化の背景には，20年前と比較して小売構造が大幅に変化し，それに卸売段階が対応した結果もたらされたという点を見逃すべきではない。以下，それらの小売構造の変化の実態をみる。

4-1　小売段階の構造変化：
　　　組織小売業の台頭と消費者行動の変化

ここでは，1980年代から2000年代初頭にかけての，小売業の構造変化について見てみよう。日本においては，生鮮三品において，八百屋や魚屋に代表される，単品型かつ個人経営の小規模な業種店が数多く存在していた。これは，消費者が生鮮食料品を購買する店舗を選択するに当たって，店舗の近接性が重視されたということが大きな原因の一つである。このような消費者の行動は，生鮮食料品は在庫保有コストが高く，消費者は多頻度・小口の購買行動をとらざるを得なかったという点から説明ができる。加えて，生鮮三品は，それぞれ専門的な取扱技術や取扱知識が必要であったということも挙げる事ができる。

しかしながら，この20年間における組織小売業の大規模な成長と拡大は，このような業種店を急激に減少させている。表12, 図9は，専門小売店の生鮮食

第5章 生鮮サプライチェーンの構造変化

表12 専門小売店の生鮮食料品の販売額　　　（単位：販売額＝100万円，シェア＝％）

	1979	1982	1985	1988	1991	1994	1997	2002
野菜・果実販売額	2,620,944	3,306,339	3,580,475	3,910,618	4,564,903	4,471,274	4,235,399	3,785,656
	(1.000)	(1.262)	(1.366)	(1.492)	(1.742)	(1.706)	(1.616)	(1.444)
うち野菜・果実小売業	1,244,620	1,445,348	1,432,444	1,512,059	1,698,332	1,513,212	1,289,839	1,006,623
	(1.000)	(1.161)	(1.151)	(1.215)	(1.365)	(1.216)	(1.036)	(0.809)
専門小売店のシェア	47.5	43.7	40.0	38.7	37.2	33.8	30.5	26.6
野菜販売額	1,617,936	2,116,678	2,224,713	2,504,926	3,000,027	2,927,772	2,825,093	2,568,635
	(1.000)	(1.308)	(1.375)	(1.548)	(1.854)	(1.810)	(1.746)	(1.588)
うち野菜小売業	673,650	802,746	779,724	844,891	976,718	873,990	769,453	604,766
	(1.000)	(1.192)	(1.157)	(1.254)	(1.450)	(1.297)	(1.142)	(0.898)
専門小売店のシェア	41.6	37.9	35.0	33.7	32.6	29.9	27.2	23.5
果実販売額	1,003,008	1,189,661	1,355,762	1,405,692	1,564,876	1,543,502	1,410,306	1,217,021
	(1.000)	(1.186)	(1.352)	(1.401)	(1.560)	(1.539)	(1.406)	(1.213)
うち果実小売業	570,970	642,602	652,720	667,168	721,614	639,222	520,386	401,857
	(1.000)	(1.125)	(1.143)	(1.168)	(1.264)	(1.120)	(0.911)	(0.704)
専門小売店のシェア	56.9	54.0	48.1	47.5	46.1	41.4	36.9	33.0

出所：「卸売市場データ集」。
資料：通商産業省「商業統計表（品目編）」。
注：各年度における括弧内の数値は，1979年の値を1.000とした場合の値である。

図9 専門小売店の生鮮食料品のシェア

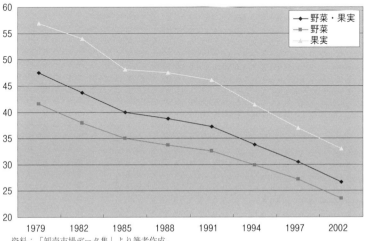

資料：「卸売市場データ集」より筆者作成。

料品の販売額とそれが販売額全体に占める業種店の比率について, 1979年から2002年に至るまでのおよそ20年間の推移をみたものである。1979年においては, 野菜・果実販売額で業種店が占める比率は47.5%であり, 彼らが小売段階の大きな割合を占めていたことがわかる。しかしながら, この比率は, 1991年には37.2%へと減少しており, 2002年においては26.6%にまで減少し, このことから業種店の小売段階における地位の低下傾向は明らかである。さらに, 農林水産省による消費者に対する一連のアンケート調査は, この傾向をより明確なものとしている (表13)。これらの調査によれば, 消費者は1993年においては, 消費者は野菜では30.2%, 果物では31.0%もの割合を, 一般小売店を購入先として選択していた。しかしながら, これの比率は, 2000年度においては野菜が20.6%, 果実が21.3%と急減し, さらに2004年度にいたっては野菜が16.2%, 果実が16.0%へと減少している。一方で, 購入先としてチェーンストアを選択した比率は, 1993年の野菜49.4%, 果実48.5%から, 2000年においてはそれぞれ58.6%, 59.6%, 2004年ではそれぞれ61.7%, 66.9%にまで増加している。

これまでの卸売市場で多段階の中間業者が配置され, しかもそのような制度

表13 消費者の食料品の購入先別割合　　　　　　　　　　　　　　　単位 (%)

		1993	2000	2004		1993	2000	2004
野菜	一般小売店	30.2	20.6	16.2	果実	31.0	21.3	16.0
	専門店	23.7	16.3	11.8		24.7	16.3	11.9
	総合店	6.5	4.3	4.4		6.3	5.0	4.1
	小売市場	3.4	2.7	2.7		4.7	2.8	2.7
	スーパーマーケット全体	49.4	58.6	61.7		48.5	59.6	66.9
	総合スーパー	16.6	19.5	22.6		17.3	21.0	24.4
	食品スーパー	32.7	39.1	38.8		31.1	38.6	42.4
	コンビニエンスストア	0.1	0.0	0.3		0.1	0.0	0.1

資料:農林水産省「食料モニター調査」,「食料消費モニター調査」より筆者作成。
注:専門店とは, 八百屋・魚屋などの伝統的な店舗, 総合店とは, 各種の食料品を扱っているよろず屋的な伝統的店舗である。小売市場は, 同一建物内を区切って各種の食料品店が出展している店舗を指している。また, 総合スーパーはセルフ・サービス中心の大型チェーン店舗で衣・食・住全般にわたる商品構成を持つ店舗, 食品スーパーは, 食料品を主力とするセルフサービスのチェーン店舗, コンビニエンスストアは夜遅くまで営業しているセルフ・サービス方式の近代的チェーン店舗を指す。

が定着した背景の一因は，業種店にみられるように，小売が小規模かつ多数という性質によるものが大きな要因であった。これは，多数の小売店と多数の生産者との取引では，その間に中間業者が介在して取引を集計した方が取引コストを節約できるからであり，それに加えて，各中間業者に取引の管理能力に制約があるためである。しかし，近年，スーパーに代表される組織小売業の成長が続いており，彼らがそれぞれの地域において重要な販売シェアを占めるようになっている。そのため，卸売市場内の業者はそれぞれの組織小売業の要望に応じた取引が求められることになり，それが卸売段階の流通構造の変化を生じさせている。次節では，組織小売業が卸売市場に対してどのような要請を行っているのか，その事例を取り上げる。

5　卸売構造の変革を促す要因：組織小売業の流通戦略とその実態調査

　ここまで，小売構造の変化を統計的に確認したが，本節では組織小売業の流通戦略の変化に焦点を当てて，卸売市場が果たす機能の変化を眺める。近年の組織小売業の青果物についての流通戦略は，各店舗ごとに調達や販売の意志決定を委ねる形態から，小売本部により調達・販売の意志決定を一括して行い，取引や物流を集約する形態へとシフトしている。具体的には，DC（物流センター）を利用した小売本部の一括発注，一括納入および各店舗の価格設定，プロモーション等の各種オペレーションについても本部が集中して行うように変化している[22]。これらは，以前の形態で発生していた，各店舗が独自の判断によりオペレーションを行うことによって発生する，店舗運営コストの重複を避け，かつ，統一したストアブランドを確立するといった狙いがある。このような組織小売業の流通戦略の下では，卸売市場は，従来の需給調整の場を提供するというよりも，小売の需要を基点として産地との要望を調整し，両者の長期継続的な取引を提供するという役割へシフトすることになる。

以下，小売の仕入構造の変化を通じて，卸売市場の取引がいかに変化したのかということについて，事例を取り上げる。

5-1 実態調査：組織小売業A社の実態調査

このような組織小売業の流通戦略の変化の事例として，関西を中心に展開する地方スーパーA社を取り上げよう[23]。A社は食料品の販売を主力とする組織小売業である。この企業は，以前から関連チェーンと共同し，卸売市場外での青果物調達を行ってきた。しかしながら，2005年度現在においても青果物の7割程度，卸売市場を通じ調達している。A社は90年代以降，卸売市場への発注形態をはじめ青果物調達に関して改革を進めている。

5-2 組織小売業の流通戦略：青果物調達システムの革新

これまで，A社では各店舗ごとに青果物の調達・販売の意思決定をかなりの程度委ねていた。店舗担当者（各店舗の店長）は，地域内の各市場に配置されたバイヤーを介し，青果物の日々の供給状況を把握し，当日ごとに，卸売市場の需給状況と仕入価格に応じて発注・プロモーションおよび販売を行っていた。この形態の下では，各地域の需要特性を把握し，かつ日々変動する市場相場に柔軟に対応できるという利点があった。たとえば，当日急に市場入荷量の増えた青果物を安い値段で仕入れた上，店頭でのプロモーションや値引き販売を行うことで，顧客を店舗に引き付け，その店舗全体の売上げを増やすことを狙うなどといった対応である。しかしながら，この形態はバイヤーや店舗担当者の青果物や対象地域の顧客に対する経験的な知識や，価格設定，プロモーションのノウハウなど個人的な技量に依存する面が多く，店舗ごとの売上・利益にばらつきをもたらしていた。加えて，多店舗展開を進めるにつれ，このようなオペレーションに必要な人的資源へのコストが増加し，さらに，企業全体で見た場合の，荷受・検品・商品調製・プロモーション活動等，小売店舗内のパック

ヤード業務のコストの重複や増加をもたらすことになった。このため，A社は卸売市場，市場外での調達に関わらず，青果物の納品をDCに集中させ，そこにおいて仕分け，検品等をほどこし，店頭作業を容易にした上で各店舗へ納品をするという流通システムへと変革を進めている。図10はA社の青果物調達システムの流れである。以下，その詳細を説明する。

特売商品の発注と調達

　特売商品（図10左側）とは，店舗での販売において，広告，チラシ等によりプロモーションが行われ，店頭における特売商品，目玉商品として扱われる商品群を指す。特売商品においては，商品の入荷の3カ月前にA社本部においてプロモーション内容が決定される。具体的には，チラシの企画内容（季節に応じた販売促進のテーマ設定によるプロモーション等）を作成し，それに応じて各店舗への供給の計画を作成することになる。供給計画は商品ごとの担当者（たとえば青果，鮮魚，加工食品等）に割り当てられ，それに応じバイヤーが取引先と調達についての商談を行う。2カ月前には各商品ごとのバイヤー（カテゴリーバイヤー）が仲卸業者・卸売業者・産地と簡単な交渉を行う。具体的には，特売商品とその必要量等について概略を伝達することが中心となる。40日前には，各店舗およびDCに対して，特売の内容について伝達がなされる。この情報をもとにして，各店舗の販売計画およびDCの配車計画が立てられることになる。2週間前においては小売価格の決定がされ，同時にチラシへの印刷がされる。チラシの印刷後は，基本的に価格の変更が行えないため，販売価格の値段設定は，A社内部での調整だけではなく，取引先の卸売業者，仲卸業者や産地との間で情報交換を行う中で調整され，決定されることになる。小売での販売の1週間前には，仲卸業者に対して正式な発注がされ，各店舗への納品の前日には，仲卸業者がDCへ商品を納入する。A社は，仲卸業者に対して，商品の数量の確保を厳守することを要請しており，そのため天候要因等により納入当日に卸売市場における仕入価格が上昇する場合などの損失は仲卸業者が負担することになる。しかしながら，このような事前に仕入価格を決定するという発注形態は

図10 A社の青果物調達システム

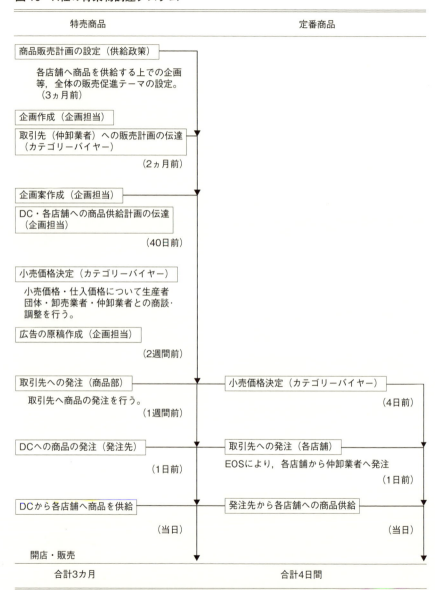

資料：ヒアリング調査および調査対象企業内部資料を参考に筆者作成。
注：括弧内は担当部署を示している。

仲卸業者に全ての価格変動の損失を課すことにはならない。前述の状況とは逆に，当日の卸売市場での仕入価格が下落する場合もあり，この場合はこのような固定価格契約は仲卸業者に追加的な利益をもたらすことになる。このように，長期継続的な取引により，リスク分担についてA社と仲卸業者との間で調整がされることになる。

定番商品の発注と調達

　定番商品（図10右側）とは，広告，チラシ等プロモーションを伴わず，店舗に常備されている商品群を指す。このような定番商品は，DCを経由する場合と，DCを経由せず，卸売市場の仲卸業者が直接，店舗へと搬送する場合の二つの納入形態がある。前者は小売で販売される1日前，後者は当日に納入されることが多い。しかし，いずれも，小売価格の設定は，店舗への商品納入の4日前頃に決定される。ただし，価格はDC経由の場合1週間に1回，卸売市場経由の場合は1週間に2回程度の変更が加えられる。かつて，このような定番商品の価格変更は，店舗ごとの独自の判断により，卸売市場の当日の相場を反映しながら毎日行われていた。現在の発注方式では，以上に述べたように，価格は納入以前に固定されているが，仲卸業者への発注数量については固定されず，日によって変動が生じている。発注数量は納品前日に仲卸業者にEOS発注され，仲卸業者はその発注数量をもとに卸売業者と交渉を行い，日々の調達を行うことになる。卸売業者は当日市場に入荷する商品は前日の産地からの配送で把握しているため，各仲卸業者へそれらの商品の分荷・調整を行っている。

5-3 卸売段階における構造変化：その背景

　A社の例に表されるように，近年，組織小売業は多店舗展開を進めており，この動きはそれら組織小売業の青果物についての調達行動などの流通戦略を変化させている。このことは，小売段階における意思決定の調整にも大きな影響を与えており，それが卸売段階にも大きな影響を与えている。組織小売業によ

る新たな流通戦略の下では，納入業者にとっては，事前に受注した価格の制約の下で，必要となる数量を確保し，かつ店舗の開店時間までに納入することが取引において必要な用件となる。このような条件の下では，卸売市場内においてセリ取引を行うという取引形態では，仲卸業者は対応が困難となってしまうため仲卸業者は，従来のセリ取引とは異なる取引形態をとる必要があった。

加えて，セルフサービス方式を用いるチェーンストアでは，小売段階である程度の調製，加工が必要とされる。チェーン各店舗のバックヤードの各施設の制約の中，こうした青果物取り扱いに伴う加工・在庫コストの上昇に対して，各店舗の発注を取りまとめることのできる仲卸業者は，それらの調整，加工をも上流段階で取りまとめて行うことで組織小売業の要請に応えている。

さらに，小売段階のEOSの店舗導入の普及とともに，取引先との受発注の情報化が進んでいる。小売と仲卸のオンライン発注が行われ，需要情報，供給情報のやり取りがなされている。このような市場内業者と小売の連携を通じた取引関係の構築は，卸売市場におけるスポット取引の減少とそれに伴う相対取引の増加市場業者の機能変化という動きと深く関連しており，それが卸売市場の構造や市場内業者の果たす機能の変化を促す一つの要因となっている。

6 内容の要約：欧米との共通した特徴・日本独自の特徴

本章では，青果物流通の構造変化，とりわけ流通の中間段階の構造変化とそれに影響を及ぼしている小売段階の変化に焦点をあてた。そこで明らかとなった事項については，以下のようにとりまとめることができよう。

(1) 卸売市場は，現在でも主要な青果物の流通経路の一つである一方，その取引構造にはきわめて大きな変化が生じている。すなわち，卸売市場内の取引は，当日の当該商品の需給をほぼそのまま反映するスポット的取引から，より長期間の契約的な取引へと大きくシフトしている。

(2) その結果として，市場内業者は，当該商品に対して需給を反映した価格を成立させ，小売へと分配するという役割から，産地と小売双方の要望を調整し，取引を成立させるコーディネーターとしての役割へと大きく変貌している。
(3) さらに，卸売市場の下流に位置する小売は，小規模・多数な業種店から大規模・少数の量販店へと変化している。彼らは，卸売市場に対して，商品の安定的な確保，物流機能の負担および流通加工を求めている。
(4) 市場内業者は本来の期待された機能を超え，上記の新たな役割や量販店の要望を果たすための対応を行っている。すなわち，取引の調整のための専門的人員の育成と配置，情報技術に対する投資，物流への対応，流通加工設備への投資等である。
(5) 上記のような対応は，市場内業者の構造を大きく変化させている。とりわけ，仲卸業者においては，零細業者の淘汰が生じている。
(6) これらの動きは，組織小売業が生産者との直接取引へとシフトしたアメリカ，イギリス等の西欧諸国とはことなった変革のあり方である。

　本章で検討してきたように，卸売市場を取り巻く青果物の流通構造は大きく変化しつつあるが，これらの変化が社会全体にとって望ましいものであるのか，あるいは何らかの形で規制をすべきものであるのかを検討する必要があるが，それについては次の課題とする。

注
(1) 生鮮食品流通において，小売構造の発展が，卸売段階の構造変化を促すという見解は，例えばKaynak（2000）を参照せよ。
(2) ここで述べる私的対応についての詳細とその考察は，広垣（2006b）を参照のこと。問屋と上流・下流の業者の間においては，取引条件とともに信用が重視され，継続的な取引関係が維持されることが一般的であった。ある問屋と継続的に取引を行う生産者はその問屋における「手山」と呼称されており，代々にわたり取引が継続されることも多かった。問屋は特定の屋号を持ち，その家訓においては屋号を重んじて小売業者や手山に対する不正行為を戒めていた。このような問屋と上流・下流との長期的関係が強固であったことから，系統農会による販売斡旋所設立がなされた際，問屋との結びつきの強い手山は

販売斡旋事業に参加しない場合も多く，さらに系統農会は新規参入の問屋が興味を示したのみであった（勝賀瀬，1965; p. 71）。
(3) ここで述べる，組織小売業と生産者とのサプライチェーン・マネジメントの取り組みの実態とその経済分析については，次章第3節を参照のこと。
(4) 卸売市場は自然発生のものではなく，政府の投資が重要な役割を占めている。たとえば，ヨーロッパにおいては，まずイギリス，フランスなど列強諸国において19世紀にかけて大規模な卸売市場の整備が開始され（イギリスにおけるビリングスゲイト卸売市場，フランスにおけるランジス卸売市場等），さらに第二次大戦後のマーシャルプランによりそれ以外の西側各国についても多数の卸売市場を整備している（Cadilhon, et al., 2003: p. 5）。Seidler (2001) によれば，インドにおいては，1970年代より政府により卸売市場の整備が進められており，ニューデリー卸売市場（New Delhi's Azadpur wholesale market）はインドの農産物の30％の経由率を誇るに至っている。韓国においても1980年以降政府により活発に卸売市場への投資がなされており，1985年においては，ソウル卸売市場が設置され，1999年には21の卸売市場が建設された。これらの資金の70％は政府によりまかなわれ，さらに30％は地方自治体によりまかなわれている。
(5) 日本における卸売市場制度は，1908年に内務省による食品市場法案，1912年に農商務省による魚市場法案の提出を経て，1923年に中央卸売市場法が公布，施行されたことをはじめとする。この市場法は，1912年から28年にかけ，行政当局および東京魚市場組合など市場業界により，欧米の市場制度が調査される中で完成されたものである（中村，1980: pp. 175-176）。以後，1927年に京都市，1930年に高知市，1931年に横浜市，大阪市，1932年に神戸市，1935年に東京市，鹿児島市，1938年佐世保市と大都市を中心に設立された。これにより，中央卸売市場法制定後わずか15年間に大都市において中央卸売市場が完備されるに至った。さらに，第二次大戦後の高度成長期である50年代から70年代にかけては卸売市場の設置はピークを迎えている。たとえば1955年から1965年の10年間に28市場から52市場へと2倍近くの増加が，さらに1965年から1975年の10年間には52市場から80市場へと5割の増加となっている（農林水産省資料）。
(6) このような見解は，たとえばTollens (1997) を参照。
(7) たとえば，1990年においては青果物の卸売市場経由率は9割に達していた。
(8) 農林水産省，各官公庁による統計資料および市場関係団体による調査資料等を用いている。
(9) 調査内容の詳細については，本章第5節を参照のこと。
(10) 統計においては，生産者との直接取引や，Shipper, Broker による取引を含む。
(11) 松田 (1993) はアメリカにおける農産物関連業者，卸売市場関係者に対しヒアリング調査を行っているが，調査当時においてセリ取引が行われなくなってからすでに10年以上が経過していたと述べている（松田，1993: p. 39）。
(12) 図1に示される集荷業者とは，農業協同組合や生産者団体などの生産者の団体に属さない集荷団体である。一般に商系と呼ばれている。

(13) 卸売業者とは，農林水産大臣の許可を受け，生産者・出荷者から委託された商品を仲卸業者・売買参加者に卸売を行う業者である。昭和46（1971）年の卸売市場法の施行までは卸売人と呼称されていたが，本章では卸売業者の呼称を用いることとする。
(14) 仲卸業者とは，市場開設者の許可を受け，卸売業者から商品の買受けを行い，小売商等の市場外業者に対して再販売業務を行う業者である。昭和46（1971）年の卸売市場法の施行までは仲買人と呼称されていたが，本章では仲卸業者の呼称を用いることとする。
(15) 売買参加者とは，小売商や加工業者等の大口消費者などのうち，市場開設者の承認を受け，卸売業者が行う卸売に仲卸業者と同じ立場で参加できる業者である。
(16) 卸売業者の扱い品は，荷主の委託品であることを原則とするものである。
(17) 卸売市場の青果物取扱実績や卸売市場経由率においては，輸入された青果物も数値の中に含まれている。たとえば，2000年において，カボチャでは輸入量の8割強，ブロッコリー，アスパラガス，ネギは輸入量の6割前後が卸売市場経由で取引されており，輸入青果物においても卸売市場は流通の大きな部分を占めている。ただし，ゴボウ，タマネギ等，市場外流通の比率が高い品目も存在する（小林，2001：p. 75）。
(18) 卸売市場への上位5県の出荷シェアについては，藤田（2000）pp. 20を参照。
(19) ここで述べた実態の詳細については，香月（2005）を参照。
(20) 香月（2005）は，農業センサスに基づき産地の規模拡大・機械化について分析しているが，それによると，1970年代から2000年代にかけて，品目別に見た規模拡大の動きは，とりわけ1985年以降より急速に進展している。大規模産地において，たまねぎ，人参，大根といった根菜類は，収穫作業・収穫後の選別調製の段階の双方で機械化が進展しており，キャベツ，レタス，白菜といった葉物類は，定植作業の機械化が図られている（香月，p. 165）。
(21) このような生産者団体の各種機能の高度化の実態については，たとえば鈴木（1983），pp. 28-33および佐藤（2001），pp. 236-241を参照。
(22) 小売の青果物に関する調達方法の変化については，坂爪（1999）が調査を行っている。坂爪（1999）では，食品売上高1,000億円以上のスーパーを大手スーパーと定義し，その全15社（1993年実績）のうちナショナルチェーンスーパー2社とリージョナルチェーンスーパー1社に聞き取り調査を行っている（1998年，関東地域において）。それによると，3社ともDCによる一括発注を導入しており，Na社は野菜の23％，果実では46％を，Nb社では野菜の7％，果実の6％を，Nc社は野菜の10％，果実20％を商物分離により調達し，産地から直接物流センター納品としている（pp. 62-63）。
(23) インタビュー調査によって得られた一次データ，および調査先により提供された社内資料に基づき，以下の事例を取り上げている。A社に対するインタビューは，スーパーA社およびA社と青果物について取引のある市場内業者（卸売業者B社，仲卸業者C社・D社）を対象として行われた。また，インタビューに要した時間は，A, B, C社が約3時間（2007年8月10日），D社が約4時間（2006年12月28日，2007年6月23日）である。また，A社においては青果物調達の関係者，管理職を，卸売業者，仲卸業者はそれぞ

れ青果に関連する管理職を対象としてヒアリングを行っている。また，スーパーB社に対してもインタビュー調査を行っている。この調査は，スーパーB社のトップマネジメントおよび青果調達担当者に対して行われた。インタビューに要した時間は約3時間（2008年2月26日），またインタビュー前に書面による予備的調査を行っている。

第6章
卸売市場取引と直接契約的取引
——比較と分析——

> **要約**
>
> 　青果物流通は伝統的な流通構造から「卸売市場」を介した流通構造へ，さらに，卸売市場外の生産者と小売間の「交渉取引」へと変化し，この過程で選別調製を行う主体は，卸売市場から生産者へと変化している．本章では，選別調製機能を担う主体が明確には存在しない伝統的流通から，卸売市場流通へと移行することで，社会厚生が高まる一方，生産者余剰が悪化しうることを示し，政府主導による卸売市場制度の整備ならびに卸売市場への出荷に関した生産者に対する優遇制度の意義を明らかにする．加えて，卸売市場流通から，生産者が選別調製機能を担う交渉取引流通へと移行することで，社会厚生が高まる場合があるにもかかわらず，社会的に望ましい流通形態が選択されない可能性があることを示し，政府主導による青果物の規格化ならびに生産者自身による寡占化への取り組みの意義を明らかにする．

1 はじめに

　青果物は必需品であるため，生産，流通部門において多くの公的な介入がなされている。日本における青果物流通は，長らく零細な生産者，問屋，小売を通じた多段階の「伝統的流通」であったが，1923年の中央卸売市場法施行以来，一定の消費地域に公的に設置された卸売市場を通ずる「卸売市場流通」へと変化した。しかし近年，卸売市場外において小売と生産者との個別交渉による取引が増加しており，卸売市場の地位の低下がみられる。この新たな流通形態を「交渉取引流通」と呼ぶと，青果物流通は伝統的流通から卸売市場流通，そして交渉取引流通へと移行している。こうした流通構造の変化は，次の2点の特徴を持っている。

　まず，伝統的流通では，生産者，問屋，小売とも零細であるため，明確な選別調製主体はみられない。他方，卸売市場流通では，「地域独占的な卸売市場」[1]が選別調製機能を担い，品質の不確実性[2]に対処している。さらに，交渉取引流通では，生産者が生産物の規格化等を行うことで選別調整機能を担っている[3]。このような選別調製主体のシフトが見られるというのが第1の特徴である。

　さらに，卸売市場の設置の際，競合的な類似市場が廃止され，生産者の出荷について選択肢が狭められた一方，卸売市場の出荷に対して以下のような公的制度が設けられたことが第2の特徴である。

　(1) 金融面の優遇制度：卸売市場から生産者に対して，代金支払の安全性が保証されたこと。

　(2) 価格保証制度：指定された市場に出荷した際，価格下落時に生産者に保証制度が設けられたこと。

　また，卸売市場流通が普及した高度成長期以降，以下のような政策がとられ

ている。

(3) 生産者の組織化・大型化の政策：産地の選択的拡大政策と呼ばれる，生産者の組織化・大型化の推進が行われたこと。

(4) 生産物の規格化の推進：生産出荷近代化計画により規格化への補助が与えられたこと。

以上のように，近年では選別調製が中間段階の卸売市場から生産者へシフトしているが，その理由はどこにあるのか。また，流通構造の変化に応じて各種公的制度が設けられてきたが，その理由は生産者や消費者，そして社会厚生の観点からどのように理解することができるだろうか。本章では，これらの点についてモデル分析を行う。

本章の構成は以下の通りである。第2節では関連する既存研究に触れ，本研究の独自性と貢献について述べる。第3節では，各流通構造についてのモデル分析を行い，第4節では，分析結果について検討し，各種の公的制度の意義について考察する。第5節では，以上の分析を踏まえてインプリケーションを議論し結びとする。

2　関連研究

公的な卸売市場の設置，そして卸売市場流通から交渉取引流通への移行は，欧米にも見受けられる現象であり，それについて以下のような研究がある。米国においては，Jumper (1974), Rhodes (1978), Dimitri (1999) 等が青果物の流通構造の移行について検討している。また，欧州各国の実態については，Cadilhon, et al. (2003) の研究がある。

Jumper, Dimitri は移行の原因として生産者および小売の組織化・大型化を指摘している。Rhodes はそれらの原因に加え，生産物の規格化が取引の変化に重要な役割を果たしている点を指摘している。Helmberger, et al. (1981) は，規格

化が中間業者から生産者，小売業者へのマーケットパワーのシフトをもたらしているという点を指摘している[4]。Cadilhon, et al.（2003）は，小売構造や食文化の背景の違い，あるいは中小の卸売業者，小売業の保護規制の程度によって移行が左右される点を指摘している。他方，Mittendorf（1986）は，小売および卸売の発展の程度，そして生産者の小売段階による小売市場への関心の程度によって移行が左右されると指摘している。

他方，青果物流通にまつわる選別調製機能に関しては，以下の様な理論的研究が進展している。Price（1967）は，生産者が最低品質基準を設けて選別調製を行う場合，消費者の評価の向上と費用の増加が生産者利潤に及ぼす影響について論じている。これに対し，Bockstael（1984）は，情報の非対称性が存在しない状況では，最低品質基準に基づく選別調製は社会厚生に損失を与える可能性があると主張している。また，Hennessy（1995）は青果物流通の垂直的構造に注目し，補完的な選別が生産者，中間業者によって行われる状況を分析しており，Marette, et al.（1999），Crespi and Marette（2001）は，生産者の小売や消費者に対する品質のシグナリングコストに注目して分析を行っている。

しかしながら，各種の公的政策の役割や，流通構造や選別調製機能の移行とそれによって生じる経済厚生への影響に関しては，分析はあまりなされておらず，本章はこの点についての分析を試みている。

結論を先取りすると，生産者の競争状態や生産物の品質不確実性の状況によって，社会的に望ましい流通構造は異なり，望ましい流通構造を実現するためには，公的な介入を必要とする。生産者が多数であり，かつ生産物の品質不確実性が高い状況では，卸売市場流通は社会的に望ましいが，生産者に卸売市場流通を選択させるには公的介入が必要となる。さらに，生産者が少数であるか，生産者にとって選別調製の費用が低い場合，交渉取引流通が社会的に望ましいが，この場合も生産者に交渉取引流通を選択させるには公的介入が必要となる。

3　流通システムの理論分析

　ある農産物を生産する上流企業（生産者），単一の卸売市場[5]（ただし，卸売市場流通の場合のみ存在する），上流企業あるいは卸売市場から農産物を購入する下流企業（小売業者），そして消費者が存在すると仮定する。

　消費者について，以下の仮定を置く。消費者は，1単位の商品を購入するか，あるいは購入しないかを選択する。消費者の品質に対する限界的評価はそれぞれ異なっており，これはθで表される。消費者間のθの分布は，$\theta \in [0,1]$の範囲で密度$f(\theta)=1$の一様分布であると仮定する。ここで，ある消費者が価格p，品質sの商品を購入するときの消費者余剰は，Mussa and Rosen（1978）に基づき，以下のように表されるとする。

$$U_\theta \equiv \theta s - p \tag{1}$$

$U_\theta \geq 0$である消費者は商品を1単位購入し，$U_\theta < 0$となる消費者は商品を購入しない。したがって商品を購入する消費者は，

$$U_\theta \equiv \theta s - p \geq 0$$

すなわち$\theta \geq p/s$を満たす消費者である。

　したがって，商品を購買することと購買しないことが無差別である消費者の限界的評価は，$\theta_0 = p/s$となり，小売段階の需要関数$D(p,s)$は，

$$D(p,s) = 1 - \theta_0 = 1 - \frac{p}{s} \tag{2}$$

となる。また，この式より，小売段階の（逆）需要関数は以下のように求められる。

$$p = s(1 - Q^R) \tag{3}$$

ただし，Q^Rは小売段階の需要量（＝供給量）である。

　次に，生産者について，次の仮定をおく。生産者の数はmで表され，外生的

に与えられている（これは，参入の制限が生産段階に存在していることを表している。たとえば，農業を行う土地に制約があるといった状態を表している）。

生産物には1単位当たりcだけの生産費用がかかる。この値は，すべての生産者にとって共通の値であり，一定であると仮定する。

ここで，青果物の品質のバラツキが天候などの自然現象によって生じるものとし，品質不確実性を以下のように仮定する。すなわち，αの確率$(0<\alpha<1)$で品質s，$(1-\alpha)$の確率でs_lの生産物が生産される。単純化のため，本モデルでは$s_l=0$と仮定する。また，青果物の品質は売り手によりコントロールできないため，生産費用は，農産物の品質には依存しないものと仮定している。

本章のモデルでは，議論を単純化するために，伝統的流通，卸売市場流通，交渉取引流通のいずれの場合にも，小売段階においては競争が展開され，小売業者の製品の販売価格pは，卸売市場の出荷価格w，あるいは生産者の出荷価格w^Mに一致すると仮定する。また，小売業者の販売費用は生産者あるいは卸売市場からの仕入価格のみとする。

3-1　構造1：伝統的流通のケース

伝統的流通は，零細かつ多数の問屋と小売を通じた多段階の流通構造であり，選別調製（粗悪品のチェックなど）を行う主体が明示的に存在しないケースである。このような流通構造のもとでは，消費者が購入する製品の品質にはバラツキが存在するため，消費者にとっての（期待）品質$\bar{s}$は，仮定より$\bar{s}=\alpha s$となる。これを（3）式のsの値に代入すると，小売段階の（逆）需要関数が以下のように求められる。

$$p=\alpha s(1-Q_1^R) \qquad (4)$$

ただし，変数の添え字1は，構造1（伝統的流通）を示している（以下，同様）。

小売段階は零細かつ多数の小売業者からなるため，小売業者間の価格競争を通じて，小売価格は仕入価格と一致する水準にきまる。さらに，卸売段階も零細かつ多数の問屋からなるため，問屋間の価格競争によって，問屋の卸売マー

ジンはゼロとなる。

このとき，生産者と問屋の間で成立する卸売価格を w_1 とすると，小売価格はこの卸売価格と一致することになり，

$$p = w_1$$

となる。

したがって，生産者の直面する（逆）需要関数は

$$w_1 = \alpha s (1 - Q_1^R) = \alpha s (1 - \sum q_{1i}^U) \tag{5}$$

となる。

生産者 i は，他の生産者の生産量を所与として，自己の利潤 π_i^U

$$\pi_{1i}^U = \{ \alpha s (1 - \sum q_{1i}^U) - c \} q_{1i}^U \quad (i = 1,2,3,\ldots,m) \tag{6}$$

を最大にする生産量 q_i^U を決定する。利潤最大化の条件より，

$$\frac{\partial \pi_{1i}^U}{\partial q_{1i}^U} = \alpha s \{ 1 - (\sum_i q_{1i}^U + q_{1i}^U) \} - c = 0 \quad (i = 1,2,3,\ldots,m) \tag{7}$$

となる。ここで，すべての生産者は同じであることを考慮したうえで，(7) 式を連立して解くと，生産者 i の均衡供給量 q_i^U は，

$$q_{1i}^U = \frac{\alpha s - c}{\alpha s (1 + m)} \tag{8}$$

となる。変数が正となることを保証するため，$\alpha s > c$ と仮定する。

また，(8) 式を (5) 式に代入して，生産者の均衡出荷価格は，

$$w_1 = \frac{\alpha s + mc}{1 + m} = p_1 \tag{9}$$

となる。さらに，(8)，(9) 式を (6) 式に代入して，生産者 i の（期待）利潤 π_i^U は，

$$\pi_{1i}^U = (w_1 - c) q_{1i}^U = \frac{(\alpha s - c)^2}{\alpha s (1 + m)^2} \tag{10}$$

となる。ここで，θ_0^1 の値は，

$$\theta_0^1 = \frac{\alpha s + mc}{\alpha s (1 + m)} \tag{11}$$

となるので，(11)式より，消費者の需要量 D_1 が以下のように求められる。

118　第Ⅱ部　流通イノベーション

$$D_1 = 1 - \theta_0^1 = \frac{m(\alpha s - c)}{\alpha s(1+m)} \tag{12}$$

次に，生産者余剰(PS_1)，消費者余剰(CS_1)，社会厚生(W_1)を導出する。まず，生産者余剰(PS_1)は，全生産者の（期待）利潤の合計に一致するから，

$$PS_1 = \sum q_{1i}^U = \frac{m(\alpha s - c)^2}{\alpha s(1+m)^2} \tag{13}$$

となる。消費者余剰（CS_1）は，(1)，(9)，(11) 式より

$$CS_1 = \int_{\theta_0^1}^{1} (\theta s - p_1) d\theta = \frac{m^2(\alpha s - c)^2}{2\alpha s(1+m)^2} \tag{14}$$

となる。また，(13)，(14)式より，社会厚生(W_1)は，

$$W_1 = PS_1 + CS_1 = \frac{m(2+m)(\alpha s - c)^2}{2\alpha s(1+m)^2} \tag{15}$$

となる。

3-2　構造2：卸売市場流通のケース

　中央卸売市場が選別調製を行うケースを考える。その際，品質については，以下の仮定を置く。消費者に販売される商品の品質は1種類存在し，sとする。これは，卸売市場により選別調製が行われており，消費者は確実に高品質の商品を購入できることを表している。一方，選別調製によって，生産者の出荷時の費用は増加する。というのは，qだけの生産量に伴う費用はcqであるが，qだけの生産量のうちで出荷できる高品質の青果物の量はαqとなるので，品質sの商品を出荷するために生産物の単位あたり費用は

$$\frac{cq}{\alpha q} = \frac{c}{\alpha} > c \qquad (0 < \alpha < 1 \text{より})$$

となるためである[6]。そして，卸売市場にとって，選別調製には特別な費用が発生しないことを仮定する。

　商品の品質はsであり，小売段階の需要関数は(2)式，(逆)需要関数は(3)

式のように表される．中央卸売市場における小売への再販売価格を w_2^M とすると，小売段階での競争によって，小売価格はこの価格と一致することになり，

$$p_2 = w_2^M$$

となる．

卸売市場流通のケースでは，卸売業者が独占の状況を仮定している．この卸売業者の直面する（逆）需要関数は，

$$w_2^M = s(1-Q^R) \tag{16}$$

となる．ここで，生産者と卸売業者の間で成立する卸売価格を w_2 とすると，これが卸売業者の仕入れ価格となる．このため，卸売業者のマージンは，小売業者への再販売価格 w_2^M と生産者からの仕入れ価格 w_2 との差額，すなわち，

$$w_2^M - w_2$$

となる．ここで，小売業者への供給量を q^M とすると，卸売業者は自己の利潤 π^M

$$\pi^M = (w_2^M - w_2)q^M = (s(1-q^M) - w_2)q^M \tag{17}$$

を最大にするように供給量 q^M を決定する．

利潤最大化条件より，

$$\frac{\partial \pi^M}{\partial q^M} = s(1-2q^M) - w_2 = 0 \tag{18}$$

よって，小売段階への供給量 q^M は，

$$q^M = \frac{1}{2}\left(1 - \frac{w_2}{s}\right) \tag{19}$$

となる．(19) 式を再販売価格 w_2 について解くと，

$$w_2 = s(1-2q^M) \tag{20}$$

(20) 式は，生産者が直面する卸売業者の需要関数を表している．

生産者 i の供給量 q_{2i}^U をとするとき，生産者 i は，他の生産者の供給量を所与として，自己の利潤 π_{2i}^U

$$\pi_{2i}^U = \left(w_2 - \frac{c}{\alpha}\right)q_{2i}^U = \left\{s(1-2\sum q_{2i}^U) - \frac{c}{\alpha}\right\}q_{2i}^U \tag{21}$$

を最大にするように供給量を決定する。利潤最大化の条件より，

$$\frac{\partial \pi_{2i}^U}{\partial q_{2i}^U} = s\{1 - 2(q_{2i}^U + \sum_i q_{2i}^U)\} - \frac{c}{\alpha} = 0 \quad (i=1,2,3,...,m) \tag{22}$$

となる。ここで，すべての生産者は同じであることを考慮したうえで，(21) 式を連立して解くと，生産者 i の供給量 q_{2i}^U は，

$$q_{2i}^U = \frac{\alpha s - c}{2\alpha s(1+m)} \tag{23}$$

となる。また，生産者の出荷価格 w_2 は，(23) を (20) に代入して，

$$w_2 = \frac{\alpha s + mc}{\alpha(1+m)} \tag{24}$$

となる。(23), (24) 式を (21) 式に代入して，生産者 i の利潤は，

$$\pi_{2i}^U = (w_2 - \frac{c}{\alpha})q_{2i}^U = \frac{(\alpha s - c)^2}{2\alpha^2 s(1+m)^2} \tag{25}$$

となる。(23), (24) 式を (17), (19), (16) 式に代入して，卸売業者の利潤 π^M，卸売市場の出荷量 q^M，再販売価格 w_2 を求めると，

$$\pi^M = \frac{m^2(\alpha s - c)^2}{4\alpha^2 s(1+m)^2} \tag{26}$$

$$q^M = \frac{m(\alpha s - c)}{2\alpha s(1+m)} = q_2 \tag{27}$$

$$w_2^M = \frac{\alpha s(2+m) + mc}{2\alpha(1+m)} = p_2 \tag{28}$$

となる。

さらに，θ_0^2 の値は，

$$\theta_0^2 = \frac{\alpha s(2+m) + mc}{2\alpha s(1+m)} \tag{29}$$

となるので，(29) 式と (2) 式より，4段階目の消費者の需要量 D_2 が以下のように求められる。

$$D_2 = 1 - \theta_0^2 = \frac{m(\alpha s - c)}{2\alpha s(1+m)} \tag{30}$$

次に，生産者余剰（PS_2），消費者余剰（CS_2），社会厚生（W_2）の導出を行う。生産者余剰（PS_2）は，生産者の利潤の総計と中間業者の利潤の合計であるから，

$$PS_2 = \pi^M + \sum \pi_{2i}^U = \frac{m(2+m)(\alpha s - c)^2}{4\alpha_2 s(1+m)^2} \tag{31}$$

となる。また，消費者余剰（CS_2）は，(1)，(28)，(29) 式より，

$$CS_2 = \int_{\theta_0^2}^{1} (\theta s - p_2) d\theta = \frac{m^2(\alpha s - c)^2}{8\alpha^2 s(1+m)^2} \tag{32}$$

よって，社会厚生（W_2）は，

$$W_2 = PS_2 + CS_2 = \frac{m(4+3m)(\alpha s - c)^2}{8\alpha^2 s(1+m)^2} \tag{33}$$

3-3 構造3：交渉取引流通のケース

生産段階で規格化を行うなど，生産者が選別調製を行い，小売業者に直接販売するケースを考える。この場合，品質について，構造2と同様の仮定を置く。すなわち，消費者に販売される商品の品質は1種類存在し，sとする。これは，生産者により選別調製（規格化など）が行われており，消費者は確実に品質sの商品を購入することができることを表している。したがって，卸売市場による選別調製と，生産者が行う選別調整は同じ能力である。各生産者が選別調製を行う場合には，固定費用Fがかかると仮定する。これは，選別調製には人件費や機械設備（たとえば選果施設など）等が必要になるということを仮定している。

商品の品質はsであり，小売段階の需要関数は (2) 式，(逆) 需要関数は (3) 式のように表される。生産者の出荷価格をw_3とすると，小売段階での競争によって，小売価格はこの出荷価格と一致することになり，

$$p_3 = w_3$$

となる。このため，生産者の直面する需要関数は，

$$w_3 = s(1-\sum q_{3i}^U) \tag{34}$$

となる。生産者 i は，他の生産者の供給量を所与として，自己の利潤 π_{3i}^U

$$\pi_{3i}^U = \{s(1-\sum q_{3i}^U)q_{3i}^U - \frac{c}{\alpha}\} - F \tag{35}$$

を最大化するように，供給量を選択する。利潤最大化の条件より，

$$\frac{\partial \pi_{3i}^U}{\partial q_{3i}^U} = s(1-(q_{3i}^U + \sum_i q_{3i}^U))q_{3i}^U - \frac{c}{\alpha} = 0 \quad (i=1,2,3,...,m) \tag{36}$$

が得られる。ここで，すべての生産者は同じであることを考慮したうえで，(36)式を連立して解くと，生産者 i の供給量 q_{3i}^U は，

$$q_{3i}^U = \frac{\alpha s - c}{\alpha s(1+m)} \tag{37}$$

となる。また，(37) 式を (34) 式に代入すると，均衡出荷価格 w_3 は

$$w_3 = \frac{\alpha s + mc}{\alpha(1+m)} = p_3 \tag{38}$$

となる。(37)，(38) 式を (35) 式に代入して，生産者 i の利潤 π_{3i}^U は，

$$\pi_{3i}^U = (w_3 - \frac{c}{\alpha})q_{3i}^U - F = \frac{(\alpha s - c)^2}{\alpha^2 s(1+m)^2} - F \tag{39}$$

となる。θ_0^3 の値は，

$$\theta_0^3 = \frac{\alpha s + mc}{\alpha s(1+m)} \tag{40}$$

となる。(40)式を(2)式に代入すると，需要量 D_3 が以下のように求められる。

$$D_3 = 1 - \theta_0^3 = \frac{m(\alpha s - c)}{\alpha s(1+m)} \tag{41}$$

次に，生産者余剰（PS_3），消費者余剰（CS_3），社会厚生（W_3）を導出する。生産者余剰（PS_3）は生産者の利潤の総計に一致するから，

$$PS_3 = \sum \pi_{3i}^U = \frac{m(\alpha s - c)^2}{\alpha^2 s(1+m)^2} - mF \tag{42}$$

消費者余剰 (CS_3) は，(1)，(38)，(40) より，

$$CS_3 = \int_{\theta_0^3}^{1} (\theta s - p_3) d\theta = \frac{m^2(\alpha s - c)^2}{2\alpha^2 s(1+m)^2} \tag{43}$$

よって，社会厚生 (W_3) は，(42)，(43) 式より，

$$W_3 = PS_3 + CS_3 = \frac{m(2+m)(\alpha s - c)^2}{2\alpha^2 s(1+m)^2} - mF \tag{44}$$

となる．

以上三つのケースで求められた価格，需要，生産者余剰，消費者余剰および社会厚生をまとめると，表1のようになる．

表1 流通構造のもとでの均衡値

	伝統的流通	卸売市場流通	交渉取引流通
D	$\dfrac{m(\alpha s - c)}{\alpha s(1+m)}$	$\dfrac{m(\alpha s - c)}{2\alpha s(1+m)}$	$\dfrac{m(\alpha s - c)}{\alpha s(1+m)}$
c	$\dfrac{\alpha s + mc}{1+m}$	$\dfrac{\alpha s + mc}{\alpha(1+m)}$	$\dfrac{\alpha s + mc}{\alpha(1+m)}$
q_i^U	$\dfrac{\alpha s - c}{\alpha s(1+m)}$	$\dfrac{\alpha s - c}{2\alpha s(1+m)}$	$\dfrac{\alpha s - c}{\alpha s(1+m)}$
π_i^U	$\dfrac{(\alpha s - c)^2}{\alpha s(1+m)^2}$	$\dfrac{(\alpha s - c)^2}{2\alpha^2 s(1+m)^2}$	$\dfrac{(\alpha s - c)^2}{\alpha^2 s(1+m)^2} - F$
p	$\dfrac{\alpha s + mc}{1+m}$	$\dfrac{\alpha s(2+m) + cm}{2\alpha(1+m)}$	$\dfrac{\alpha s + mc}{\alpha(1+m)}$
q^M	—	$\dfrac{m(\alpha s - c)}{2\alpha s(1+m)}$	—
π^M	—	$\dfrac{m^2(\alpha s - c)^2}{4\alpha^2 s(1+m)^2}$	—
PS	$\dfrac{m(\alpha s - c)^2}{\alpha s(1+m)^2}$	$\dfrac{m(2+m)(\alpha s - c)^2}{4\alpha^2 s(1+m)^2}$	$\dfrac{m(\alpha s - c)^2}{\alpha^2 s(1+m)^2} - mF$
CS	$\dfrac{m^2(\alpha s - c)^2}{2\alpha s(1+m)^2}$	$\dfrac{m^2(\alpha s - c)^2}{8\alpha^2 s(1+m)^2}$	$\dfrac{m^2(\alpha s - c)^2}{2\alpha^2 s(1+m)^2}$
W	$\dfrac{m(2+m)(\alpha s - c)^2}{2\alpha s(1+m)^2}$	$\dfrac{m(4+3m)(\alpha s - c)^2}{8\alpha^2 s(1+m)^2}$	$\dfrac{m(2+m)(\alpha s - c)^2}{2\alpha^2 s(1+m)^2} - mF$

4 分析結果

以上のように得られた結果をもとに，流通構造の変化による消費者余剰および生産者利潤と社会厚生への影響，ならびに流通構造の選択について分析する。

4-1 価格と消費者余剰の比較

各ケースにおける均衡価格と消費者余剰の値を比較して見よう。

(1) 価格の比較

三つの流通構造における均衡小売価格を比較すると，次の命題が成り立つ。

命題 1

小売価格は，伝統的流通（構造1）よりも交渉取引流通（構造3）において高く，交渉取引流通よりも卸売市場流通（構造2）において高くなっている。すなわち，

$p_1 < p_3 < p_2$

という関係が成立する。

命題1の成立は，以下のようにして容易に確認できる。
(1) p_1, p_3 に関して，(9)式，(38)式より，

$$p_3 - p_1 = \frac{\alpha s + mc}{\alpha(1+m)} - \frac{\alpha s + mc}{1+m} = \frac{(\alpha s + mc)(1-\alpha)}{\alpha(1+m)} > 0$$

よって，$p_1 < p_3$ が成り立つ。
(2) p_2, p_3 に関して，(28)式，(38)式より，

第 6 章 卸売市場取引と直接契約的取引　125

$$p_2 - p_3 = \frac{\alpha s(2+m)+cm}{2\alpha(1+m)} - \frac{\alpha s + mc}{\alpha(1+m)} = \frac{m(\alpha s - c)}{2\alpha(1+m)} > 0$$

よって，$p_3 < p_2$ が成り立つ。以上 ⅰ，ⅱ，ⅲより，$p_1 < p_3 < p_2$ が成り立つ。

　命題 1 が成り立つ理由は次のとおりである。まず，(1) 伝統的流通と交渉取引流通の比較では，価格の決定に関する市場支配力の構造は全く同じである。しかし，伝統的流通では選別調製が行われないため，消費者の留保価格が低下する。さらに，交渉取引流通では，選別調整によって生産費用が実質的に上昇している。このため，需要価格の低下とコストの相対的な低さを理由に，伝統的流通での小売価格が低くなっている。
　(2) の卸売市場流通と交渉取引流通との比較では，いずれも選別調整によって品質が同じになるので，消費者の留保価格は同じであるが，卸売市場流通では二重マージンの問題が生じるため，交渉取引流通よりも小売価格が高くなる。

(2) 消費者余剰の比較

　各ケースの消費者余剰を比較すると，以下の命題が成り立つ。

命題 2

　　$\alpha \leq \frac{1}{4}$ を満たす場合には，$CS_1 \leq CS_2 < CS_3$

　　逆に，$\alpha > \frac{1}{4}$ を満たす場合には，$CS_2 < CS_1 < CS_3$ が成り立つ。

命題の成立は，以下のようにして容易に確認できる。
(1) CS_1，CS_3 に関して，(14) 式，(43) 式より，

$$CS_3 - CS_1 = \frac{m^2(\alpha s - c)^2}{2\alpha^2 s(1+m)^2} - \frac{m^2(\alpha s - c)^2}{2\alpha s(1+m)^2} = \frac{m^2(\alpha s - c)^2(1-\alpha)}{2\alpha^2 s(1+m)^2} > 0$$

よって，$CS_1 < CS_3$ が成り立つ
(2) CS_2，CS_3 に関して，(32) 式，(43) 式より，

$$CS_3 - CS_2 = \frac{m^2(\alpha s - c)^2}{2\alpha^2 s(1+m)^2} - \frac{sm^2}{8(1+m)^2} = \frac{3m^2(\alpha s - c)^2}{8\alpha^2 s(1+m)^2} > 0$$

よって，$CS_2 < CS_3$ が成り立つ

(3) CS_1，CS_2 に関して，(14) 式，(32) 式より，

$$CS_2 - CS_1 = \frac{m^2(\alpha s - c)^2}{8\alpha^2 s(1+m)^2} - \frac{m^2(\alpha s - c)^2}{2\alpha s(1+m)^2} = \frac{m^2(\alpha s - c)^2(1-4\alpha)}{8\alpha^2 s(1+m)^2}$$

このとき，$\alpha \leq \frac{1}{4}$ ならば，$CS_1 \leq CS_2$ となる。逆も同様に示せる。

命題2が成り立つ理由は以下の通りである。まず，卸売市場流通（構造2）と交渉取引流通（構造3）との比較では，いずれも選別調整によって品質が同じになるが，卸売市場流通では二重マージンにより小売価格が高くなるので，交渉取引流通の場合の方が消費者余剰は大きくなる（$CS_2 < CS_3$）。

次ぎに，伝統的流通（構造1）と卸売市場流通（構造2）との比較では，高品質の青果物が生産される確率 α が低く，その値が $\frac{1}{4}$ を下回る場合，伝統的流通のもとでは粗悪品が流通する可能性が高いため，消費者の青果物に対する評価は低くなり，市場需要量が少なくなって，伝統的流通の方が消費者余剰は小さくなる（$CS_1 < CS_2$）。他方，α の値が $\frac{1}{4}$ よりも高い場合，卸売市場流通のもとでの選別調整のプラスの効果よりも，二重マージンによる小売価格の引き上げによるマイナス効果の方が大きくなり，卸売市場流通の方が消費者余剰は小さくなる（$CS_1 > CS_2$）。

以上の命題1，命題2より，消費者にとっては交渉取引流通がもっとも有利であることが分かる。また，高品質の青果物が生産される確率が低く，青果物の粗悪品が生産されやすい環境では，卸売市場流通による選別調整がセカンドベストであり，逆に，高品質が生産される確率が高く，青果物が規格化された工業製品に近づくときには，卸売市場の有用性は低下することが分かる。

4-2 生産者余剰と社会的余剰の比較

4-2-1 伝統的流通（構造1）から卸売市場流通（構造2）への移行

　伝統的流通から卸売市場流通への移行は，生産者の利潤および社会厚生にどのような影響を与えているのだろうか。また，社会厚生にとって有利な形態が選択されているのだろうか。この点について検討するため，生産者がこの二つの流通形態のいずれかを選択する状況を考える[7]。ここで，以下の仮定をおくことにする。

　　仮定1：生産者は，同一の行動をとる。たとえば，ある生産者が卸売市場流通を選択し，ある生産者が伝統的流通を選択するということは起こらない。

　　仮定2：生産者は，卸売市場流通を選択した場合の利潤の大きさが，伝統的流通を選択した場合の利潤以上であった場合，卸売市場流通を選択する。

　生産者の利潤を示す（10）式と（25）式より，生産者が卸売市場流通を選択する条件は，

$$\pi_{2i}^U = \frac{(\alpha s - c)^2}{2\alpha^2 s(1+m)^2} \geq \frac{(\alpha s - c)^2}{\alpha s(1+m)^2} = \pi_{1i}^U \tag{45}$$

である。これを α について解くと，以下の式が得られる。

$$\alpha \leq \alpha_\pi = \frac{1}{2} \tag{46}$$

ここで，α_π は，卸売市場流通のときの生産者の利潤と，伝統的流通のときの利潤が同値になる α である。

　他方，社会的余剰を示す（15）式と（33）式より，伝統的流通から卸売市場流通への移行によって社会厚生が改善するための条件は，

128　第Ⅱ部　流通イノベーション

$$W_2 = \frac{m(\alpha s - c)^2(4+3m)}{8\alpha^2 s(1+m)^2}$$

$$\geq \frac{m(\alpha s - c)^2(2+m)}{2\alpha s(1+m)^2} = W \tag{47}$$

である。これを α について解くと，以下の式が得られる

$$\alpha \leq \alpha_W = \frac{4+3m}{4(2+m)} \tag{48}$$

α_W は，卸売市場流通と伝統的流通での社会的余剰が等しくなる α である。(46)，(48) 式より，以下の命題が得られる。

命題 3

(1) 伝統的流通から卸売市場流通に移行することで，生産者の利潤が改善される α の範囲は，以下のように示される。

$$0 \leq \alpha \leq \frac{1}{2}$$

(2) 伝統的流通から卸売市場流通に移行することで，社会厚生が改善される α の範囲は，以下のように示される。

$$\alpha \leq \alpha_W = \frac{4+3m}{4(2+m)}$$

である。

　以上の命題の内容は，次のように説明される。卸売市場流通では，二重マージンによる価格の上昇で，需要量が減少する。しかし，卸売市場が選別調製を行うことで，消費者の留保価格が高くなる。そのため，高品質の製品が生産される確率 α が小さく，選別調製による効果が大きくなる場合，生産者にとって卸売市場への出荷は有利となるとともに，社会的余剰の観点からも有利である。さらに，(2) の不等式の右辺の値は m の増加関数となっているが，それは，生産者の数が大きくなるほど，卸売市場流通のときの二重マージンによる価格の上昇の程度が小さくなるので，伝統的流通から卸売市場流通に移行することで，

社会厚生が改善される α の範囲は広がるということを示している。

(46), (48) 式を図示すると次の図のようになる。

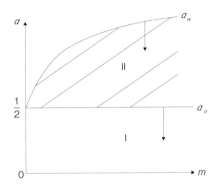

図の I の領域（(46) 式の直線より下方の領域）において，生産者は卸売市場を利用することで利潤を増加させることができる。他方，社会厚生を改善し得る α の範囲は競争状態が激しくなるほど増加し，II の領域（斜線部分）では「市場の失敗」が生じる可能性があることが分かる。すなわち，この図から，高品質の製品が生産される確率が高く，そのため選別調製の重要性が低下し，生産者にとって卸売市場への出荷にメリットを見いだせない状況においても，政府は生産者に対して卸売市場への出荷を行わせる誘引が存在することを示している。

卸売市場出荷への優遇制度の意義

社会厚生にとって望ましい卸売市場流通を選択させるためには，政府が生産者に何らかの補助を行うべきであることをあらわしている。卸売業者には，中央卸売市場設置以来，法的に生産者への即日入金が定められており，生産者にとって，金融面での安全性が生産者にとっての卸売市場出荷の大きな理由の一つであった（佐藤，2001）。他にも，受託拒否の禁止など生産者優遇の制度が設けられてきた。

また，価格保証制度における指定市場制度も，公的優遇策として挙げることができる。なぜ卸売市場制度が，このような生産者優遇制度を設けていたのか

について，それは生産者優遇的な制度によって，生産者が市場流通を選択するよう公的補助が与えられていたと考えられる。

4-2-2　卸売市場流通（構造2）から交渉取引流通（構造3）への移行

次に，近年著しい構造2から構造3への移行の影響について検討する。卸売市場流通と交渉取引流通は，いずれが生産者にとってより高い利潤をもたらすのであろうか。また，社会的にはどちらの流通構造が望ましいのか。さらに，社会的に望ましい構造が選択されているのだろうか。この点を明らかにするため，生産者が二つの構造のいずれかを選択する状況を考える。

生産者の利潤を示す（25）式と（39）式より，生産者が交渉取引流通を選択する条件は，

$$\pi_{3i}^U = \frac{(\alpha s - c)^2}{\alpha^2 s(1+m)^2} - F \geqq \frac{s}{2(1+m)^2} = \pi_{2i}^U \tag{49}$$

である。これを F について解いて，次の条件を得る

$$F \leqq F_i^U = \frac{(\alpha s - c)^2}{2\alpha^2 s(1+m)^2} \tag{50}$$

ここで，F_i^U は，生産者が出荷方法の選択を行う際，卸売市場に出荷する場合の利潤と，生産者自ら選別調製を行い，交渉取引を行う場合の利潤が同じになる F の水準である。

また，社会的余剰を示す（33）式と（44）式より，政府が交渉取引流通を行わせる条件は，

$$W_3 = \frac{m(2+m)(\alpha s - c)^2}{2\alpha^2 s(1+m)^2} - mF$$

$$\geqq \frac{m(4+3m)(\alpha s - c)^2}{8\alpha^2 s(1+m)^2} = W_2 \tag{51}$$

である。これを F について解いて，次の条件を得る。

$$F \leqq F_i^W = \frac{(4+m)(\alpha s - c)^2}{8\alpha^2 s(1+m)^2} \tag{52}$$

ここで，F_i^W は，政府が出荷方法の選択を決定する際，卸売市場流通を選択する場合の社会厚生と，交渉取引を行わせる場合の社会厚生が同じになる F の水準である。

以上（50）式と（52）式より，以下の命題が成り立つ。

命題4

交渉取引を選択することが有利となる固定費用の範囲は，生産者にとっては，

$$F \leqq F_i^U = \frac{(\alpha s - c)^2}{2\alpha^2 s(1+m)^2},$$

政府にとっては，

$$F \leqq F_i^W = \frac{(4+m)(\alpha s - c)^2}{8\alpha^2 s(1+m)^2}$$

である。

（50）式の右辺は m の減少関数である。これは，生産者数の増加によって，各生産者の販売量が減少し，生産者にとって，選別調整のための固定費用 F を支出することがペイする範囲が減少することを示している。

次に，（52）式の右辺は社会厚生を改善する選別調製費用の水準を表したものであるが，こちらも（50）式の右辺と同様，m の減少関数となっている。m が少ないとき，卸売市場を介することによる価格の上昇の影響（卸売市場流通による二重マージンの問題）が大きくなるため，生産者にとって，選別調整のための固定費用 F を支出することがペイする範囲が大きくなる。逆に，生産者が多数となる場合，F の重複による社会的費用が大きくなるため F の許容範囲は減少する。したがって，生産者および社会厚生にとっては，生産者数が多数である場合，あるいは，規格化費用が大である場合，交渉取引流通よりも卸売市場流通が有利である。

（50）式と（52）式を図示すると，次のようになる。

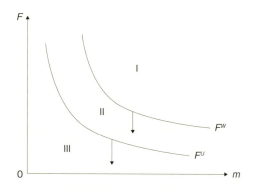

この図において，三つの状態が存在する。まず，領域Ⅰにおいては，選別調整の費用 F が，生産者の利潤ならびに社会的厚生のいずれの観点からみても大きく，生産者は卸売市場流通を選択し，それは社会にとっても望ましい行動である。領域Ⅱでは，生産者にとって選別調整の費用は高く，生産者は卸売市場流通を選択する。しかし，社会的には交渉取引を行う方が望ましい状態である。領域Ⅲでは，生産者の選別調製費用はさほど高くなく，生産者は交渉取引流通を選択し，その行動は社会的にも望ましい。したがって，次の命題が成り立つ。

命題5

選別調整の費用が，

$$\frac{(\alpha s-c)^2}{2\alpha^2 s(1+m)^2} < F < \frac{(4+m)(\alpha s-c)^2}{8\alpha^2 s(1+m)^2}$$

を満たす場合，市場の失敗が生じる可能性がある。

産地の寡占化と規格化の推進の意義

こうした市場の失敗は，生産者数を減らすこと，あるいは選別調製費用を削減することで解消可能であり，政府はいずれかの行動を取ることが考えられる。

これまでの公的政策の実態に照らし合わせると，政府の野菜産地の「選択的拡大政策」による生産地の寡占化や，「生産出荷近代化計画」[8]による規格化の推進が上記の役割を果たしていると考えられる。

その結果として，現在，シーズン時には，上位5県の（大規模卸売市場に占め

る）出荷シェアは9割を超える品目も出現するに至っている[9]。たとえば[10]，たまねぎ，人参，大根，キャベツ，レタスは高度成長期以来，1戸あたり耕地面積が拡大を続けており，3倍から4倍に達するなど，大型化，寡占化が進んでいる。さらに，機械化の進展より選別調製におけるコストも低下している。

次の命題も指摘できる。

命題6

選別調製の費用が $F \leq F^W = \dfrac{(4+m)(\alpha s - c)^2}{8\alpha^2 s(1+m)^2}$ を満たすとき，交渉取引流通のもとで生産段階において選別調製を進めることは，社会的にも望ましい。

規格化の推進が公的に進められたこともあり，現在，青果物の規格化の費用は，出荷経費のかなりの割合を占めるに至っている。そのために，規格化の費用の増大が，青果物の流通コストを押し上げているとの批判がなされている[11]。しかしながら，交渉取引流通への流通構造の移行による社会厚生へのプラス効果を考慮するならば，このような批判は慎重に検討する必要がある。選別調製費用が出荷費用に占める割合の高さのみを問題視するのではなく，それがもたらす流通へのプラス効果をも同時に考慮する必要がある。

5 分析結果の要約とその解釈

本章では，第1に，卸売市場の導入が価格や消費者余剰に与える影響を検討した。その結果，粗悪品が生産される確率が高い場合，消費者にとって伝統的流通よりも中央卸売市場による卸売市場流通は望ましいことが示された（命題2）。

第2に，高品質の製品が生産される確率が高く，そのため選別調製の重要性が低下し，生産者にとって卸売市場への出荷にメリットを見いだせない状況に

おいても，政府は生産者に対して卸売市場への出荷を行わせる誘引が存在することを示している（命題3）。本章によるこうした分析結果は，卸売市場を設置するときに，生産者に対して金融面での優遇制度が設けられたこと等の公的政策の意義を理論的に明らかにしている。

　第3に，近年著しい卸売市場流通から交渉取引流通への移行という点については，生産者が寡占的な場合や，費用が低い場合，交渉取引流通が生産者および社会厚生双方にとって有利であることが確認できる（命題4）。

　第4に，社会的に望ましい流通形態が選択されない市場の失敗が生じる可能性が示された（命題5）。このことは，生産者の大型化・寡占化あるいは生産物の規格化の推進といった公的政策がとられた意義を説明し得る。

　第5に，卸売市場流通から交渉取引流通に移り，生産者が選別調製の費用を負担することが社会的余剰の観点から好ましい場合がある。このため，近年の規格化などによる生産者が被る選別調製費用の増加は，一概に好ましくないものとして批判できないことが示された（命題6）。

　以上の分析によって，青果物流通の環境（品質の不確実性の程度や，生産者の競争状況等）によって社会的に最適な流通構造は異なっており，さらに最適な流通構造への移行を促すためには，適切な公的政策が必要であることが明らかになった。これまで，青果物流通の構造変化に関して，さまざまな要因が羅列的に列挙されるに留まるものが多く，基本要因について理論的に分析されること少なかった。本研究では，流通構造の変動に及ぼす要素の相互作用を明示的に分析したこと，そして，これまで流通構造の変化に際して取られてきた公的政策への経済学的な意義付けを行ったこと，これらが本章の独自の貢献であるといえる。

注
(1) 中央卸売市場が設置された際，「1都市1卸売市場」が原則とされ，競合する類似市場が廃止されたため，「地域独占的な卸売市場」と表した。この見解については，注5も参照。
(2) 農産物がもつ特質である「生産時における生産物の形状，味覚等のばらつき」に伴う不確実性のこと。

(3) たとえば，小売業者の要望に応じて生産者が一定規格の生産物を選別し，出荷する形態など．
(4) ただし，Helmberger は主に食肉流通を対象としている．
(5) このモデルでは，卸売市場が当該段階における独占企業のように振舞うことが仮定されている．卸売市場に市場支配力が発生するという見解については，谷川 (1966)，森 (1982) などを参照のこと．
(6) 卸売市場は，消費者に品質 s の商品を販売するため，「めきき」の役割を果たす．そのため，品質 s_l の商品は排除される．よって，伝統的流通で生じていた品質の混在が回避されている．生産者は品質不確実性を見越し，品質 s の生産物を出荷するために，実際に実現する販売量を上回る生産を行う．そのため，生産費用は上記のように増加する．
(7) つまり，中央卸売市場法により卸売市場が設置されたときの状況を考える．
(8) いずれも，農業基本法および 1966 年制定された「野菜生産出荷安定法」をもとに進められてきた政策である．
(9) 卸売市場への上位5県の出荷シェアについては，藤田 (2000) pp. 20 を参照．
(10) ここで述べた実態の詳細については，香月 (2005) を参照せよ．
(11) 齋藤・杉本 (2001) を参照．

第III部
リテール・イノベーション

第7章
ネットスーパーのビジネスモデル
── サービスおよび流通システム ──

要約

　本章では，ネットスーパーのビジネスモデルについて，流通システムおよびサービス水準の面からその特徴を整理する。ネットスーパーには，(1) 実店舗を拠点として集荷・配送を行う店舗型配送モデル，(2) ネットスーパー専用の配送センターを設置し，それを拠点に一括して集荷・配送を行うセンター型配送モデルの二つがある。店舗型配送モデルは，初期投資額が低く，かつレスポンスの速いサービスが提供できる一方，運営コストが高い傾向がある。センター型配送モデルは，初期投資額が高く，レスポンスの速さなど利便性に関するサービス水準が低くなりがちであるが，運営コストを抑制できる利点があり，両者のビジネスモデルはトレードオフの関係にある。いずれのビジネスモデルを採用すべきかという判断には，高いサービス水準による利便性と配送料等の手数料の低さのうちどちらを消費者に訴求するかという，トレードオフの関係を考慮する必要がある。

1 はじめに

　小売市場における競争が激しくなる中,小売業者は新たなビジネスモデルの開発を進めている。とりわけ,ネットスーパー（海外ではオンライン・グローサリー［Online Grocery］と呼称）[1]の出現とその市場の発展は,実務・学術両面において近年多くの注目を集めている。

　ネットスーパーとは,インターネット上の仮想小売店舗に会員登録した顧客がオンラインで注文した商品（主に生鮮・加工品等の食料品やその他日用品など,スーパーマーケットに取り揃えられている品目）を,当日あるいは翌日以降に,その顧客の自宅もしくは指定先まで配達する,という小売業態である[2]。

　日本では,2000年代初頭から大手小売企業がこの事業に参入し始めたが,その背景には,1990年代末以降のスーパーマーケットを中心とした小売売上高の落ち込みへの対応,あるいは日本市場において今後想定される新たな小売ニーズへの対応などの必要性があった。大手小売企業のネットスーパー参入にあわせ,最近では地元の小売企業,いわゆるローカルスーパーもこの事業に参入し,ビジネス展開を急いでいる。小売企業全体の売上高のうちネットスーパーの占める割合はいまだ高くないものの,その市場が高い成長率を示していることから,多くの小売企業がネットスーパー事業を発展可能性の高い有望なビジネスモデルの一つであるとみなしていることがうかがえる（後藤,2010）。また,単身・共稼ぎ世帯の増加および高齢化などによる社会構造の変化や,商店街・零細小売店の衰退といった小売環境の変化に伴い,日用品の買い物に時間的・場所的な制約を受ける,いわゆる「買い物弱者（買い物難民）」と呼ばれる消費者に対して買い物手段を提供するビジネスモデルの一つとしても,ネットスーパー事業には社会的な注目が集まっている[3]。

　ネットスーパーは,これまで消費者が担ってきたいくつかの流通機能（商品

の選別，消費者までの配送，配送完了までの鮮度維持など）を代行する必要がある。そのため，店舗を中心とした従来の小売の形態では提供されない付加的なサービスを提供しなければならない。ネットスーパー間の競争は，こうした新たなサービスの水準の優劣をめぐって繰り広げられることになり，それゆえ，顧客のニーズによりマッチした適切なサービスを提供するためにどのような流通システムを構築し，競争優位を築くかが各企業においてきわめて重要な課題となっている。

以上の認識のもと，本章では，日本におけるネットスーパーの流通サービス，その中でも配送方式の違いによる特徴に焦点を当てて整理し，今後のネットスーパーにおけるチャネル戦略立案のヒントを提供する。

本章の構成は以下の通りである。第2節では，欧米を中心としたオンライン・グローサリー市場と日本のネットスーパー市場の実態を整理する。第3節では，ネットスーパーの配送方式の違いによるビジネスモデルの特徴について整理するとともに，ネットスーパー各社が消費者に提供しているさまざまなサービスの水準と，そのビジネスモデルとの関連について検討する。第4節は，本章におけるまとめと，今後取り組むべき研究課題について述べ，結びとする。

2 ネットスーパー市場の実態

2-1 欧米・アジアにおけるオンライン・グローサリー市場の実態

1990年代末に欧米で登場したオンライン・グローサリーは，その初期に数多くの失敗（たとえばアメリカにおける2001年のWebvanの倒産[4]，HomeRuns.comの撤退など）を経験しながらもこの十数年の間に着実な成長を遂げている[5]。

2-1-1 アメリカ市場

　2010年に120億USドルであったアメリカにおけるインターネットでの食品を含む消費財（Consumer Packaged Goods: CPG）販売は，2014年には250億USドルにまで達すると見込まれている（Nielsen, 2011）。大手小売チェーンのセーフウェイ（Safeway）では，オンラインによる消費者からの商品注文額は2000年代初頭においてすでに1件あたり平均120USドルであり，実店舗における消費者の平均購買額のおよそ2倍の額にのぼっていた（Kotler and Keller, 2006: 邦訳 pp. 618-619）。また，これら大手小売チェーンに加え，AmazonやGoogleといったeコマース企業もオンライン・グローサリー事業を実験的に開始している。

2-1-2 ヨーロッパおよびアジア市場

　欧州においてもオンライン・グローサリー市場の拡大が進んでいる。イギリスにおける市場規模は2011年に60億ポンド（2015年12月時点の換算で約89億USドル。以下同様）に達し，全グローサリーの販売額の6％を占める数値となった（Dawes and Nenycz-Thiel, 2014）。Institute of Grocery Distribution（IGD）によれば，2016年度のイギリス国内のオンライン・グローサリー市場規模は137億ユーロ（149億USドル）以上になると推計されている（Reuters, 2013）。

　大手小売チェーンのテスコ（Tesco）は，2000年代初頭にすでにオンライン・グローサリー事業の売上が年間5億ポンド（7.4億USドル）を超えていた。その配送対象地域はイギリス全土の96％をカバーし，1週間に11万件以上の注文に応じていた（Lee, 2003; Kotler and Keller, 2006: 邦訳 p. 619）。現在，同社のオンライン・グローサリー事業は，総売上高の10％を占めるまでに成長している（川辺，2011: p. 25）。2009年におけるTesco.comの売上高は21億ポンド（30.8億USドル）であり，営業利益は1億4千万ポンド（2億USドル）（Tesco, 2011）に達した。さらにイギリス国内における同事業の売上高は近い将来，50億ポンド（74億USドル）まで増加すると見込んでいる（太田，2014: p. 147）。

また，IGD の調査によれば，ドイツにおけるオンライン・グローサリーの販売額は 2012 年の 11 億ユーロ（12 億 US ドル）から 2016 年の 25 億ユーロ（27 億 US ドル）へと倍以上の成長が見込まれている。隣国オランダにおいても，2012 年の 6 億ユーロ（6.5 億 US ドル）から 2016 年には 16 億ユーロ（17 億 US ドル）へ，スイスでは 2012 年の 7 億ユーロ（7.6 億 US ドル）から 2016 年には 11 億ユーロ（12 億 US ドル）へと，それぞれ大きな成長が予測されている（Reuters, 2013）。

これら主要ヨーロッパ諸国におけるオンライン・グローサリー市場の成長性を見込み，テスコ，アズダ（Asda），カルフール（Carrefour），アホールド（Ahold）といった大手小売業者は，オンライン・グローサリー事業への積極的な投資を行っている。とりわけ，各社ともオンラインでの注文により柔軟に応じるための，専用集配センター（ウェアハウス：Warehouse）の建設に注力している（Reuters, 2013）。また，フランスでの調査では，オンライン・グローサリーの選択と購買における消費者行動の特徴として，通常の小売店舗に比べスイッチング・コストが低い傾向が明らかになっており，各社は顧客囲い込みのためのロイヤリティプログラムの整備やサービスの充実，設備投資を急いでいる（McKinsey and Company, 2013）[6]。

アジア市場においても，オンライン・グローサリー事業は小売企業のオムニチャネル展開手段の一つとして有望視されており（Forbes, 2014），たとえば中国におけるオンライン小売企業大手の一号店（Yihaodian）は 1,000 店の仮想スーパーマーケットの出店を計画している（Tech in Asia, 2012）。

2-2 日本におけるネットスーパーの形成と発展

日本における最初の本格的なネットスーパーは，2000 年に大手スーパーの西友（現ウォルマート系列）が実施した実験的事業「西友ネットスーパー」であるといわれている（後藤, 2010; 川辺, 2011; 渡邊, 2014）[7]。ほぼ同時期の 2000 年代初頭，その他の全国スーパー・チェーンも同様の実験的事業を始めている。たとえば，2001 年 3 月にはイトーヨーカドーが「アイワイネット」事業を開始

した。ローカルスーパーにおいても，2001年6月にはイズミヤが「楽々マーケット」(関西圏)を，2007年8月にはユニーが「アピタネットスーパー」(名古屋圏)を立ち上げている。これらに続き，2008年4月にイオンの「イオンネットスーパー」，同年9月にダイエーの「ダイエーネットスーパー」が登場し，2009年までにはほぼすべての大型スーパーがネットスーパー市場に出揃った(後藤，2010)。加えて，ネット小売の楽天が2012年にネットスーパー事業に参入し，Yahoo Japanも2014年に実験的な事業を始めている(日本ネット経済新聞，2013；Yahoo Japanプレスリリース，2014)。

　こうした日本におけるネットスーパー市場の形成と発展について，後藤(2010)は三つの時期に分類し，その経過と背景を次のように整理している。(1) 2000年から2005年：ネットスーパー市場の萌芽時期，すなわち大手チェーンによるネットスーパーの事業開始の時期，(2) 2006年から2008年：ネットスーパー市場の形成・発展時期，すなわち大手チェーンによる事業の本格的な展開が行われた時期，(3) 2009年から現在：ネットスーパー市場の普及の時期，すなわち大手スーパー以外のローカルスーパーが新たにこの市場へと参入し，当該ビジネスモデルが普及に至った時期。

　(1)の時期においては，大手小売にとって1990年代後半から続く売上の落ち込みをカバーする必要が生じたこと，普及し始めていたインターネットを活用して宅配ニーズという新たな市場を開拓する食品・日用品宅配事業のブームが生じたこと[8]がネットスーパー市場の萌芽を後押しした。しかしながら，当時ブロードバンドはまだ普及しておらず，消費者がインターネットでの買い物に利便性を感じることは少なかった。また，大手小売側にとっても，この時期のネットスーパー事業は店舗数やエリアを限定した実験的な試みにすぎなかった。そのため，ネットスーパー事業そのものの知名度は上がらず，ネットスーパー利用者数もそれほど大きな伸びはみられなかった。しかしながら，(2)の時期になると，ブロードバンド環境の普及が進んだこと，消費者にとってAmazon.comをはじめとする書籍を中心としたインターネットショッピングがより日常的なものとなってきたことなどにより，ネットスーパー市場の潜在性

第 7 章　ネットスーパーのビジネスモデル　145

が高まった。具体的には，2006 年にイトーヨーカドーと西友がそれまで実験的に続けてきたネットスーパー事業の本格的な全国展開を開始すると，それに伴ってネットスーパー市場が一気に拡大した。イオンやダイエーなどその他大手の参入も相次ぎ，首都圏を中心にネットスーパーの知名度が急上昇した。加えて，この時期におけるガソリン価格の上昇や新型インフルエンザ流行の影響などもネットスーパーの知名度の拡大や利用を後押しした[9]。続く (3) の時期では，これら大手チェーンのネットスーパー実施店舗の増加とエリア拡大に伴い，ローカルスーパーも自身の地域における小売シェアを守る対抗策を講じる必要が生じ，その結果，多数のローカルスーパーがネットスーパー事業に参入することになった。

2-3　日本におけるネットスーパーの市場規模

　日本におけるネットスーパーの市場規模は，近年，急激に拡大している。矢野経済研究所 (2009) の調査によると，2004 年の日本国内のネットスーパーの市場規模は 61 億円であったが，2007 年には 135 億円に倍増し，2008 年には 231 億円に達するきわめて高い成長率を示している[10]（矢野経済研究所, 2009）。
　この急速な成長は，大手小売企業がこれまで実験的事業にとどめていたネットスーパー事業を本格的に全国展開したことが大きく影響している。たとえば，イトーヨーカドーは 2006 年以降，ネットスーパーに対応する店舗とそのエリアを急拡大した。その結果，ネットスーパーの販売実績は 2007 年度には 50 億円であったが，2009 年にはその 4 倍以上となる 210 億円に達し，早くも事業の黒字化が達成された。事業はその後も順調に拡大し，2012 年度においては約 400 億円の販売実績を挙げている。ちなみに，2013 年 3 月時点でのネットスーパー対応店舗数は 141 店舗で，これはイトーヨーカドーの全 178 店舗の約 8 割がネットスーパー事業を兼ねて展開していることを示している（経済産業省, 2013; 渡邊, 2014: p. 90）。
　矢野経済研究所 (2013) は，ネットスーパーを含む食品宅配全般の 2012 年の

市場規模を1兆8,078億円と見積もっている。さらに，高齢人口の増加，女性の社会進出の定着による家庭内調理時間の短縮傾向，生活スタイルの多様化による個食化の進行，昨今の国内不況による外食離れ，家庭内調理による食事摂取（内食）志向の強まりなどから，この市場は拡大基調にあると見込んでおり，2017年度には2012年度比で121.9％の2兆2,045億円まで拡大すると予測している（矢野経済研究所，2013）[11]。

3 ネットスーパーのビジネスモデル

3-1 流通システム

　ネットスーパーと通常のスーパーとの最大の相違点の一つは，消費者が遂行するいくつかの流通機能を小売業者が代行しなければならないことである。これは，多くのeコマースにおいてネット小売業者が直面する課題と類似している。つまり，ネットスーパーでは，小売店へと移動し，目的とする商品を選び，レジカウンターで清算を済ませるという，スーパーマーケットにおいて消費者が行う一連の行動を，事業者がサービスとして代行する必要が生じる。そして，それに対するコストを事業者（あるいは消費者）がある程度負担しなければならない[12]。たとえば，配送コスト，小売側が消費者の代わりに商品を選び取りまとめる選別・集荷コスト，ウェブ上あるいは顧客との商品の受け渡しの際に代金をやりとりする決済に伴うコストなどである。これら一連のサービスを実現するため，ネットスーパー事業においては主に二つの流通システムが考案され用いられている。すなわち，店舗型配送モデル（store shipment model），とセンター型配送モデル（warehouse shipment model）である。図1はそれぞれの構造を表している。

3-1-1 店舗型配送モデル

この方式は,注文の受付から配送までをサービス対象エリアの小売店舗で行う,実店舗を拠点とした配送モデルである(図1左)。(1) 消費者からインターネット等を通じて商品の注文を受けると,自社システムを経由し該当エリアの店舗に発注が行われる。(2) 発注された商品は,発注を受けた小売店の店舗スタッフが店頭在庫から集めて(ピッキング),店舗のバックヤードでとりまとめ梱包する。(3) 梱包した商品は,配送担当部門スタッフや外部委託業者によって消費者へと届けられる(経済産業省,2010)。この店舗型の配送は広く普及している形態であり,イトーヨーカドー,イオンなど多くの実店舗をもつネットスーパーが採用している(経済産業省,2010)。

3-1-2 センター型配送モデル

この方式は,実際の小売店舗とは別に,配送センター(warehouse)を設置して受発注・配送の拠点としている(図1右)。このセンター型配送モデルにおいては,消費者からの商品の注文とその受付,商品のピッキングや梱包,配送など一連の作業を配送センターで一括して処理することとなる。西友,サミットネットスーパーやフレスタ,オレンジライフなど一部のネットスーパー事業者が採用している(経済産業省,2010)。

図1 二つの配送方式によるビジネスモデルの違い

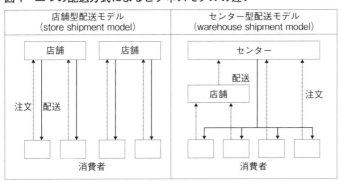

3-2 各ビジネスモデルの特徴

3-2-1 店舗型配送モデル

　店舗型配送モデルの特徴は，(1) 初期投資額が低く，事業参入が容易であること，(2) 受注処理の能力には制約があり，それに伴い商圏が比較的狭い範囲に限定されること，(3) 柔軟性の高い受注・配送サービスが行えること，(4) 一件あたりの受注処理・配送コストが高くなる傾向にあることである。

(1) 初期投資額の低さ

　店舗型配送モデルでは，実店舗の店頭在庫をネットスーパーの受注にも活用することができるほか，実店舗内にあるバックヤードを受注・梱包・配送業務等に活用できるため，センター型配送モデルに比べ初期投資額を低く抑えることができる[13]。清水ら (2012) によると，この店舗型配送モデルでは，数百人の登録会員を保持すれば採算ベースに乗せることが可能となる。イオンネットスーパーを例に挙げると，1件あたりの購入額を平均5,000円前後と想定した場合，ネットスーパー1店舗あたり1日120件の受注があれば採算ラインに到達するといわれている (日経MJ, 2009a; 川辺, 2011: p. 37)。ローカルスーパーであるオークワのイズミ小田店 (大阪府和泉市) の事例では，この店舗の採算の確保には1日50件程度の注文が必要とされていた (川辺, 2011: p. 40)。

(2) 受注処理能力の制約

　実店舗のバックヤードを活用するため，ネットスーパー事業に割り当てることの出来るスペースにはおのずと制約が生じる。また，注文処理やピッキング，梱包，配送等の一連の作業についても実店舗のスタッフを活用する (実店舗と兼務させる) ことが多いことから，受注量・顧客数および配送エリアには限界が生じることになる。したがって，ネットスーパーとして対応できる商圏は比較

的狭いものとなる[14]。また,商品は店舗在庫を活用するため,在庫を抱えるリスクは低くなるものの,その一方で品切れによる機会損失のリスクが生じることにもなる(経済産業省,2010: p. 42)。

(3) 柔軟性の高いサービスの提供

一般的に,店舗型モデルの配送はセンター型配送モデルに比べ注文してから届くまでの時間が短く,利便性の面で優れている(日本経済新聞,2014)。また,(2)に挙げたようにサービス提供が可能な商圏が限定される一方で,受け渡し時間の設定,レスポンスの良い対応等,顧客の利便性を高めるきめ細かいサービスを実現しやすいというメリットがある。

(4) 高い配送コスト

実店舗バックヤードのスペースの制約上,受注・梱包・配送にかかわる専門設備の導入は困難であり,それらの作業については多くをマンパワーに依存せざるを得ない。したがって,受注数量の増加に応じてスタッフの増員が必要になるため,センター型モデルに比べ,人件費などの変動費が高くなる傾向にある。

3-2-2 センター型配送モデル

店舗型と比較した場合,センター型配送モデルの特徴は,(1) 初期投資額が高く,事業参入が困難であること,(2) 受注処理能力に優れており,より広域を商圏と見込めること,それゆえ (3) 受注・配送サービスにおけるレスポンスは店舗型と比較して劣る傾向にあるが,他方で (4) 一件あたりの受注処理・配送コストを低く抑えることが可能となることである。

(1) 初期投資額の高さ

センター型配送モデルでは,在庫および梱包,配送作業等に必要となる専用設備(配送センター)を新たに設置する必要があるため,初期の設備投資額は高

額となる。これは，設備面や在庫面で実店舗を活用できる店舗型モデルと比較した場合の大きなデメリットであり，このモデルを採用するには設備投資を抑制する工夫が必要となる。たとえば，広島地域でセンター型の配送モデルを展開しているエブリディフレスタでは，当初，配送センターを広島市西部に設置したが，それだけでは東部地域へのサービス提供は困難であった。しかしながら，東部地域に同様のセンターを設置することはコスト面から難しかった。そこで，西部地域の配送センターで梱包までを済ませた商品をいったん東部地域に大型トラックで運び，東部地域に設置した簡易な施設で改めて小型トラックに移し替えて発送するという方式を採用した[15]。こうして，追加の設備投資を積み替え用の簡易な配送センターの設置のみにとどめつつ，より広域での配送を実現することができた（清水，坂田，2012: p. 237）。

(2) 高い受注処理能力

配送センターは，在庫，ピッキングおよび配送等，ネットスーパーに関連する一連の業務に特化した設備であるため，既存店舗の設備や人的資源を活用する店舗型に比べて受注可能処理数が多く，かつ効率が良い。たとえば，センター型を採用しているサミットネットスーパーでは，店舗型が扱う件数よりも，より集約された一日400件程度の注文を想定して事業を開始している（日経MJ2009a, b）。注文処理能力の高さに加えて，専門設備による自動化によって，受注増でも人件費など変動費の増加は限定的である。そのため，販売数量が伸びた場合の利益の伸びも，店舗型に比べて大きくなる[16]（清水，坂田，2012: p. 234）。

(3) サービス提供における制約

専門の配送センターによるこの方式は，大量の受注処理を効率的に行える利点がある一方，その設備投資費用を回収するため，稼働率を高める必要がある。つまり，店舗型に比べより多くの顧客を集めなければならない[17]。先述のサミットネットスーパーでも，センターの稼働率を高めるために必要となる販売

数量はきわめて大きなものとなっている$^{(18)}$（日経 MJ, 2009 a, b）。また，清水ら（2012）によれば，採算を取るためには 5,000 人程度の会員の確保が必要となる。このような注文を集約する必要性やそれに伴う商圏の拡大は，注文を受けてからのレスポンスの速さや，受け渡し時間の設定といった顧客サービスの水準に悪影響を与える可能性がある。

(4) 低廉な配送コスト

　センター型配送モデルにおける受注一件あたりの処理コストは，専門設備による作業の効率化により店舗型よりも低い。その結果，配送コストを抑え，より安い配達料の設定も可能になっている。

　これら店舗型およびセンター型配送システムによるビジネスモデルのサービス水準を表1にまとめる。

　なお，これら二つの配送モデルを併用する方式も存在する。その一例として，SEIYU ドットコムでは，配送センターでは冷蔵・冷凍食品は取り扱わない代わりに，店舗では扱わない医薬品や大容量の商品も販売するなど，店舗型とセンター型を使い分けて活用している（日本経済新聞，2014）。

　以上述べてきたように，ネットスーパーの配送方式によるビジネスモデルの違いは，サービスの水準やコスト，ひいては顧客に転嫁される配送料やその他手数料に大きく影響する。そこで次に，ネットスーパーが提供するサービスの水準および顧客が負担する各種配送料，手数料等について，詳細に見ることとする。

表1　店舗型およびセンター型配送モデルのサービス水準の比較

	店舗型配送モデル (store shipment model)	センター型配送モデル (warehouse shipment model)
初期投資額	低い	高い
受注処理能力	低い	高い
レスポンス	高い	低い
配送コスト	高い	低い

3-3　ネットスーパーにおけるサービス水準：大手チェーンのケース

　ここでは，ネットスーパーが提供している各種サービスについて検討する[19]。表2は，代表的なネットスーパーの訴求点や採用しているビジネスモデルについてまとめたものである。各種サービスは，主に（1）取扱品目数，（2）最短受取可能時間，（3）受取手段，（4）配達時間帯，そしてそれらのサービスに付随する（5）送料・手数料の五つに集約できる。

(1) 取扱品目数
　表2の取扱品目数は，各ネットスーパーで購入可能な品目数を表したものである。これを見ると，取扱品目数は2千品目程度（楽天）から約3万品目（イトーヨーカドー）まで多岐にわたっている。西友は配送システムによって取扱品目を変えているため，品目数も店舗型は約1万品目，センター型は約2万品目と異なる値となっている。取扱品目数の多さは，顧客にとってワンストップショッピングの可能性を広げ，利便性に直結する要素であると考えられる。

(2) 最短受取可能時間
　最短受取可能時間は，顧客が商品を注文した後，受け渡し可能な最短の時間を表している。表2にみられるように，この最短受取可能時間がもっとも短いイオンやマルエツといったスーパーでは，注文後最短3時間で受取可能である。一方，楽天マートは最短9時間，サミットネットスーパーは原則翌日の受け渡しとなっている。

(3) 受取手段
　受取手段は，顧客がどのような方法で商品を受け取れるのか，というサービス内容を表している。ほとんどのネットスーパーでは，配達員による手渡しのみとなっている。例外として，不在時に留置き用のボックスなどで受け取れる

表2 ネットスーパーの提供サービス

集荷・配送モデル	小売業者	実店舗名	取扱品目数	最短受取可能時間	受取手段	配達時間帯・設定可能時間（合計時間）	配送料（無料となる条件）
店舗型	イオンネットスーパー	AEON	約1万2千	最短3時間	手渡し・留置き（1回につき手数料108円）	12～20時 2時間刻み（8時間）	324円（ただし5,000円以上購入：無料）
	イトーヨーカドーネットスーパー	イトーヨーカドー	約3万	最短4時間	手渡し	11～22時 2時間刻み（11時間）	324円（ただし5,000円以上購入：無料）
	マルエツネットスーパー	マルエツ	約5～6千	最短3時間	手渡し	12～20時 2～3時間刻み（8時間）	216円（ただし1,944円以上購入：無料）
センター型	サミットネットスーパー	サミット	約5千	翌日以降最短6時間（夕夜便・ナイト便利用の場合。当日10時までの注文）	手渡し，留置き（レンタルロッカー）	(1) ・午前便 8～12時 ・午後便 13～17時 ・夕夜便 16～20時 ・ナイト便 20～22時 (2) お得便 11～19時	(1) 午前・午後・夕夜便 500円（3,000円以上5,000円未満購入：配送料300円，5,000円以上購入：無料）＊ナイト便追加手数料300円 (2) お得便 400円（3,000円以上購入：無料）
	エブリディフレスタ	フレスタ	約3千	翌日以降	手渡し	9～17時（8時間）	210円（ただし2,000円以上購入：無料）
	楽天マート	―	約2～3千	最短9時間	手渡し・留置き	9～21時 3～4時間刻み（12時間）	① 324円（ただし3,000円以上：無料） ② 162円（4歳以下か65歳以上の家族がいる場合）（ただし3,000円以上購入：無料）
店舗・センター配送併用	SEIYU.com	SEIYU 店舗	約1万	最短5時間	手渡し	10～22時 2時間刻み（12時間）	324円（ただし5,400円以上購入：無料）
		センター	約2万	翌日以降	手渡し	8～21時 1～4時間刻み（13時間）	324円（ただし2,138円以上購入：無料）

注：日本経済新聞（2014）および各ネットスーパー店舗ホームページをもとに筆者作成。

サービスを設定しているネットスーパーも存在する。楽天マートでは，月あたり108円の手数料でカギ付きの宅配ボックスが利用可能である。また，イオンにおいても類似したサービスを提供している。こうした受取手段の多様さは，顧客にとっての利便性の程度に影響を及ぼしていると考えられるが，ネットスーパー側にとっても，留置きサービスの導入によって計画的な配送ができ，コスト削減につながる可能性がある[20]。

(4) 配達時間帯

配送時間帯は，顧客が商品を受け取れる時間帯を表している。表2を見ると，SEIYU.comがもっとも長い配送時間帯を提供しており，朝8時から21時までの13時間を設定しているほか，楽天マートについても朝9時から21時までの12時間を設定している。こうした配送時間帯の長さは，仕事を抱える世帯や共稼ぎ世帯にとって利便性が高いと考えられる。他方，イオンネットスーパーとマルエツは12〜20時となっており，午後からの受け取りを前提とした設定になっている。エブリディフレスタは朝9時から17時までを配達時間帯として設定している。さらに，何時間刻みで受取時間を指定できるかという点についても，イオンネットスーパーの2時間刻みから，楽天マートの3〜4時間刻みまで幅があることがわかる。

(5) 送料・手数料

送料・手数料は配送サービスを受ける場合の料金を表している。イオンやイトーヨーカドー，SEIYU.comといった主要小売チェーンが提供しているネットスーパーにおいては324円が多いが，マルエツの216円やエブリディフレスタの210円のように，主要なネットスーパーと比べてより低い料金に設定しているものもある。送料が無料となるオプション（買い物金額に応じた送料無料サービス）については多様性がみられる。

以上五つの主なサービスのほかにも，実店舗の有無や小売店舗のブランド，

サイトの安全性，支払い手段の多様さ，決済手段やその安全性なども，ネットスーパー利用時の顧客満足度に影響する要因として考えられる。

3-4　サービス水準とビジネスモデルの関連性

　上記のサービス水準の比較でみられるように，ネットスーパーが採用するビジネスモデルの違いとサービスの水準には関連性がみられる。中でも，最短受取時間と配達時間については，そのサービス水準はおおむね店舗型が優れている[21]。これら二つのサービスの水準は，たとえば，共働き世帯のように買い物に時間的な制約を受けるセグメントにとっては，そのネットスーパーを利用するかどうかに大きく影響すると思われる。したがって，これらのサービス水準を充実させ，対象となる顧客セグメントを取り込もうと考える場合，店舗型のビジネスモデルの採用が望ましいと考えられる。海外のオンライン・グローサリーについては，Punakivi and Saranen（2001）が，留置きの活用により，上記の二つのサービス水準を維持しつつセンター方式の採用が可能であると指摘している。しかしながら，日本においては，消費者の生鮮志向の強さと生鮮商品の鮮度維持が留置きを採用する上での障害になるとの指摘がなされている（渡邊，2014）。

　アメリカや日本におけるネットスーパーのビジネスモデルは，まずネット専業企業がセンター型のビジネスモデルを導入し，その失敗を経て，大手小売チェーンによる店舗型ビジネスモデルの導入・普及が進んだ。その後，大手小売チェーンや大手ネット専業企業により，センター型のビジネスモデルへの再挑戦が行われる，という流れとなっている。高水準のサービスを実現して運営コストが高くなる傾向にある店舗型と，サービス水準がある程度低くてもその代わりに運営コストが安くなる傾向にあるセンター型のいずれを導入するかについては，対象となる顧客のセグメントやターゲットとする市場の消費者全般の特性を見極める必要がある[22]。

4　結　語

　本章では，日本におけるネットスーパーのビジネスモデルについて，流通システムおよびサービス水準の面からその特徴を整理した。その結果，次のことが明らかとなった。まず一つ目は，日本においては店舗型配送のビジネスモデルが依然として主流であり，これは事業を行う際の参入障壁の低さや，消費者に訴求するサービス水準を比較的高レベルに設定できることが主な要因と考えられる点である。二つ目は，センター型配送のビジネスモデルは運営コストが安くなる一方で，サービス水準が低くなるリスクがあるという点である。つまり，センター型のビジネスモデルは，店舗型と比較してより多くの顧客を対象にできることや，専用設備（センター）の稼働率を高めることで受注・梱包・発送等の一連の流通業務のコストを抑え，手数料や送料といったサービス面で消費者に有利な価格設定ができるというメリットがある一方，センターの稼働率をいかに維持するかが，このビジネスモデル採用の大きな障壁となっている。たとえば，稼働率を維持するためにサービス対象範囲をより広域に設定した場合，サービス水準に影響が及び，顧客満足の面でマイナスとなるかもしれない。これら二つの点から，店舗型とセンター型のいずれのビジネスモデルを採用すべきかという判断には，高いサービス水準による利便性と配送料等の手数料の低さのうちどちらを消費者に訴求するかという，トレードオフの関係を考慮する必要があるといえよう。

　これまでのネットスーパーの研究においては，運営に関わるコストをいかに低減するかといった技術的な側面を中心に議論が展開されてきた。その一方で，サービス水準や消費者が負担する諸コストなどに対して消費者がどのようなニーズや意識を持っているのか，そして，そのような消費者のニーズに応え自社のネットスーパーを選択してもらうためにどのようなビジネスモデルの導

入が最適であるかといった，消費者行動を起点とした研究は限られている。これらの点を解明するための実証的な研究を進めることが今後の課題であるといえよう。

注

(1) 日本においては，インターネット・スーパーマーケット（Internet Supermarket）を略し，ネットスーパー（Net Super）と呼称されることが多いが，この呼称は日本独特のものである。欧米をはじめ海外市場においては，一般にOnline GroceryあるいはE-Groceryと呼称されることが多い。そのため，海外において展開されているネットスーパーに対しては，日本ではオンライン・グローサリーあるいはオンライン食料雑貨店と呼称されることがある（たとえばKotler and Keller, 2006: 邦訳 p. 618）。本章では，日本国内で展開されている事業については日本において一般に使われているネットスーパーの呼称を，海外で展開されているこれらの事業についてはオンライン・グローサリーと呼称することとする。

(2) オンライン・グローサリーが提供する各種サービスの水準は，国によっても異なっている。たとえば，日本におけるネットスーパーは，注文後の当日配達も可能であることが一般的であるため，「ネットスーパーとは，既存のスーパーマーケットや店舗を持たない宅配専門の業者がインターネットで注文を受け付けて，既存店舗から主に個人宅まで注文商品を即日配達する宅配サービスのこと」と定義する文献もある（経済産業省, 2013）。他方，イギリスにおいては翌日以降の配達が一般的であり，イギリスにおけるオンライン・グローサリーに関する研究では，翌日以降の配達を行うビジネスであると想定することが多い。

(3) ネットスーパーは，地域生活におけるインフラを担う多様なビジネスモデルの一つとして，店舗と自宅を結ぶバスの運行，コミュニティバス，コンビニエンスストアなどとならんで盛り込まれている（経済産業省, 2010）。また，広島地域におけるローカルスーパーであるフレスタがネットスーパー事業を始める際，少子高齢化の流れの中で，買い物難民をその顧客として取り込もうとする意図があった（清水，坂田，2012: p. 226）。

(4) Webvanは10億USドルもの損失を出して破たんし，事業は失敗に終わっている（Kotler and Keller, 2006: 邦訳 pp. 618-619）。

(5) 日本においても，2000年代初頭に，いくつかの事業者が店舗を持たない形態のネットスーパー事業に参入する事例がみられた。しかしながら，これらのうちの多くは1, 2年のうちに撤退した（後藤，2010）。たとえば，サンクスアンドアソシエイツ，ソフトバンク・インベストメント，光通信などが出資して2000年2月に設立されたe-コンビニエンスは，同社が運営するネットスーパー「おかいものねっと」の営業を，サービス開始からわずか1年で一時停止することになった（LOGI-BIZ, 2001: pp. 12-13）。

(6) McKinsey and Company（2013）によれば，2011年にフランスで行われた消費者調査において次のことが明らかとなった。通常の小売店舗（offline shoppers）での食料品・日用品の買い物において，メインとして使用する小売店があると回答した消費者の割合は84％，ないと回答した消費者の割合は16％と，ほとんどの消費者は継続利用する小売店舗があると回答した（回答者数は1,444人）。他方，オンライン・グローサリー（online shoppers）についての同様の質問では，回答の比率は逆転した。メインのオンライン・グローサリーがあると回答した消費者は36％，ないと回答した消費者は64％であり，オンライン・グローサリーは一般の食料品小売店と比較して消費者がライバル店舗にスイッチしやすい傾向が明らかとなった（回答者数は255人）。

(7) 実験的店舗として，東京都杉並区内の店舗で事業を開始している。既存店舗を注文の受付，商品のピッキング，出荷拠点として活用する店舗型モデルを採用している。翌2001年に実験的事業を開始したイトーヨーカ堂，イズミヤもほぼ同様の仕組みを採用した（後藤，2010: pp. 14-15）。

(8) たとえば，e-コンビニエンス社やバローが出資した「ネット・スーパーマーケット」は，宅配専用の大型センターを構築する，いわゆるセンター型ビジネスモデルによりネットスーパー事業を開始したが，その売り上げは伸び悩み，結果として事業を停止するに至った（後藤，2010: p. 15）。

(9) 川辺（2011）は，長期的な景気停滞の影響により，無駄な購買を抑えようとし，家に閉じこもる抑制型の消費活動，すなわち「巣ごもり消費」あるいは「イエナカ消費」が広がった点を指摘する。さらに，2008年のガソリン代の高騰，2009年の冬から春にかけて広がった新型インフルエンザや2010年の記録的猛暑がそれに拍車をかけたと説明する（川辺，2011: pp. 29-30）。

(10) この数値は，コンビニエンスストアによる宅配も含んだものである。

(11) 食品宅配市場とは，①在宅配食サービス，②惣菜宅配サービス，③宅配ピザ，④宅配寿司，⑤外食チェーン・ファストフードの宅配，⑥牛乳宅配，⑦生協の個配サービス，⑧ネットスーパー宅配，⑨コンビニエンスストア宅配，⑩自然派食品宅配の計10事業を対象と定義している。また，いずれの宅配サービスにおいても日用品，雑貨を除く食品群のみを対象としている（矢野経済研究所，2013）。

(12) とりわけ，小売側は消費者の自宅へと商品を運ぶ配送コストを負担しなければならない（Kotler and Keller, 2006: 邦訳 pp. 618-619）。

(13) たとえば，西友がネットスーパーへの実験的事業を開始した際，新たに必要となる設備はバックヤードで商品を補完する冷蔵庫程度であり，一店舗100〜200万円程度の投資で済んだ。当時，8店で展開を行えば，一日50件程度の受注で採算ラインに乗せられると考えられた（川辺，2011: p. 32）。

(14) 多くの場合，配送範囲を店舗の周辺数Kmとしていることが多い。

(15) これをエブリディフレスタでは「横持ち方式」と呼称している（清水，坂田，2012: p. 237）

(16) エブリディフレスタの配送センターにおいては,「デジタルピッキング方式」の採用により,少人数で効率的なピッキングを実現している。センター内においては,注文した顧客別のトレイがベルトコンベア場を流れ,その中に商品を入れていく。このコンベア内の作業はコンピューター管理されており,その指示通りに商品をトレイに入れて,温度管理の難しい商品ほど最後に梱包されるようになっている(清水,坂田,2012: p. 231)。
(17) Webvan は,事業開始当初は大規模なウェアハウス(配送センター)による効率的なピッキング,きめ細かな配送サービスといった点で注目を集めた。しかしながら,これらへの過剰な投資により採算への大きな不安が生じ,それが失敗への大きな原因となった。
(18) 配送センター一つあたり,年間 8 億円程度の売上を見込んでいた。
(19) 以下に挙げる具体例は,2014 年 6 月時点において公表されているものである。
(20) たとえば,Punakivi and Saranen(2001)を参照。
(21) 店舗型モデルを採用するイトーヨーカドーでは,1 日に 10 通りという細かい受取時間帯の設定が可能であるが,カバーエリアの広いセンター型ではこのようなきめ細かいサービス水準の維持は難しい。カバーエリアをより狭くする場合,センターの維持が困難になるためである(渡邊,2014: p. 89)。
(22) とりわけ,日本においては送料や手数料など,その商品以外に発生する費用に対して抵抗感が強いとの指摘がある。生活協同組合(生協,コープ)は,ネットスーパーに比較すると簡素なサービス水準であるにもかかわらず,その売上高は伸び続けている(後藤,2010: p. 15)。そして,そのシェアはネットスーパー全体と比較しても非常に高いものとなっている(矢野経済研究所,2013)。

第8章
ネットスーパー選択の決定要因
―― 首都圏における消費者アンケート調査 ――

> **要約**
>
> 　日本の消費者がネットスーパーのサービスを選択する際の，選好を決定する主要素を特定する。消費者を引きつける要因を特定するために，400人以上を対象に首都圏（東京都，横浜市，さいたま市，千葉市）を含む地域で消費者アンケート調査を行った。その上で，選択されたオンライン食料品小売業者に関する消費者選好における，サービス特性の重要度を評価するために，コンジョイント分析を採用した。調査結果によると，消費者がもっとも重視するのは「送料」であり，次に重視するのが利用可能な「配送時間帯」および「受取方法の多様さ」であることが示された。もっとも重視されていないことは，「注文から，注文品を顧客が受け取るまでの期間（リードタイム）の短さ」であった。また，これらの選好順位は，ネットスーパーにおいては，配送料および配送時間帯の広さに優位性を持つセンター型配送モデルの競争優位性が示唆されるものとなった。

1 はじめに

　近年の先進国および一部の新興国におけるオンライン・グローサリー（ネットスーパー）市場の急速な拡大によって，この有望なマーケットの特徴を明らかにする必要性が高まりつつある。インターネットを取り巻く技術面に関していえば，各国間の違いは小さい（Hasan and Ditsa, 1999）。しかしながら，それぞれの国における文化や社会的環境の違いは大きく，このことは各国でのe-ビジネスモデルや効果的な戦略の立案に影響を与えており，それぞれの国の消費者特性に応じた戦略が必要となる（Ogawara and Zhang, 2003）。しかしながら，日本のネットスーパーおよびその消費者の特徴に関して取り組んだ実証的分析はほとんど行われていない。加えて，ネットスーパーへの消費者意識に関する研究のほとんどは，アジア市場ではなく欧米地域を対象として行われている。したがって，日本におけるネットスーパーに関する消費者行動の特徴を調査・分析することは，アカデミックのみならず，このセクターで世界規模の拡大を追求する投資家や経営者の参考になるものであると思われる。

　本章では，これまで実証的分析が手薄であった，「日本の消費者における，ネットスーパーを選ぶ際の選好決定要因」を特定する。また，ネットスーパーに関わる小売業者がマーケティング活動で競争優位性を得るための主要因を探り，日本におけるこの新市場の将来を予測したい。

　本章の構成は以下のとおりである。第2節では，過去の研究を再検討し，日本の消費者におけるネットスーパー選択に関する，仮説および実証的モデルを提示する。第3節では，データおよび方法論について論ずる。第4節では，実証結果を提示する。最後に第5節では，実証分析の結果を考察する。第6節では結びを述べる。

2　先行研究および仮説設定

　ネットスーパーは，提供するサービスに関して従来の食料品スーパーマーケットと違いがある。ネットスーパーを運営する小売業者は，従来は消費者が行っていた購買行動（店内を歩き回って商品を選び，購入した商品を袋に詰めて家へ持ち帰るなど）に関わる必要がある。オンラインサービスの最大のセールスポイントは利便性であるため，価格の手頃さのみならず，優れた配送システムがオンラインによるスーパーマーケットの成功の鍵を握る（Duffy and Dale, 2002; Kinsey and Senauer, 1996; Ogawara and Zhang, 2003）。Punakivi and Saranen (2001) は，オンラインショッピングに関わる企業への顧客満足および収益性に影響する，いくつかのサービスを次のように提示している：注文期限，配送時間（同日・翌日配達），受取システム（有人受取や宅配ボックスを利用した無人受取），配達時間帯。日本のネットスーパーにとって，これらの四つのサービス要素は消費者にもっともアピールできる主要なビジネス特性であり，小売業者間の競争基盤の大きな部分を占めている（後藤，2010）。

　各サービス要素のレベルは，ネットスーパーに対する消費者の評価に好影響をもたらす可能性がある。これに基づき，以下の仮説が提示される。

　　仮説1：配送時間要因は，顧客満足に正の影響がある。
　　仮説2：受取方法要因は，顧客満足に正の影響がある。
　　仮説3：配達時間帯要因は，顧客満足に正の影響がある。

　送料は，オンラインショッピングのサービスに対する顧客の評価に影響を与える。一部の研究では，戦略的マーケティングの変数として，「送料あり」のオプションと「送料無料」のオプションによる影響を調査した（Becerril-Arreola, et al., 2013; Gümüş, et al., 2013; Jiang, et al., 2013; Ogawara and Zhang, 2003)。Liu, et al. (2013) の研究では，台湾との比較で，配送手数料が日本の消費者の購入意思に格別に大きな影響を与えているという結果が出た。この傾向は，ネットスーパー分野にも当てはまるとみなされている（後藤，2010）。さらに，消費者調査レポート（マイボイスコム，2013）やこの研究の過程で行われたインタビュー調査でも，多くの消費者が無料配送オプションを要求していることが示されている。こうした研究に基づき，以下の仮説が提示される。

　　仮説4：送料要因は，顧客満足に正の影響がある。

　消費者の観点からすると，ネットスーパーによる宅配サービスは，物理的および／または時間的制約のために通常のスーパーマーケットや食料品店での買い物が困難である消費者に対して，その利便性を改善するものである（Morganosky and Cude, 2000）。ネットスーパーは，食料品を購入する時間がないひとり親家庭のような消費者，乳幼児のいる家庭，共稼ぎ家族，高齢者，身体障害者など，外出が困難な消費者により優れた利便性を提供することができる（後藤，2010，洪，2013）。このため，多くの日本のネットスーパーに関わる小売業者は，買い物が困難なこのような消費者にとって，特に宅配サービスを利用するニーズが高いものとしばしば考えてきた（清水，坂田，2012）。ネットスーパーは，通常のスーパーマーケットにはない利便性を提供し，その対価として支払いを受けている。アンケート調査を行う調査機関も同様の傾向をみいだしている。消費者は高い割合で，次のような具体的利点を提供するネットスーパー・サービスを評価している：長時間営業（全回答者の18.4％），配送サービス（54.4％），買い物時間の節約（34.8％）（マイボイスコム，2013）。
これらの研究に基づき，以下の仮説が提示される。

　　仮説5：消費者は，配送料金に関する要因よりも利便性に関する要因を重視する。

消費者は，配送サービスの利用者／非利用者などいくつかの特性に基づいて分類することができる。あるアンケート調査によると（マイボイスコム，2013），消費者が過去にネットスーパーを利用した経験の有無は，サービス要素に対する認識と，各種ネットスーパーの各種サービスに関する相対的な重要性に影響している。また，本研究において行われたインタビュー調査で，幾人かの消費者は複数のネットスーパーサービスを，そのサービスの良しあしに応じて「並行して」，「使い分け」て利用していると回答している。

このことに基づき，以下の仮説が提示される。

> 仮説6：顧客によるネットスーパーの利用経験の差異が，要因の重要性の相対的順位に影響する。

オンライン食料品業者を選ぶ際に特徴的となる要因は他にもある。「利用しやすさ」が，ネットスーパー利用における最大の関心事として浮上している（Freeman, 2009）。効率性，システムの利用可能性，ウェブサイトのプライバシーなどの使いやすさに関連したe-サービスの品質レベルは，知覚価値のレベル（Marimon, et al., 2010），ストア・ロイヤルティ，実店舗網の信頼性（Nicholls, et al., 2003），支払方法（Nicholls, et al., 2003），生鮮食品の品質保証などの要因と正の相関がある（Ogawara, et al., 2002）。

3　データと方法論

3-1　方法論

ネットスーパーサービスに関する消費者選好についての，選択されたサービ

ス要素の相対的重要性を評価するために，完全プロファイル評定型コンジョイント分析を使用する。これは，Luce and Tukey（1964）により基本的なアイディアが構築され，Green and Rao（1971）により開発された方法である。この方法により，回答者の答えを利用して，もっとも好ましい仮想のネットスーパーサービスの組み合せを特定することができる（朝野，2000；岡本，1999；真城，2001）。

この分析方法には以下のような利点がある。まず，消費者が前述の要因を認識していない場合がある。この方法により，消費者が考えていることや各種要素をどう順位付けるかを特定できるだけでなく，サービス要素と消費者が優先する要素との間で優先順位が入れ替わるかどうかも判断できる。

本研究では，回答者の情報処理能力の限界（Miller, 1956）を考慮しつつ，調査結果や日本のネットスーパー関係者および消費者とのインタビューに基づき，ネットスーパーサービスに特徴的な四つの特色について分析した。また，各要素の仕様（コンジョイント分析においては水準，レベルなどと呼ばれる）を設定した（表1）。

1 配送時間要因：配送時間要因は，4時間と2時間の二つの仕様に分けられる。本要因は，顧客が注文後〜商品を受け取るまでのリードタイムの長短を表している。

2 受取方法要因：受取方法要因は，次の二つの仕様に分けられる。すなわち，「（玄関先での）手渡し」のみか，「手渡しまたは宅配ボックス（消費者はどちらかを選択可）」である。本要因は，顧客が商品を受け取るための方法の多様性を表している。

表1 ネットスーパーサービスの要因と水準（レベル）

ネットスーパーの サービス要因	サービス水準		
	水準1	水準2	水準3
配送時間	a)4時間	b)2時間	
受取方法	手渡し	手渡しまたは 宅配ボックス	-
配達時間帯	14〜20時	11〜21時	8〜24時
配送1回あたりの送料 （無料オプション）	315円	315円 （5,000円超で無料）	315円 （1,000円超で無料）

3　配達時間帯要因：配達時間帯要因は，次の三つの仕様に分けられる。14〜20時，11〜21時，8〜24時。

4　送料要因：送料要因の仕様は，無料配送オプションを含む注文ごとの送料に分けられ，無料配送を含む。送料315円，無料配送オプションなし；315円および無料配送のオプション，5,000円以上の購入で送料無料；315円および無料配送のオプション，1,000円以上の購入で送料無料。

以上の配送オプションを設定した理由は次の2点である。第1に，無料配送オプションの効果を明確にするために，料金設定を統一する必要がある。第2に，この送料範囲は，ほとんどの日本の消費者の間で認知度が高い。2014年4月現在において，主要食料品小売業者11社では105〜525円の範囲で送料を設定しており，日本における主要なネットスーパーの60％以上（7社）で315円を超えた送料設定を行っている。

3-2　プランカードの組み合せ

本研究で行われた調査では，上記の組み合せのすべてについては提示しなかった。上記の要因を考慮すると，可能な組み合せは36（2×2×3×3）通りあり，1人の回答者にとっては著しく多い。組み合せ数を11に減らすために，フィッシャーの実験計画法における，直交計画を使用した（表2）。このプロセスは，IBM SPSS Conjoint（バージョン19）で行われている。

各回答者は以下の質問を提示された。

「ネットスーパーのお店を選択しようとする際，その店に四つの特色があると想像してみてください。提示されている四つの特色に基づき，そのネットスーパーを選ぶ可能性がどれくらいあるかを回答してください」。回答者は説明を受けた後，「このネットスーパーを選ぶ可能性はどれくらいあるか述べてください」と尋ねられた。

回答者は，「このネットスーパーを選ぶ」から「このネットスーパーを選ばない」までの5段階評価を基に，各ネットスーパーへの評価を求められた。

表2 コンジョイント調査のプランカード

プラン カード番号	配送時間	受取方法	配達時間帯	配送一回あたりの送料 (無料オプション)
No. 1	2時間	手渡しまたは宅配ボックス	11〜21時	315円
No. 2	2時間	手渡しまたは宅配ボックス	8〜24時	315円 (5,000円超で無料)
No. 3	4時間	手渡しまたは宅配ボックス	14〜20時	315円 (5,000円超で無料)
No. 4	2時間	手渡し	14〜20時	315円 (1,000円超で無料)
No. 5	4時間	手渡し	11〜21時	315円 (5,000円超で無料)
No. 6	4時間	手渡し	8〜24時	315円
No. 7	2時間	手渡しまたは宅配ボックス	11〜21時	315円 (5,000円超で無料)
No. 8	2時間	手渡しまたは宅配ボックス	8〜24時	315円 (1,000円超で無料)
No. 9	2時間	手渡しまたは宅配ボックス	14〜20時	315円
No. 10	2時間	手渡しまたは宅配ボックス	14〜20時	315円 (1,000円超で無料)
No. 11	4時間	手渡し	14〜20時	315円 (1,000円超で無料)

この分析の消費者行動モデルは,等式(1)により構成される:

$$Utility = \beta_0 + \begin{cases} \beta_{D_1} \times D_1 \\ \beta_{D_1} \times D_1 \end{cases} + \begin{cases} \beta_{R_2} \times R_1 \\ \beta_{R_2} \times R_2 \end{cases} + \begin{cases} \beta_{B_1} \times B_1 \\ \beta_{B_2} \times B_2 \\ \beta_{B_3} \times B_3 \end{cases} + \begin{cases} \beta_{S_1} \times S_1 \\ \beta_{S_2} \times S_2 \\ \beta_{S_3} \times S_3 \end{cases} \quad (1)$$

消費者がネットスーパーを選択する際,消費者は選んだ特色のオプションによる効用(Utility)を,最大化しようとするものと推定される。

このモデルでは,配送時間($D_1 = 2h$, $D_2 = 4h$),受取方法($R_1 =$ 手渡し,$R_2 =$ 手渡しまたは宅配ボックス),配達時間帯($B_1 = 14〜20$時,$B_2 = 11〜21$時,$B_3 = 8〜24$時),送料($S_1 = 315$円(無料配送オプションなし),$S_2 = 315$円(5,000円超で無料),$S_3 = 315$円(1,000円超で無料)が顧客の効用に影響を与える要因となっている。そして,β_{D1}とβ_{D2},β_{R1}とβ_{R2},$\beta_{B1} \cdot \beta_{B2} \cdot \beta_{B3}$と$\beta_{S1} \cdot \beta_{S2} \cdot \beta_{S3}$は,各

要因の係数を意味する。要因は，高／低水準（レベル）のサービスオプションを持つものとして次のように分類される。配送時間に関しては，対応時間 4 時間は低レベルの対応であり，2 時間は高レベルの対応である。受取方法に関しては，顧客が手渡しでしか受け取れないことは低レベルのサービスであり，顧客が手渡しまたは宅配ボックスを選択できることは高レベルのサービスである。配達時間帯に関しては，対応する配達サービス時間帯が 14〜20 時であれば低レベル，11〜21 時であれば中レベル，8〜24 時であれば高レベルである。送料（無料オプション）に関しては，315 円は低レベル，315 円（5,000 円以上で無料）は中レベル，315 円（1,000 円超で無料）は高レベルを意味する。

各要素の平均重要度は式（2）により算出される。

$$I_i = \frac{B}{B_D + B_R + B_B + B_S} \times 100 \qquad (2)$$

このモデルでは，I_i が要素 i の平均重要度であり，B_i は i の係数の効用値域である。$i = D, R, B$ および S の下付き文字は，それぞれ配送時間，受取方法，配達時間帯，送料を意味する。これは各要素の影響の度合いを示し，百分率（合計 100%）で表される。

3-3　データ：首都圏の消費者へのアンケート調査

オンラインでの食料品購入に関する消費者アンケート調査を，2013 年 5 月 31 日〜6 月 10 日に実施した。当アンケート調査が行われた地域には，東京，神奈川，千葉，埼玉の 4 都県が含まれる。これらの都県はいわゆる首都圏に所在する。調査はインターネットによるアンケートの形式をとった。

アンケート調査の内容は次のとおりである。まず回答者は，性別，年齢，居住地域などの人口動態変数について質問される。次に回答者は，前述の説明を受けた上で，オンライン食料品販売サービスの要素を組み合せたリストを提示され，それぞれのネットスーパーに対する利用意向を回答する。

統計データの詳細は表 3 に要約されている。回答者の合計人数は 1,117 人

表3 アンケート調査回答者の人口動態プロフィール（N = 415）

変数		人数	割合（%）
性別	男性	163	39.3
	女性	252	60.7
年齢	20～29	48	11.6
	30～39	116	28.0
	40～49	106	25.5
	50～59	59	14.2
	60～69	72	17.3
	70歳以上	14	3.4
世帯規模	1	62	14.9
	2	113	27.2
	3	113	27.2
	4	96	23.1
	5人以上	31	7.5
一番下の子の年齢	0～1	8	1.9
	2～3	23	5.5
	4～5	8	1.9
職業	会社員	148	35.7
	会社幹部	4	1.0
	公務員	9	2.2
	自営業者	24	5.8
	非正規社員	44	10.6
	専門職	9	2.2
	学生	7	1.7
	専業家事従事者	132	31.8
	無職，その他	38	9.2
地域	東京都（23区）	228	54.9
	横浜市	133	32.0
	さいたま市	30	7.2
	千葉市	24	5.8

（アンケートへの回答を要請された人の数は 3,000 人）であった。全てのアンケート調査に回答した，415 人の回答者のサンプルを利用した。そのうちの 39.3%は男性（N = 163），60.7% は女性（N = 252）であった。この男女の人数の相違には，多くの日本の家庭で食料品の購入は女性の仕事になっているという事実が反映していることが考えられる。このセグメントはネットスーパーにとって重要であると考えられる（Ogawara and Zhang, 2003）。他のアンケート調査（清水，坂田，2012；マイボイスコム，2013）によると，多くのネットスーパーの利用者は

女性である。したがって，この回答比率はネットスーパーの利用者層の実際を反映しており，本研究に用いるデータとして適切であると考える。

4　分析結果

4-1　回答者全員からの分析結果

このモデルの結果は，IBM SPSS Conjoint（バージョン19）により算出された。回答者全員の実証結果は表4に示されているとおりである。

このモデルにより予測される値と回答者の評価スコアの相関係数を示す「ピアソンのR」により，このモデルの有効性を検討することができるが，その数

表4　回答者全員からの分析結果（N = 415）

要素	レベル	推定値 効用	標準偏差	重要度（%）
配送時間	4時間	-0.032	0.039	10.630
	2時間	0.032	0.039	
受取方法	手渡し	-0.099	0.039	13.564
	手渡し／宅配ボックス	0.099	0.039	
配達時間帯	14〜20時	-0.080	0.052	18.558
	11〜21時	0.036	0.052	
	8〜24時	0.044	0.052	
配送1回あたりの送料	315円（無料オプションなし）	-0.671	0.052	57.248
	315円（5,000円超で無料）	-0.233	0.052	
	315円（1,000円超で無料）	0.904	0.052	
定数	-	3.031	0.041	
ピアソンのR	0.997	有意確率	0.000	
ケンドールの順位相関係数	0.944	有意確率	0.000	

値は高い (0.997) ものであった。加えて，部分効用値の計算結果の信頼性を示す「ケンドールの順位相関係数」も高く (0.944)，回答者の回答傾向とコンジョイント分析のモデルとの整合性が高いことを示している。

ピアソンのRおよびケンドールの順位相関係数は，非相関を検討する際の有意水準に関連している。両者ともに有意であると見られ (sig. < 0.000)，モデルは有意であることが示されている。

次に，ネットスーパーの配送時間が消費者の効用値に与える影響について検証した。結果は，消費者の効用値に対して，低いサービスレベル (4時間) に負の効果 (−0.032) がある一方，高いサービスレベル (2時間) には正の効果 (+0.032) があった。これらの結果は仮説1を裏付けるものである。しかし，配送時間が効用値に与える影響は，効用値に対するこの要因の平均的重要性が最小 (10.630%) であることが証明するとおり，比較的小さい。したがって配送時間は，消費者効用に大きな影響を与えることはない。

次に，消費者効用に対して受取方法が及ぼす効果を検証した。高いサービスレベル (手渡し／宅配ボックスの選択が可能) は，消費者効用に正の効果 (+0.099) を及ぼす一方，低いサービスレベル (手渡しのみ) は，負の効果を及ぼしている。これらの結果は仮説2を裏付けるものである。しかし，効用に与える影響は，あるとしても低い。つまり，受取方法の平均的重要性は要因の中で2番目に小さい (13.564%) ため，受取方法という要因は消費者効用に大きな影響を与えることはないと考えられる。

次に，配達時間帯が消費者効用にもたらす効果を見る。「高いサービスレベル (8〜24時)」は，消費者の効用に+0.044の影響をもたらす。「中間のサービスレベル (11〜21時)」の値は+0.036であり，サービス効果に及ぼす影響が小さいことを示している。「低いサービスレベル (14〜20時)」には負の影響 (−0.080) がある。この研究結果は仮説3を裏付けるものである。この要因全体の平均的重要性は18.558%であり，この要因に関する消費者効用の重要度は2番目に大きい。

さらに，無料配送オプションが消費者効用に及ぼす効果について検証した。

結論を先取りすると，消費者効用に無料配送オプションが及ぼす効果はきわめて重要である。配送オプションのレベルが高い（315円，1,000円超で無料）場合，効用への影響は正である（+0.904）。中間レベルの配送オプション（315円，5,000円超で無料）による影響は，負である（-0.233）。また，無料オプションがない場合（315円）には負の影響がある（-0.671）。この要因全体の平均的重要度は57.248％であり，この全ての要因の中でもっとも重要性が高い。この研究結果は仮説4を裏付けるものである。しかし，この要因の重要性は50％を超えており，仮説5は支持されない。

4-2 ネットスーパー利用者の分析結果

本研究ではまた，ネットスーパー利用者の分析結果も検証している。この分析の結果を表5に示す。

このモデルのピアソンのR（0.997）とケンドールの順位相関係数（0.944）は

表5 ネットスーパー利用者の分析結果（N =97）

要素	レベル	推定 効用	標準偏差	重要度（％）
配送時間	4時間	-0.037	0.037	12.612
	2時間	0.037	0.037	
受取方法	手渡し	-0.071	0.037	12.388
	手渡し／宅配ボックス	0.071	0.037	
配達時間帯	14〜20時	-0.081	0.049	21.723
	11〜21時	0.016	0.049	
	8〜24時	0.085	0.049	
配送1回あたりの送料	315円（無料オプションなし）	-0.737	0.049	53.277
	315円（5,000円超で無料）	-0.025	0.049	
	315円（1,000円超で無料）	0.763	0.049	
定数	-	3.343	0.039	
ピアソンのR	0.997	有意確率	0.000	
ケンドールの順位相関係数	0.944	有意確率	0.000	

高く，それぞれ有意であり（sig. ＜ 0.000）。このモデルは有意であると言える。

　調査結果では，配達時間の「低いサービスレベル（4時間）」には消費者効用に対する負の効果があり（－0.037），一方で「高いサービスレベル（2時間）」では正の効果（＋0.037）があった。この要因の効用に対する平均的重要性は，要因の中で2番目に小さい（12.612％）。

　受取方法が消費者効用に及ぼす効果に関して，「高いサービスレベル（手渡し／宅配ボックスの選択が可能）」は，消費者の効用に正の影響を及ぼす（＋0.071）一方，「低いサービスレベル（手渡しのみ）」は，消費者の効用に負の影響を及ぼす（－0.071）。これは平均的重要性がもっとも小さい要因（12.388％）である。

　配達時間帯が消費者効用に与える影響について見ると，「高いサービスレベル（8〜24時）」は消費者効用に＋0.085の影響を与える。「中間レベル（11〜21時）」の値は＋0.016であり，高いサービスレベルとそれほど差がないことが示されている。「低いサービスレベル（14〜20時）」は負の影響（－0.081）を与える。この要因の平均的重要性は21.723％であり，重要性の度合いは2番目に高い。

　無料配送オプションが効用に及ぼす効果は，こちらの分析結果でも大きいものとなっている。配送オプションが高レベル（315円，1,000円以上で無料）の場合，効用への効果は正である（＋0.763）。中間レベル（315円，5,000円以上で無料）の場合，影響は負である（－0.025）。さらに，無料オプションがない（315円）場合の影響も負である（－0.737）。この要因の平均的重要性は53.277％であり，この要因の重要性の度合いはもっとも高い。

　このモデルからは，過去の研究結果と類似した結果が得られた。すなわち，この分析は回答者全員に関する結果と類似し，送料の重要性が利便性の重要性よりも高いことを示している。しかし，受取方法の優先順位はもっとも低く，配送時間の優先順位は下から2番目であり，消費者選好の順位は異なっている。回答者全員の選好順序が異なるという結果は，仮説6が裏付けられることを示している。

5 考 察

　研究結果からは，回答者が利便性要素よりも費用要素を重視することが示された。オンライン食料品サービスのマーケティングでは，利便性が依然として重要な訴求点となっているものの，ほとんどの消費者は利便性という特色にあまり興味を示していないと言える。この結果は，過去の研究（後藤，2010；Liu, et al., 2013）および主要小売業者のマーケティング戦略と一致している。日本の生活協同組合（co-op）は，オンラインの食料品注文が参入する以前から宅配サービスを提供している。co-op のサービスは，注文（電話またはオンライン）から配達まで最短で1週間を要している。しかし，送料は極めて安く（80〜180円），無料配達オプションもある。このサービスは他のオンラインサービスよりも利便性に関して劣るが，売上高は継続的に伸びており，2010年には店頭売上高を上回っている（帝国データバンク，2011）。

　後藤（2010）によると，イギリスの消費者と比較して日本の消費者は高額の送料負担を重く見る。つまり，この要素が食料品のオンラインショッピング普及の妨げとなっているということである（後藤，2010）。日本の消費者の選好に対応するためには，現在，一般的である店舗型配送モデルに代わるセンター型配送モデル（または，流通センターモデル）が必要となる可能性がある。モデルの変更により，ピッキング・コスト面で抜本的に改善がなされるためである。しかし，センター型配送モデルには相当額の投資が必要である（Kämäräinen, et al., 2001）。先行投資が必要であることを背景に，オンライン小売業セクターの集中度が一層高くなる可能性がある。日本の小売業セクターは中小企業の存在が特徴的であるが，センター配送モデルが導入されると，ネットスーパー・セクターの特徴が大幅に変化する可能性が高い。同セクターにおける3大企業のシェア（西友，イオングループ，セブン＆アイ・ホールディングス）はすでに85％

に達しているが，通常の小売チェーン店セクター（主にスーパーマーケット）での3大企業による集中度は10％未満（2012年）であり，著しい違いがみられる（野村総合研究所，2012）。Dana（1998）が指摘するように，スーパーマーケット実店舗における大規模小売業のシェアは比較的小さく，中小企業（SME）が同セクターの相当部分を占めていることが日本の大規模小売業の特徴であったが，ネットスーパーにおいては状況が異なっているのである。さらに，IPSOS（2013）によると，アジア地域の消費者は北米に次いで世界で2番目に送料に敏感である。本研究の結果が日本固有のものかどうかについては，さらなる検討が必要である。

　リードタイムの短さは，全ての要因の中でもっとも低い評価であった。オンラインの購入は主に前もって計画されるものであるため，対応と配送の速さを消費者は重視していないことが考えられる。宅配ボックスを利用できるか否かについても，回答者全体およびネットスーパー利用者いずれの場合においても優先順位が高くなかった。したがって，経営者は費用の節減（すなわち，消費者が受取りのために在宅しなくても，予定された商品の配達を確保できる）と，必要な設置費のバランスを考慮する必要がある。利用者からの評価を得られていないことが，宅配ボックスシステムがいまだに人気を得ていない理由であると考えられる。

　本研究で検証された全ての要素のうち，配送料に次いで消費者が重要視したのは配送可能な時間の長さである。日本では，小売業態のほとんどの営業時間は長い（Nagayama and Weill, 2004）。長い営業時間は，時間のない共働き家庭の消費者にとって特に魅力的である。オンラインショップは24時間営業であり，来店のための時間が不要であることなどから，実店舗では実現できない利便性を提供できると思われる。

6 結　論

　本研究では，ネットスーパーに対する消費者の特徴および選好の特定，オンライン食料品業の運営成功の鍵を握る要因を明らかにすることを試みた。
　この目的のもと，ネットスーパーのサービス提供に関する特定の主要素について，消費者選好のモデルと仮説を構築した。分析結果によると，消費者は，他の利便性要素ではなく「送料要因（送料無料）」をもっとも重視することが示されている。2番目に重要な要素は，「配達時間帯」と「受取方法」であり，速達配送の重要性の順位は最下位であった。
　これらの結果は，ネットスーパー利用時における消費者の購買行動のみならず，将来的に最適となる流通構造を示すものである。日本のオンライン食料品販売業者は，他のサービスレベルを維持しつつ，ピッキング・配送費用削減に力を入れる必要がある。費用削減のためには大型の先行投資が必要であるが，このことを背景として，オンライン食料品市場が寡占構造となる可能性がある。
　しかしながら，本研究にはいくつかの限界がある。研究対象の地域は，日本有数の発達した人口密集地帯であり，サンプルに制約がある。これらの要素を受け，将来的な研究では，より広範な人口動態要因について考慮する必要がある。
　また，もう1点未解決の問題がある。本研究結果が他のアジアの先進都市（シンガポール，北京や上海など），近代化の過程にある都市，日本およびアジア以外の移行経済国にどの程度適用可能であるかということである。以上が将来的に重要な研究テーマである。

第9章

買い物弱者（買い物難民）と小売業態

> **要約**
>
> 　日本の高齢化が進む中，国内のあらゆる規模の小売業者は，この新たに台頭してきた高齢者市場セグメントのニーズを満たす新しい小売ビジネスモデルの構築に取り組んでいる。本章では，現在発展の初期段階にある新しい食料品・日用品小売サービスの選択における日本の消費者の選好を明らかにするための仮説構築を目的としている。消費者の選好に影響を与えうる要因としては，(1) 小売業態，すなわち従来の店舗型販売に近似した業態か否かという要因，(2) サービス提供の際にかかるコスト，(3) サービスを利用できる頻度，といった要因が挙げられる。これらの要因のうちどれを重要視し，どれを重要視しないかといった点は，消費者のデモグラフィックのみならずサイコグラフィック変数により左右されることが考えられる。これらを明らかにすることは，小売業者に今後の日本消費者の買い物に対する姿勢を示唆するとともに，食の砂漠（food deserts：フードデザート）において有効なマルチ・チャネル構築戦略の手掛かりとなると考えられる。

1 はじめに

　過去10年程にわたり，多くの先進国の社会で，高齢者の増加に伴う人口構造の変化が見られる。この変化によって新しい高齢者市場セグメントが創り出され，固有のマーケティング戦略が必要となっている（Chand and Tung, 2014）。高齢者市場セグメントは今後巨大な規模になることが見込まれており，またこのセグメントにおける消費者は，これまでの消費者とは異なる購買行動や購買意識を示すことが予想され，小売業界にはこのセグメントを早急により深く理解することが必要となっている（Hare, 2003）。日本は，高齢化が世界一急速に進む国の一つであり（内閣府，2014; Goldstone, 2010; Sakai, et al., 2000），それに伴う小売市場の状況は激変し，高齢者市場セグメントの重要性が浮き彫りになっている（新日本スーパーマーケット協会，2014）。

　それらの高齢者市場セグメントにおいては，「買い物弱者（あるいは買い物難民）」といわれる人々の出現やその数の増大が，最近大きな注目を集めている。このセグメントについてはさまざまな定義がされているが，大きくは日常の買い物において，何らかの支障を感じている人々といったものがある。公的機関の推計によれば，このセグメントの総数はおよそ600万人程度と見込まれている（経済産業省，2011; 農林水産省政策研究所，2012）。しかし，この規模については研究者の推計方法やその定義によりさまざまな数値がみられている。こうした人々が住む地域は，イギリス，アメリカ，カナダ等先進諸国では「食の砂漠（food deserts: フードデザート）」と呼ばれている（Blanchard and Lyson, 2002; Cummins, et al., 2004; Guy, et al., 2004; Huang, et al., 2012; Larson, et al., 2009; Morton and Blanchard, 2007; Mulangu and Clark, 2012; Myers and Lumbers, 2008; Shaw, 2006; Wrigley, et al., 2003）。こういった地域に暮らす人々は，いくつかの理由から従来型の食料雑貨店へのアクセスに数多くの問題を抱えているのである（Ishiguro,

2014; Pine and Bennett, 2014; Widener, et al., 2012)。こうした状況はビジネスチャンスと社会政策的要請の両方を示している (Ishiguro, 2014)。ビジネスという観点からは，高齢者や従来型の食料雑貨店の利用を制約されている人々に買い物サポートサービスを提供することで，収益を上げることが可能になると考えられる（経済産業省, 2011）。

すでに一部の組織やあらゆる規模の小売業者がさまざまな新しい小売ビジネスモデルを構築し提案している（北原，他，2012; METI：経済産業省, 2011）。その一つがインターネットや電話を使った宅配買い物サービスである。その他に，移動販売型の食料雑貨店や店舗への送迎バスサービスが挙げられる。こうしたモデルの大半は現在まだ試行段階にあるが，すでに一部のモデルについては成否の報告がなされている（METI：経済産業省, 2011）。しかし，この買い物へのアクセスが難しい消費者に関する研究や，「食の砂漠（food deserts：フードデザート）」に暮らす人々に買い物の機会を提供する方法に関する実証的な研究は，北米やイギリス，また一部の欧州諸国で行われてきているが，日本やその他のアジア諸国ではそういった研究の数がきわめて少ない。

本研究は，日本の消費者が新しい小売ビジネスモデルやサービスを選択する際の選好を決定付ける主要要因を抽出し，実証研究を行う上での仮説構築を行うものである。

2 日本における買い物弱者：その背景と小売サービス

2-1 買物弱者の定義

買い物弱者とは，研究論文や調査報告書の中でさまざまな定義がなされており，決まった定義は存在しないとされる（北原，他，2012: p. 3）。「買い物弱者」

182　第Ⅲ部　リテール・イノベーション

の定義の例としては，経済産業省（2011）がある。この報告書においては，買い物弱者とは「住んでいる地域で日常の買い物をしたり，生活に必要なサービスを受けたりするのに困難を感じる人たちのこと（p. 2）」を指すとしている。また，それとは異なった経済産業省による別の報告書（「地域生活インフラを支える流通のあり方研究会報告書」）によれば，買い物弱者とは，「流通機能や交通網の弱体化とともに，食料品等の日常の買い物が困難な状況に置かれている人々（経済産業省，2010b: p. 32）」のことである。類似の報告書や研究をもとに「買い物弱者」とはどのような人々であるのか，要約すれば，買い物弱者とは「日用品・食料品の購入に対して，何らかの不便を感じている消費者」ということができる。

2-2 「買い物弱者」の規模について

上記に述べた「買い物弱者」がどの程度日本において存在するかについては，公的機関やその他の調査機関，そして研究者により意見が分かれている。買い物弱者の定義の違いや推計の方法が異なっていることから，その数値には幅がみられる。ここでは，経済産業省（2010b）による推計，および薬師寺，高橋（2012）による推計ついて，その内容を紹介する。前者において試みられた推計では，「買い物弱者」の規模は600万人程度であるとしている。その計算方法としては以下の通り。内閣府が行った生活者に対するアンケート調査「高齢者の住宅と生活環境に関する意識調査結果（平成17年度）」の調査において，「日常の買物に不便を感じている」と回答した60歳以上の高齢者が16.6％であることに注目し，全国の高齢者数にそれを掛け合わせることによってこの数値を算出している（経済産業省，2010b: p. 32）。薬師寺，高橋（2012）による調査報告においては，「自宅から500メートル以内に生鮮食料品店がなく」，かつ「自家用車を所有していない」，「65歳以上の高齢者」の数について見積もっており，その規模は全国において約350万人であると推計した。これは，「平成19年商業統計メッシュデータ」，「平成17年国税調査地域メッシュ統計」により，日本全国の

人口分布と食料品小売店との位置関係を算出してその数値を推計している。この報告書によれば，店舗までの距離が500メートル以上で，自動車を持たない人口は，食料品販売店舗までの場合で260万人（総人口の2.1％），生鮮食料品販売店舗までの場合で910万人（総人口の7.1％）と推計された。これを65歳以上に限ると，それぞれ120万人（65歳以上人口の4.8％），350万人（同13.5％）であった。この350万人のうち，東京圏（東京，埼玉，千葉，神奈川）は64万人で18.3％を占め，名古屋圏（愛知，岐阜，三重）は25万人で7.3％，大阪圏（大阪，京都，兵庫，奈良）は51万人で14.7％，三大都市圏を除いたそれ以外の地方圏は210万人で59.6％を占めていた（薬師寺，高橋，2012: p. 192）。

　これらの買い物弱者やその人々が居住する地域は偏在している。上記の推計から，大都市圏以外の地方において，買い物弱者の規模が大きいことがうかがえるが，とりわけ北海道地域においては深刻である。2013年6月に公表された農林水産省の調査によれば，自宅から半径500メートル以内に生鮮食品販売店がなく，自家用車も保有していない65歳人口は24万8,000人を超えており，この規模は都道府県別で最多の規模であった（激流，2013: p. 58）。また，過疎化の進む地域圏に限らず，大都市圏においても買い物のアクセスに関する問題は深刻化している。都市郊外の団地およびニュータウンにおいては，高齢化や人口減少の進展が急である。また，造成地の事情により，坂道が多いなど買い物に不便な条件があったり，地域近隣のスーパーマーケット等の食料品店の撤退によって，これらのアクセスの問題が深刻化しているエリアも存在する（経済産業省，2010b: pp. 32-33）。

2-3　買い物支援に向けた新たな小売業態について

　買い物の場やその機会を提供し，「買い物弱者」の問題を解決することは，この問題を抱える地域社会の持続可能性を高める上で，きわめて重要な課題であるといえる。ここでは，買い物弱者へのニーズを充足するため提案されているいくつかの新たな小売業態について見る。経済産業省（2011）では，消費者に対

してどのようにアプローチするかによって、これらの小売業態を3種類に分類している。すなわち、(1) 消費者（買い物弱者）が居住する場所になるべく近い場所に店舗を設けるという業態。たとえば、車両による移動販売による巡回やミニ店舗の設置といったものがある。(2) 消費者に商品を届けるという業態。宅配サービスなどの「買い物代行」、「御用聞き」的な小売サービスなど。(3) 消費者に小売店舗への移動手段を提供するというサービス。たとえば、近隣の小売店舗へのシャトルバスサービスやコミュニティバスなどの交通サービスの提供などである。

2-3-1 消費者に近い場所に店舗を設ける：小型店舗、移動販売店舗

移動手段に制限を抱える消費者に対して、より近隣に店舗を設けるという小売業態である。これは、(1) 小型店舗を設置するケース、(2) 車両を利用した移動販売による巡回販売といったケースがある。

小型店舗

これは、買い物弱者の近隣に小型の店舗を設けるというものである。これは、通常のスーパーマーケットでは採算がとりづらいような小商圏に対応する小売業態である。経済産業省 (2011) においては、それらの導入例として、YショッププJACK 大崎店、山崎店（広島県呉市ほか）、シティマーケット（全日食チェーン）、マルエツプチ（マルエツ）、過疎地コンビニ（北海道：セイコーマート）、卸売業による小規模共同配送（島根県：ディ・シィ・ディ）、ノーソンくらぶ（大分県中津市）、青研（熊本県荒尾市：中央青空企画）、やまとフレンドリーショップ（山梨県甲府市）といった八つの事例が紹介されている。シティマーケットを例に挙げると、その商圏は半径1キロ以内であり、競合店が存在しない人口3,000人程度をカバーすることを狙っている。2007年より実験的に全国10店舗程度を展開しているが、その実績が好調であったために、全国展開を今後予定している。実験店舗においては、売場面積1平方メートル当りの日商で3,000円程度となる店舗も複数あり、これは全国の食品スーパーの平均2,400円を上回る水準で

あった。

移動販売店舗

車両に日用品，食料品を積載し，簡易な店舗としての機能を与え，その車両を巡回させるという業態である。たとえば，ハッピーライナー（高知県：サンプラザ），ハーツ便（福井県：福井県民生協）などが実際に導入された事例として報告がなされている（経済産業省，2011）。

事例1：移動販売店舗「おまかせ便カケル」

コープさっぽろ（北海道・札幌市）では，道内の過疎地域において移動販売店舗「おまかせ便カケル」を展開している。2トントラックの荷台部分を店舗へと改装した専用車両を用いており，小売サービスとしては，朝10時に母店となる小売店舗を出発し，午後6時までに店舗に戻る形で担当エリアを巡回する。移動販売車は，各担当コースを週1回から3回程度巡回している。一台当たり平均で58人程度が利用しており，停車する地点は25から30ヵ所，1ヵ所の停車地点での利用者は1人か2人程度となっている。一般的な移動販売車の停車ポイントでの利用は，大体3人から5人程度であり，停車ポイントも比較的顧客が集まりやすい集会所などの地点を選ぶことが多いことから，このコープさっぽろの移動販売事業は，それら一般的な移動販売事業と比較して，きめ細かなサービスを実施しているといえる。一日の売上高目標は50人の利用で平均客単価2,000円，合計10万円を設定しており，移動販売車1台当たりの損益分岐点は8万円であるが，黒字が続いている。これは，(1) 移動販売車で扱う商品は母店となる小売店と同一の商品であり，仕入や加工は母店で共通して行えること，(2) さらに，在庫や売れ残りに関しても母店と共用しており，たとえば移動販売車で生鮮食料品の売れ残りが生じても，その売れ残りを母店の売場に戻して売り切るなど，在庫のリスクが少ないこと，などがある。したがって，損益分岐点を比較的低額に設定でき，黒字化を実現している（激流，2013: pp. 58-61）。2013年には運行台数63台，売上高については14億円まで伸びる

見通しとなっている（激流，2013: p. 58）。この移動販売は，夕張市民生協が1997年にコープさっぽろに吸収合併され，1台のみ運営されていた当地での移動販売車が引き継がれたことがきっかけであった。

事例2：とくし丸

　とくし丸（徳島県徳島市）では，移動スーパー（移動販売）のノウハウとブランドを地域スーパー（仕入れの請負），個人事業主（移動販売車の運営）によるFC（フランチャイズ）化を図り運営している。移動スーパーは午前10時に出発し，夕方5時に帰着する。巡回の頻度は週2回である。移動販売で売れ残った商品はスーパーが引き取り，実店舗で販売するなど，売れ残りによるロスが生じないように工夫している。移動販売の手数料として，全ての商品に10円の手数料を上乗せしており，それによって全体で30％の粗利を達成することで本部・スーパー，個人事業主が収益を分配する構造が成り立っている。取扱品目は300から400品目程度であり，顧客から注文のあった商品を次回巡回の際に届けるといった「御用聞き」サービスを併用している。とくし丸では，この事業の開始前，ターゲットとする顧客がどのような買い物手段をとっているのかについて調査した。その結果，それらの顧客が生協の個配，弁当宅配，スーパーマーケットの送迎サービスなどを利用しながらも，それらのサービスに対していくつかの不満点があることを把握した。その上で，それらの不満点をいかに解消するかということを狙っている（石橋，2015: pp. 14-18）。

　この二つの移動販売店舗の運営上の共通点としては，(1)実店舗との提携による加工・在庫の共通化，それに基づくオペレーション上のコストの低減，(2)消費者のニーズの汲み取りによる，品揃えや注文・配送手段のカスタマイズが挙げられる。

2-3-2　消費者に商品を届ける：宅配（買い物代行）

宅配による買い物代行サービス

　ネットスーパーと同様，消費者に代わり買い物を代行するサービスである。

第9章　買い物弱者（買い物難民）と小売業態　187

多くの場合，消費者にカタログを提示するなどして，その指定した商品を代行して購入し，自宅へと配送するというサービスである。経済産業省（2011）では，地域ステーション（埼玉県：さいたまコープ），らくらくお買い物システム（熊本市：健軍商店街），高齢者向け宅配（三重県：スーパーサンシ），山間地向けネットスーパー（和歌山県田辺市：オークワ），セブンミール，まごころ宅急便（岩手県：西和賀町社会福祉協議会），宅配スーパー事業（エブリデイ・ドット・コム）が例に挙げられている。

2-3-3　消費者に移動手段を提供する：シャトルバス，コミュニティバス

シャトルバス・コミュニティバスによる送迎サービス

　消費者に対して，移動手段を提供することにより，最寄りの小売店舗への買い物行動を支援するというものである。買い物バスの運行主体には，商店や大型商業施設などの小売業者以外にも，商工団体およびNPO，地方自治体などがある（高橋，竹田，大内，2012: p. 442）。事例としては，キララちゃんバス（茨城県土浦市），あおばす（千葉県市原市），生活バスよっかいち（三重県四日市市），お買い物バス（北海道赤平市：コープさっぽろ），お出かけバス（広島県呉市），過疎地・福祉有償運送（青森県佐井村），デマンドバス（北杜市：東京大学）などが報告されている（経済産業省，2011）。

3　「買い物弱者」向け小売業態におけるサービス要因

　本章では，これまでに取り上げてきた買い物弱者への対応を目指した小売業態について，それぞれ消費者の評価・満足に影響を与えると考えられるサービスの要因について取り上げる。実証的分析を行うには，分析対象となる製品やサービス，ブランドやサービス，価格といった構成要素（または要因）と，これら要因の具体的な水準（例：デザイン案，価格等）の特定が不可欠であることか

ら，以下，それらについて検討を加える。

(1) 小売サービス要因

　小売サービス要因は消費者が利用できる小売形態である。消費者は，車の非保有，小売業者の所在地，公共交通機関の未整備または身体の問題といった理由から従来型の食料雑貨店へのアクセスに問題を抱えていることが考えられる (Pine and Bennett, 2014; Widener, et al., 2012)。現在，従来型の食料雑貨店や大型スーパーの利用に制約がある消費者のためにさまざまな新しい買い物サービスが提供されてきているが，それらはサービスの形に応じて，大まかに3種類に区分することができる（北原，他，2012；経済産業省，2011）。一つ目は，インターネット，電話，ファクス，あるいは戸別のセールススタッフによる宅配サービスである。消費者は食料品や日用品を注文すると自宅で商品を受け取ることができる（経済産業省，2011）。二つ目は，最寄りの店までの送迎バスサービスである（千葉県，2010；経済産業省，2011）。三つ目は，移動販売型の食料雑貨店である（千葉県，2010；経済産業省，2011；農林水産省政策研究所，2012）。小売業者の多くが，これら三つのビジネスモデルのいずれかにすでに参入しているか，参入の計画を立てている。小売企業を対象としたアンケート調査の結果では，今後10年以内に，回答をした年間売上1,000億円以上の大規模小売企業の60%が宅配サービス（ネットスーパーと呼ばれるオンライン・グローサリーを除く）を，27%が移動販売型食料雑貨店の導入を考えており，回答企業全体の15%が最寄りの食料雑貨店やスーパーマーケットまでの送迎バスサービスを検討していることが明らかになっている（木島，2012）。先行研究に見られるように，小売形態は消費者満足に大きな影響を及ぼすと考えられる（北原，他，2012）。たとえば，ネットスーパー（オンライン・グローサリー）の普及を阻む主な原因の一つに，日本の消費者の多くが実際の店舗での買い物を好むということが挙げられる（マイボイスコム，2013；清水，坂田，2012）。

　青森県弘前市在住の60歳以上2,387人の回答者を対象にしたアンケート調査では，対面式の小売形態が好まれることが明らかになった。また，当アンケー

トの回答者は徒歩圏にはない場所まで買い物に出掛けるのは煩わしいと考える傾向があることも示された（北原，他，2012）。こうした研究から，消費者は宅配や送迎バスのサービスより実店舗での買い物体験に近い移動型食料雑貨店の販売形態に好意的な評価を下すのではないか，ということが示唆される。食料品・日用品店の利用に制約を受けている人々や「食の砂漠（food deserts：フードデザート）」に暮らす人々であっても，実店舗での買い物に対する高い需要が存在する可能性がある。これは，先行アンケートにおいて，「食料品・日用品を買う際に，予定外の買い物をしたいと思うことが時々ある」，「自分自身の目で製品の鮮度を確かめたい」といった回答が散見されたことからもそのようなことが言える（マイボイスコム，2013）。ネットスーパー型食料品・日用品宅配サービスでは，こうした体験を味わうことは不可能である（北原，他，2012；マイボイスコム，2013；Warschun, et al., 2012）。

よって，以下の仮説が設定できる。

　　仮説1：提供される小売サービスの種別は消費者の効用に影響を及ぼす。
　　仮説2：移動型食料雑貨店の販売形態は他のサービスより消費者の効用にプラスの影響を及ぼす。

(2) サービス頻度要因

　この要因は，消費者が買い物サービスを利用できる頻度を表す。食料品・日用品の買い物には，欠くことのできない習慣的なタイプの消費者行動が伴い，こういった行動は規則的な時間的間隔をもって繰り返される（Park, et al., 1989）。そのために，利用可能な頻度が消費者の選好性に影響を及ぼすと考えられる。一部のアジア諸国では，食品鮮度を家庭内で保つのに必要なコストや，自宅や冷蔵庫の大きさにかかるコストを理由に，消費者が生鮮食品を少量ずつ頻繁に購入する傾向がある（Goldman, et al., 1999）。日本の消費者にも同じような特徴が見られる（丸山，1992）。加えて，コンビニエンスストアのような広く普及している小売形態は営業時間を長くすることで，少量の買い物を頻繁に，また手

軽に済ませたがる日本の消費者のニーズを満たそうと取り組んでいる（Nagayama and Weill, 2004）。したがって，日本の消費者は少量の買い物を頻繁にできる点を重要な要因とみなしており，この要因は消費者の満足度に直接の影響を及ぼすと考えられる。つまり，サービスを利用できる頻度が高いほど現在の買い物行動に相似することになり，以下の仮説を設定する。

　　仮説3：サービスを利用できる頻度が高いほど消費者の効用性とプラスに
　　　　　相関する。

　使用頻度は，小売業者のコスト構造に相当のインパクトを及ぼすことから（Boyer, et al., 2009），サービスはコストのみならず消費者のサービス要求も念頭に入れて展開されるべきであろう。

(3) 付加的料金要因

　数多くの新しい小売ビジネスモデルは，サービスに付随するコストを補うために利用料や会費を変更しており，これは顧客によるサービス評価に影響を及ぼす。ネットスーパーやインターネットオークションのマーケティング活動に関する研究では，送料が消費者行動に及ぼす影響が検証された（Gümüş, et al., 2013; Liu, et al., 2013）。日本国内の食料品・日用品料品宅配サービス市場においては，生協（co-op）の宅配サービスが最大シェアを占めているが，その費用は手頃で宅配の方法も非常に簡単なものである（後藤，2010）。
　従来型の店舗では一般的に使用料を支払うことはないことから，購入頻度を高くするものとして会費を（安価に）設定しても，この要素は妨げと映る。傷みやすい，あるいは腐りやすい商品は少量でこまめに購入されることから，トータル（たとえば1週間や1ヵ月）に関わる手数料は大きなものとなると考えられる。先行研究が実証しているように，日本の消費者は製品購入代金に加えて付加的なサービス手数料を支払うことに抵抗感があり（後藤，2010），アジア圏の消費者は北米の消費者以上に付加的なサービス手数料の存在に敏感である

(IPSOS, 2013)。このように，利用にかかる料金が消費者行動に影響を及ぼすことが想定されるため，以下の仮説を設定することができる。

　　仮説4：会費は顧客の効用性とマイナスに相関する。
　　仮説5：会費は顧客の小売サービス選択における最重要要因である。

　また，上記に挙げた三つの要因（小売業態の種別，利用可能な頻度，会費）のうち，どれを優先的に重視し，どれが比較的重視されていないかということも注目すべきである。たとえば，価格をもっとも重視するセグメントが存在する一方で，価格以上に利便性を重要視し，利便性を重視するサービスに価値をみいだすセグメントが存在するとすれば，小売業者はセグメントのニーズに応じて多様性のあるサービスや価格設定を提供する必要があることを示している（すなわち，利便性重視のセグメントおよび手頃な価格重視のセグメント）。

4　結　語

　人口の高齢化が進むと，従来型の食料雑貨店の利用に制約を受ける消費者の数が増える傾向が高まると考えられる。こうしたセグメントのニーズやウォンツを満たすことは，大手小売業者と中小小売業者の双方にとって大きく成長する機会の創造につながると同時に，「セーフティステーション」活動による地域社会への貢献を通じて社会的責任を全うする上でも有益となる。小売業者はこうしたニーズの充足を試みる目的からいくつかの新しい小売形態を展開してきたが，こうした形態についての消費者評価や選好に関する研究はほとんど行われていない。

　本稿では，いわゆる「買い物弱者」への対応として試行されている小売業態について，いくつかのケースを取り上げながら，それぞれの小売業態がどのよ

うな特徴を持っているのかについて眺めた上で，それぞれが提供するサービスの要因やその水準，そしてそれらが消費者の選好に与える影響について整理した。

買い物弱者への対応が期待されている小売業態には，ネットスーパーやその他の宅配・買い物代行サービス，小商圏をカバーすることを意図した小型小売店や，車両を用いた移動販売サービスによる巡回販売，店舗へのアクセス手段を提供する送迎バスやシャトルバスサービスなどが挙げられる。

これらの小売サービスが提供する各サービスの要因としては，(1) どの程度，通常の小売業態に近い購買経験を利用者が経験できるのか，(2) どの程度の頻度で，消費者がそのサービスを利用可能であるか，さらにこれらのサービス提供に対して (3) どの程度，消費者に利用料としての料金を負担してもらえるのかといった点が，それぞれの小売業態が今後も事業を継続できるのかということについて重要となると考えられる。このようなサービス水準の設定は，それぞれの展開地域における対象となる消費者の特性その他に基づいて設定することが重要であるが，そのためには消費者がそれぞれのサービスの要因やその水準をどの程度重視し，どのような要因を優先しているのかというような点を知ることが必要となる。そのために必要な消費者への実証的な調査が，次の研究課題として残されている。

第10章
チェックアウト・サービス（清算サービス）が顧客満足に与える影響

> **要約**
>
> 　本章では，小売店におけるレジでの清算サービス（チェックアウト・サービス）に対する，顧客にとって重要なサービス要因，および顧客の観点からもっとも望ましいサービス要因のレベルを明らかにすることに取り組む。本研究では，スーパーマーケットチェーンにおけるレジでの清算にまつわるアンケート調査およびコンジョイント分析を用いて，顧客が重要だと考える清算サービスの要因とレベルの分析を行った。調査結果からは，「予測される待ち時間の程度」が顧客満足度にもっとも影響力の大きい要因であることが明らかになった。特に，3人以上の客が列を作って並んでいる場合，満足度が大幅に低下することが分かった。同時に，従業員による顧客サービスへの態度も顧客にとって重要であることが判明した。興味深いこととして，従業員による袋詰めのサービスが満足度にマイナスの影響を及ぼす可能性があることが分かった。他方，従業員の性別と年齢の構成が消費者満足度に及ぼす影響はほとんどなかった。こうした結果はレジ・サービスに関する研究に新たな示唆を与えるだけではなく，顧客サービス向上の方法を特定して，小売店における運営改善の方向付けを行うための従業員訓練を実施するといった実務面に関しても有益である。

1 はじめに

　顧客満足度は，サービス産業における重要なパフォーマンス指標であると認識されている。また，企業の経営陣による現時点での運営管理上の意思決定と，企業に対する将来の顧客行動，すなわち将来の売上面における顧客行動とを結び付ける主要な要素であるとも考えられる（Davis and Maggard, 1990）。満足した顧客は得意客となり，リピート販売および見込客に向けての口コミ宣伝という効果をもたらす（Davis and Maggard, 1990）。

　研究者や小売業者は，顧客に対してレベルの高いサービスを提供することの重要性を認識している（Taylor and Baker, 1994; Sureshchandar, et al., 2002）。経営者はサービス品質に対する顧客の認識の改善と，顧客の知覚価値の向上を通じて，顧客ロイヤルティの獲得に専念すべきである（Hu, et al., 2009）。

　観光業やホテル等，接客業の多くのセクターにおいて，顧客に提供するサービス品質の改善は経営陣にとって今後も重大な課題となる。なぜなら，これは顧客満足度に直接的な影響を及ぼすからだ（Hartline and Jones,1996; Saleh and Ryan,1991; Oh,1999）。

　サービスセクターに関しては，小売業界においてサービス品質の管理が重要な課題と考えられている。顧客サービスのレベルが店のロイヤルティや顧客満足度に顕著な影響を及ぼすことが確認されている（Vázquez, et al., 2001）。

　小売業者は，サービスのレベル向上を目指すにあたり，それに付随して上昇する運営コストの最小化を図ることが必須である。とりわけ，テクノロジーの進展に伴い，支払いサービスの自動化に踏み切る企業の数が増加している（Meuter, et al., 2000; Turner and Borch, 2012）。しかしながら，日本国内においては，多くの顧客が接客サービスのレベルを重視している傾向がある。このために，セルフレジ（セルフチェックアウト）の普及が進んでいないと考えられる

(ドゥ・ハウス，2012)。日本の消費者は，店舗でのレジ清算サービスを顧客サービスの重要な評価要素とみなす傾向がある（GCOM, 2006）。

本研究の目的は，スーパーのレジで顧客が重要と考えるサービス要因を明らかにし，顧客の観点からもっとも望ましいサービス属性のレベルを解明することである。

本章は次のように構成されている。第2節では先行研究を考察し，レジでの清算サービスに関わる仮説を構築する。第3節では，研究の方法論を提示する。第4節では，調査データについて記述する。第5節では概念モデルを，第6節では分析結果を，第7節では，実証的分析の結果を提示する。最後に，第8節で総括を行う。

2　先行研究と仮説設定

本節では，買い物とレジでの経験についての顧客満足度に関する先行研究を考察し，この実証的研究のための考え方の仮説を立てる。

スーパーや書店，コンビニなどでレジでの清算サービスを提供する従業員は，依然としてほとんどが女性である。一部サービス業では，接客スタッフは伝統的に男性か女性のいずれか一方が優位を占めている（Mathies and Burford, 2009）。

サービス提供者（接客担当）の性別が顧客サービスの解釈に与える影響について，実証的および理論的な分析がいくつか実施されている（Babin and Boles, 1998; Di Mascio, 2010）。Babin and Boles (1998) は，サービス担当従業員の行動における男女の差異を明らかにしている。さらに，顧客は「しかるべき」性別のフロントライン（接客）サービススタッフを期待し，そうしたスタッフに対するほうが良い反応を得られるだろうと示唆する。現行の研究では，認識されたサービス品質および顧客の満足感に及ぼすサービス提供者の性別の影響，ならびに顧客とサービス提供者間のジェンダー・ダイアド（gender dyad）の影響の程

度が調査されている（Bove and Smith, 2006; Snipes, et al., 2006）。Di Mascio（2010）によると，小売スタッフは顧客サービスについてさまざまな解釈をしている。さらに，金融機関の融資に対して，顧客反応に及ぼす結果の好ましさや，対応の機会，デモグラフィック的一致の影響について研究されている（Kulik and Robert, 2000）。

また，消費者およびスーパーマーケットチェーンの人事担当者を対象に著者により実施された過去のインタビューによると，顧客は時として年配の女性従業員を好む傾向がある。というのは，顧客はしばしば年配の女性従業員のサービスレベルは高いであろうと認識しており，また彼女達は顧客に対して気さくにふるまう傾向があるためである。

以上から，以下の仮説を提示する：

仮説1：従業員が女性であることは，顧客満足度に正の影響がある。
仮説2：従業員の年齢層の高さは，顧客満足度に正の影響がある。

多くの研究によって，サービスレベルは小売店における消費者の満足度に大きな影響を及ぼす要因であることが明らかにされている。そしてサービス品質は，顧客のロイヤルティに対しても正の影響がある（Wong and A. Sohal, 2003）。数多くの調査において，サービスの態度と顧客満足度との関係を浮き彫りにする試みがなされている。Kuo（2007）によると，観光産業において，サービスに対する従業員の態度とサービスによる満足度レベルの重要性には，顧客の出身国によって大きなばらつきがある。

ある調査会社が実施した調査によると（GCOM, 2006），日本人のスーパーの顧客（福岡地方の15～59歳の男女171人の回答者が調査対象）の67.8％が，清算時の従業員の態度が買い物体験における重要な属性であるという見解に同意を示している。また，回答者の30.4％は，レジでの清算時の従業員の接客態度のレベルの低さが，調査対象のスーパーに対するロイヤルティに関してマイナスに作用し得ると回答している。

消費者のみならず，店舗のマネージャー，人事担当者等もまた，従業員が好ましい接客サービスの態度を実際に示すことで顧客満足度にプラスの影響が及ぶことを認めている。

以上から，以下の仮説を提示する：

仮説3：レジでの清算時における従業員の好ましい態度（良い接客態度）は，顧客満足度に正の影響を及ぼす。

日本国内のスーパーやコンビニなどで，顧客に馴染みのあるサービスの一つが袋詰め，つまり購入商品をレジ担当者が買い物袋に詰めてショッピングカートに乗せるサービスである。たとえばコンビニにおいては，レジ担当者の重要な仕事の一つが袋詰めサービスである。

一部の小売店舗では，顧客が断らない限り，商品を買い物袋に詰めてくれる。インタビューから示唆されるのは，消費者がレジでの袋詰めサービスの質も評価に含めているということである。さらに，一部の経営陣は，消費者に対するサービスの一環として袋詰めを評価項目に盛り込んでいる。すなわち，袋詰めサービスは顧客評価に影響を及ぼす要因としてみなされ得るのである。

以上から，以下の仮説を提示する：

仮説4：袋詰めサービスの提供は顧客満足度に正の影響がある。

全般的に，消費者の購入意思は，予測の待ち時間と予想外の遅延の影響を受ける。

遅延した飛行機の搭乗客を対象とした研究から明らかになったのが，遅延はサービス評価に確実に影響を及ぼすということであった（Taylor, 1994）。これらの研究で，実際の待ち時間，体感的な待ち時間，および予測の待ち時間と体感的な待ち時間とのギャップが，待つ体験についての満足度に関係することが実証されている（Davis and Heineke, 1998）。顧客にとって，待ち時間は多くの場

合，コストに相当するのである（Davis and Maggard, 1990; Sridhar, 2001）。

以上から，以下の仮説を提示する：

　　仮説5：予測される待ち時間は顧客満足度にマイナスの影響を与える。

　消費者は，人口統計的要因などいくつかの特性に応じて分けることができる。性別はホテルのサービス品質認識，および多様なサービス品質次元に付随する相対的な重要度に影響を及ぼす（Juwaheer, 2011）。さらに，顧客によって満足度の判定に差がある。男性の場合はコアとなるサービスの提供が重視される一方，女性の場合はサービス提供スタッフとの関係性を重視する傾向がみられる（Iacobucci and Ostrom, 1993）。

　このような研究から得たアイディアを統合すると，サービス体験に対する顧客満足度を決める際に，男性および女性の消費者にもっとも影響力がある要因に関する仮説が示唆される。

　以上から，以下の仮説を提示する：

　　仮説6：顧客層の性別の違い（男性または女性）は，清算サービスにおける
　　　　　要因の重要性に影響を及ぼす。

以上の仮説を以下のように概略した（図1）。

第10章　チェックアウト・サービス（清算サービス）が顧客満足に与える影響　199

図1　精算サービスに関する顧客満足度の概念モデル

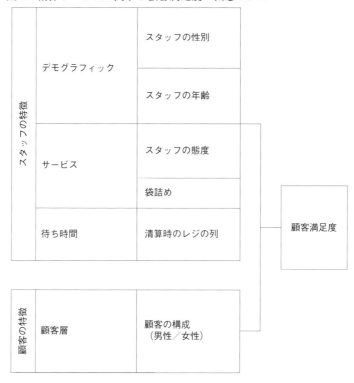

3　方法論

3-1　方法論

　本研究では，完全プロファイル評定型（full-profile-rating）のコンジョイント分析を用いて，清算サービスにおける消費者の好みに関する一部のサービス特性

の相対的重要性を推測した。こうした手法は消費者の好みや選択を勘案することで，効果的な製品やサービスのコンセプトを体系的に構築することができる（朝野，2000；真城，2001）。また，それぞれの要因の重要性を個別に測定することが可能である（真城，2001；岡本，1999）。

本研究では，清算サービスの五つの特長および特性を分析した。これらの特長は，(1) スタッフの性別，(2) スタッフの年齢，(3) スタッフの態度，(4) 袋詰めサービス，(5) 清算時のレジの列で構成される。さらに，各要因の水準（レベル）を決定した。本分析にて調査対象となった清算サービスの各要因およびそのレベルを，図2にて概略する。

(1) スタッフの性別要因

スタッフの性別要因は，男性スタッフと女性スタッフという二つの仕様から構成される。

図2 清算サービスの要因とレベル

サービス要因	レベル		
	レベル1	レベル2	レベル3
スタッフの性別	男性	女性	－
スタッフの年齢	年少 （40歳未満）	中間または 年長 （40歳以上）	－
スタッフの態度	未熟	熟練	－
袋詰めサービス	なし	あり	－
清算時のレジの列 （すでに並んでいる 人の数）	1人	2人	3人

(2) スタッフの年齢要因

スタッフの年齢要因は，年少グループ（40歳未満）と中間／年長グループ（40歳以上）の二つの仕様から構成される。

(3) スタッフの態度の要因

このサービスレベルは，熟練した接客態度と未熟な接客態度という二つの仕様から構成される。

(4) 袋詰めサービス要因

袋詰めサービス要因は，レジ係による袋詰めサービスあり／なしの二つの仕様から構成される。

(5) 待ち時間の要因

待ち時間の要因の仕様が反映するのは，待っている人の人数であり，待っている人が1人，2人，3人いることはそれぞれ待ち時間が「短い」，「中程度」，「長い」に相当する。

3-2 プランカードの組み合せ

前述の要因を勘案すると，調査における清算時のレジの列の組み合せ，またはプロファイルとして，48（2×2×2×2×3）通りが想定可能であった。48通りの選択肢に対する回答は，回答者にとって負担がきわめて多いことから，直交要因計画（factorial design）を用いて選択肢を10に減らした（図3）。

設計における要因とレベルの数に応じて，各回答者に10枚のコンジョイント・カード（conjoint cards）を提示した。各回答者には以下の質問が提示された：

「スーパーで清算のためにレジの列に並ぶとします。列には五つの特長があります。提示された五つの特長をもとに，その列に並ぼうと思う可能性をお答えいただきます」。回答者が記述を読み終えた時点で，「清算のために，そのレ

図3 質問の組み合せ

カード番号	スタッフの性別	スタッフの年齢	スタッフの態度	袋詰めサービス	清算時のレジの列
1	女性	中間または年長	未熟	なし	3
2	男性	年少	未熟	なし	1
3	男性	中間または年長	熟練	なし	1
4	女性	年少	熟練	なし	2
5	男性	中間または年長	未熟	あり	2
6	女性	年少	未熟	あり	1
7	男性	年少	熟練	あり	3
8	女性	中間または年長	熟練	あり	1
9	男性	年少	熟練	あり	1
10	男性	年少	熟練	なし	2

ジの列に並ぼうと思う可能性をお答えください」と尋ねる。

回答者には「この列に並ぼうとすると思う」から「この列に並ぼうとは思わない」まで5段階で各想定に点をつけるよう求めた（図4）。

第 10 章　チェックアウト・サービス（清算サービス）が顧客満足に与える影響　203

図4　アンケート例

・スーパーで清算時にレジの列に並ぶとします。列には五つの特長があります。各記述をよくお読みください。

・提示された五つの特長をもとに，列に並ぼうと思う可能性をお答えください。

第1

スタッフの性別	スタッフの年齢	スタッフの姿勢・態度	袋詰めサービス	清算やレジでの列（すでに並んでいる人の数）
男性	年少（40歳未満）	熟練	あり	3人

列に並ぼうと思う可能性をお答えください。

この列に並ぼうと思う　　　　　　　　　　　　この列には並ぼうとは思わない

5　　　4　　　3　　　2　　　1

4　データ

スーパーの清算サービスに関する顧客調査を，2013年6月10日まで2週間にわたって実施した。調査対象地域は東京，神奈川，千葉，埼玉の4都県で，

これらの都県がいわゆる首都圏を構成する。アンケートの形式はウェブベース調査として実施した。

アンケート内容は次のとおりである。まずは回答者に，性別，年齢および居住地域といった人口統計変数について尋ね，その後，レジの属性を組み合わせた一覧を提示し，5段階でレジの評価を求めた。

回答者総数は1,117人であった。そのうち，最後まで調査に回答した415人の回答者のサンプルを採用した。男女の内訳は39.2%が男性（N = 163人）で60.7%が女性（N = 252人）であった。

5　概念モデルと分析

分析のために以下の消費者行動モデルを構築した：

$$効用 = \begin{cases} b^{性別}_{男性} \times 男性 \\ b^{性別}_{女性} \times 女性 \end{cases} + \begin{cases} b^{年齢}_{年少} \times 年少 \\ b^{年齢}_{中間/年長} \times 中間,年長 \end{cases}$$

$$+ \begin{cases} b^{態度}_{未熟} \times 未熟 \\ b^{態度}_{熟練} \times 熟練 \end{cases} + \begin{cases} b^{袋詰め}_{あり} \times あり \\ b^{袋詰め}_{なし} \times なし \end{cases} + \begin{cases} b^{待ち}_{1人} \times 1人 \\ b^{待ち}_{2人} \times 2人 \\ b^{待ち}_{3人} \times 3人 \end{cases} \quad (1)$$

消費者が列に並ぶという選択をする場合，その時点で消費者が選択した特徴の選択肢における効用を最大化しようとすると想定される。このモデルでは，効用は顧客の効用（満足度）を表す従属変数である。コンジョイント分析では，効用は「要因」に基づく各項目で分類でき，各要因の効用は総体としての総効用を算出することで定義可能と想定される。

続いて，性別（男性／女性），年齢（年少／年長），態度（未熟／熟練），袋詰め（あり／なし），待ち時間（1人／2人／3人）は顧客の効用に影響を及ぼす要因を表し，$b^{性別}_{男性}$，$b^{性別}_{女性}$，$b^{年齢}_{年少}$，$b^{年齢}_{中間/年長}$，$b^{態度}_{未熟}$，$b^{態度}_{熟練}$，$b^{袋詰め}_{あり}$，$b^{袋詰め}_{なし}$，$b^{待ち}_{1人}$，$b^{待ち}_{2人}$，$b^{待ち}_{3人}$ が

示すのが各要因の係数である。性別は，スタッフの性別要因（男性／女性），年齢はスタッフの年齢要因（年少，40歳未満／中間と年長，40歳以上），態度はスタッフの態度の要因（未熟／熟練），袋詰めは，袋詰めサービス要因（レジ係による袋詰め／セルフサービス），待ち時間は，顧客の予測する待ち時間要因（すでに列に並んでいる人の数）を指す。

モデルを「SPSS conjoint ver.19」を用いて評価した。表1～3が示すのは推定結果である。

平均重要度は合計が100%になる割合で表される（岡本，1999）。各平均重要度は以下のように算定される：

$$I_i = \frac{B_i}{\sum_{i=1}^{5} B_i} \times 100 \tag{2}$$

このモデルでは，I_i が i の要因の平均重要度であり，B_i が i の要因の効用の値の範囲である。これらの結果は図5～7に示されている。

6　分析結果

本節では実証的結果および発見事項について考察する。全回答者を対象とする実証的結果は以下の通りである（表1）。

最初に，コンジョイント・モデルを精査してデータに対応するかどうか明らかにした。「Pearson（ピアソン）のR」が表すのはコンジョイント・モデルによる予測値と回答者による評価スコアの相関係数である。値が1に近似するほど相関係数が高くなる。このモデルでは，「ピアソンのR」は高くなっている（0.998）。「ケンドールの順位相関係数（Kendall's tau）」が示すのは部分的効用値の推定結果の信頼性である。値が高い（0.982）ことから，コンジョイント分析のモデルは回答者の回答傾向に合致する。「ピアソンのR」と「ケンドールの順

表1　全回答者の実証的結果（人数=415）

要因	レベル	効用の推定値 効用	標準偏差
性別	男性	-0.078	0.041
性別	女性	0.078	0.041
年齢	年少	0.002	0.041
年齢	中間または年長	-0.002	0.041
態度	未熟	-0.388	0.041
態度	熟練	0.388	0.041
袋詰めサービス	なし	0.020	0.041
袋詰めサービス	あり	-0.020	0.041
清算時のレジの列	1人	0.575	0.055
清算時のレジの列	2人	0.212	0.064
清算時のレジの列	3人	-0.788	0.064
定数	—	3.435	0.043
ピアソンのR	0.998	有意確率	0.000
ケンドールの順位相関係数	0.982	有意確率	0.000

位相関係数」はいずれも有意であり（sig＜0.000），モデルの有意性が示唆される。

　二つ目に，顧客の効用に及ぼす従業員の人口統計的な（プロフィール上の）要素の影響を調査した。その結果，「男性」は消費者の効用価値にマイナスの影響（-0.078）を及ぼす一方で，「女性」はプラスの影響（+0.078）を及ぼすことが明らかになった。こうした結果は「仮説1」を裏付けるが，効用に及ぼす性別の影響は相対的に小さい（図5）。これは，効用に対してのこの要素の平均重要度が2番目に小さい（9.915）という事実から明白である。よって，レジ係の性別は消費者の効用に重要な影響を及ぼさない。

　次に，消費者の効用に及ぼすレジ係の年齢を調査した。年少レベルが顧客の効用にプラスの影響（0.002）を及ぼす一方で，中間または年長はマイナスの影響を及ぼすことが分かった。こうした結果は「仮説2」を退ける。同時に，効用に及ぼす影響の度合いは小さく，平均重要度は全要因の中で最小（7.984）であった。

　三つ目に，消費者の効用に及ぼすスタッフの態度の要因の効果を見た。「熟練」が消費者効用に及ぼすインパクトは0.388である一方，「未熟」（低レベルの

図5　重要度の概略（全回答者，人数＝415）

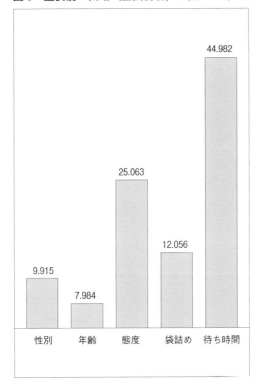

態度）はマイナスの影響（− 0.388）を及ぼすことが判明した。こうした結果は「仮説3」を支持する。平均重要度は 25.063 であり，顧客の効用に2番目に大きな影響を及ぼすことが分かった。

　四つ目に，袋詰めサービス要因の効果を検証した。効用価値に及ぼす影響は 0.020 であった。興味深いこととして，従業員が袋詰めサービスをすると，効用価値にマイナスに作用（− 0.020）した。他方，袋詰めを消費者セルフサービスとすると，適用の効用価値がプラスになった（0.020）。よって，この結果は「仮説4」を退ける。この要因の効用に対する平均重要度は 12.056 で，顧客の効用に及ぼす影響面では3番目であった。

　五つ目に，効用に及ぼす待ち時間の影響を見る。顧客に対する待ち時間の影

響は大きい。待っている人の数が1人だと，効用に及ぶ影響はプラス（0.575）であった。列に2人待っている時の値は0.212で，3人が並んでいるとマイナスのインパクト（−0.788）が及んだ。全体として，この要因の平均重要度は44.982であり，この要因は重要度がもっとも高くなった。この結果は「仮説5」を支持する。ちなみに，先行研究（Smith, 2011）を裏付けるものでもある。

最後に，男性と女性の回答者の実証的結果を考察した（表2〜3，図6，7）。この結果からは，女性回答者が年長のスタッフを好む傾向が認められたものの，重要度の順位は男女同じであった。よって，人口統計属性における差異は，消費者の好みの差異には有意な影響を及ぼさない。この結果は「仮説6」を退ける。

この研究結果は，女性顧客はサービス認識において一部の点で男性顧客と異なると主張する多くの先行研究を裏付けるものではない（Alamdari and Burrell, 2000）。

表2　男性回答者の実証的結果（人数＝163）

要因	レベル	効用の推定値 効用	標準偏差
性別	男性	−0.111	0.049
	女性	0.111	0.049
年齢	年少	0.018	0.049
	中間または年長	−0.018	0.049
態度	未熟	−0.339	0.049
	熟練	0.339	0.049
袋詰めサービス	なし	0.004	0.049
	あり	−0.004	0.049
清算時のレジの列	1人	0.531	0.067
	2人	0.190	0.078
	3人	−0.721	0.078
定数	−	3.411	0.053
ピアソンのR	0.997	有意確率	0.000
ケンドールの順位相関係数	1.000	有意確率	0.000

表3 女性回答者の実証的結果（人数＝252）

要因	レベル	効用の推定値 効用	標準偏差
性別	男性	-0.056	0.035
	女性	0.056	0.035
年齢	年少	-0.007	0.035
	中間または年長	0.007	0.035
態度	未熟	-0.419	0.035
	熟練	0.419	0.035
袋詰めサービス	なし	0.030	0.035
	あり	-0.030	0.035
清算時のレジの列	1人	0.604	0.047
	2人	0.227	0.055
	3人	-0.831	0.055
定数	—	3.449	0.037
ピアソンのR	0.999	有意確率	0.000
ケンドールの順位相関係数	0.929	有意確率	0.000

7 考 察

　分析から明らかになったことの一つ目が，性別や年齢といった従業員のデモグラフィック要因は顧客満足度にほとんど影響を及ぼさないということである。この結果は本研究の仮説および先行研究とは異なるものである。女性によるフロントライン（接客）サービススタッフは依然としてレジでの清算サービス人員として優位を占めているが，スーパーマーケットにおいては，この要因に対する顧客の関心は低いと思われる。このような研究結果に基づくと，スーパーにおける従業員の配置・雇用担当者は，従業員の個人要因に特別な配慮を払う必要がないとも考えられる。

　二つ目に，スタッフの接客態度という影響要因は顧客満足度に大きな影響を及ぼす。このような研究結果はパイロット調査および先行研究と一致する。スーパーは割引，低コスト，セルフ型サービスを特徴としている印象があるが，

図6 重要度の概略（男性の回答者，人数＝163）

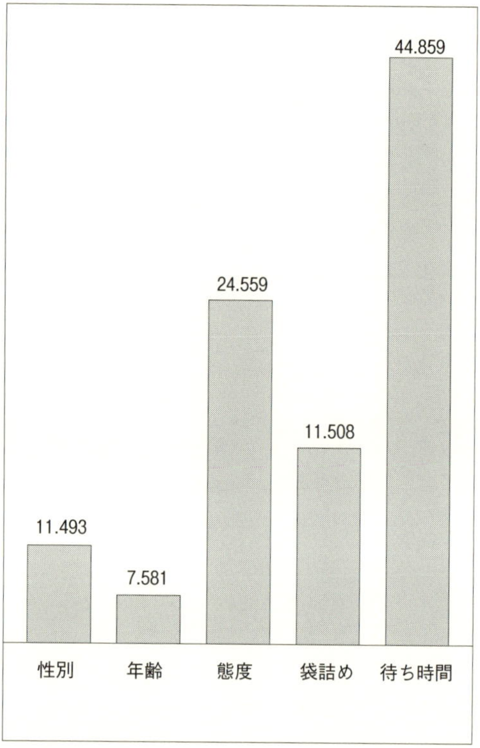

性別	年齢	態度	袋詰め	待ち時間
11.493	7.581	24.559	11.508	44.859

適切なサービスの態度を備えさせるべくフロントライン（接客）従業員の訓練を重視することが必要である。

　三つ目に，現時点の仮説に反して，袋詰めサービスは顧客満足度にマイナスの影響を及ぼし，顧客が自分自身で袋詰めを行うと顧客効用にプラスの作用がある。これは次のような理由によるものと考えられる。つまり，スーパーでの清算という場面で顧客の優先事項は待ち時間の低減であり，レジ係が袋詰めを行うことで待ち時間が増加するように感じている可能性がある。

　四つ目に，注目すべき点として，レジの列で待っている人の数の影響力がある。これは消費者の効用にもっとも顕著な影響を及ぼす要因の一つである。特に，すでに列に並んでいる人の数が3人以上であると，消費者の効用に及ぶマ

第10章　チェックアウト・サービス（清算サービス）が顧客満足に与える影響　211

図7　重要度の概略（女性の回答者，人数＝252）

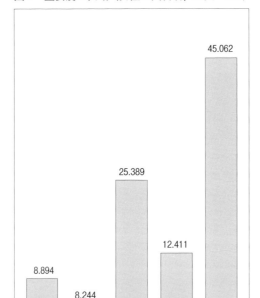

イナスの影響がきわめて大きくなる。この研究結果は，列での待ち時間が3分以上になると，1分経過するごとに認知（体感）の待ち時間が増幅すると主張する事例報告を裏付けるものである（Smith, 2011）。この報告は，すでに5分間待っている買い物客は，その倍の長さの時間待っている感じがすると調査実施者に回答していることを指摘している。

　管理者は，このような待ち時間の削減，あるいは衝動買いの機会供与（例：小さなぬいぐるみやギフトカード等の品物をレジ待ちの列の脇に並べ，待ち時間から気をそらさせる）などの工夫を行うことが必要である（Smith, 2011）。

8 総括

　顧客満足の向上は学究面における重要課題であるのみならず，マーケティングにあたっても推奨されることである。レジのサービスは，小売プロセスにおける最終段階において顧客に提供される。サービスレベルに対する顧客の認識は，小売店の収益に直接つながる可能性がある。サービスの態度および顧客満足に関して膨大な数の研究が実施されてきたが，それらの研究は具体的にレジで清算を行う顧客に取り組むものではない。

　本研究では，首都圏のスーパーにおけるレジでの清算サービスに関してアンケート調査を実施した。続いてコンジョイント分析を用いて，消費者が重要視する清算サービスにおける要因の解析を行った。

　総括として，予測される待ち時間の長さが顧客満足におけるもっとも影響力の大きい要因であることが判明した。特に，3人以上の人が待っている列の存在は顧客満足度を著しく低下させることが明らかになった。同時に，従業員の優れた態度もまた，顧客にとって重要であることが分かった。さらに，興味深い結果として，従来の理論に反することが，一つ明らかになった。それは，従業員の性別や年齢が消費者満足にほとんど影響を及ぼさないということである。また，袋詰めサービスは，顧客満足度にマイナスの影響を及ぼすかもしれない。こうした結果は研究における新たな指摘や示唆を与えるのみならず，小売店の運営改善を指導するといった実際的な意味でも有用である。

　本研究における制約は，研究対象領域とサンプルサイズが限定されることであり，より幅広い調査対象を考慮することが必要である。さらに，類似の研究結果がサービス小売業者等，スーパーマーケット以外の環境においても得られるかどうか調査することが不可欠である。

終章

本書のまとめと今後の取り組むべき課題

1　本書の主要な結論

　本書では，成熟社会におけるマーケティング戦略という観点から，日本の少子高齢化社会に適合する商品開発およびビジネスモデル開発を支援するためのヒントを探った。特に「機能性食品開発」(第Ⅰ部)，「生鮮サプライチェーンにおける流通システムの変革」(第Ⅱ部)，「ネットスーパーをはじめとする新たな小売システム構築」(第Ⅲ部) に着目し，消費者行動調査をもとに分析を進めた。それらの主要な結論およびそこから導かれる理論的・実務的なインプリケーションを以下にまとめる。

1-1　第Ⅰ部の主要な結論

特定保健用食品（トクホ）表示は，購買行動に顕著な影響を与える。
　「健康」は消費者にとって根源的な価値であり，食品を購買する際の大きな動機の一つとなる。同時に，風味や味のような属性とは異なり，製品が明示する健康上のメリットを消費者が直接的に認知することはできず，機能性食品製品のメーカーや小売業者にとって，消費者とのコミュニケーションは扱いの難しい問題となる。そのため，食品への機能・効能表示（ヘルスクレーム）が機能性

食品に対する購買動機をどの程度高めるのかについては，欧米など先進国を中心に実証的な研究が進められてきた。

日本においては，トクホ表示はマーケティング上プラスに作用するとの主張がある一方で，トクホ表示の取得は製品開発を長引かせ，また費用がかかることから，採算が取りにくいとの主張もなされている。

そこで本書では，第2章において，さまざまな購買に関連する変数をコントロールした上で，トクホ表示が消費者の購買行動に及ぼす影響について明らかにした。また，第3章では，トクホ表示がその商品の付加価値をどの程度押し上げるのかを推計した。いずれの分析結果からも，トクホ表示は購買を促進し，ブランド価値を高める効果があることが確認された。

機能性食品の製品開発は，機能的メリットのみならず，「自然さ」との調和をも重視すべきである。

第2章および第3章の消費者行動調査の結果から，「健康への機能・効能を重視する消費者」と，「健康を重視しながらも，食品に関して自然性を重視する消費者」が存在することが示唆された。すなわち，健康食品市場には二つの独立したセグメントが存在し，それぞれ排他的な市場として捉えてもよいのではないかということを意味している。

メーカーにとってトクホ表示は，品質を消費者に確実に理解してもらう手段となる。しかし，その一方で，食品に対して自然性を重視する消費者の中には，機能性食品を不自然なものと捉え，従来の健康的な食品に劣る人工的なものと認知する場合がある。消費者がこれらの傾向を示すことは，北欧を中心とした消費者行動研究で示唆されてきたが，日本の消費者においても同様の傾向がみられることが今回の結果から確認された。さらに，健康機能・効能を重視する消費者は，それ以外の機能（のどを潤すなど食品の基本的な機能）を，当該製品に対して重視していないことも確認された。これにより，それぞれのセグメントに対しては異なる製品開発や販促アプローチが必要であることが明らかとなった。さらに，消費者全体として，原産地といった食品の安全性のイメージ

につながる要素を重視する傾向があった。機能性食品における新製品開発およびマーケティングは，消費者の機能性食品に対する特異な認識を前提として行うべきであると結論づけられる。

1-2　第Ⅱ部の主要な結論

大規模小売業者は，生鮮品調達を卸売市場から直接契約取引へとシフトする誘因がある。

　生鮮食品の流通は，卸売市場をはじめ，多くの場合は仲介業者が介在する多段階の流通形態をとる。その理由は，生鮮食品の商品特性，なかでも生産や品質の不確実性と，それを処理するための私的な取引上の対応という面から説明することができる。第4章・第5章において明らかにした生鮮サプライチェーンの実態に基づき，第6章では，従来の分析手法にコストやリスク要因となる「選別・調製」および「生産段階での品質不確実性」という要素を加味した上で分析を行った。その結果，生産者や小売業者の数が少なくなるほど，そして品質不確実性が低くなるほど，生産者・小売業者ともに卸売市場から直接契約取引へとシフトすることで，流通の上流・下流（生産者・小売業者）の利益が増えることが明らかとなった。これは，生産者や小売業者の大型化が進み，さらに生鮮品の出荷段階における規格化が進展することと並行して，卸売市場を経由した取引が減少する現象と整合する。先行研究においては，スーパーなどの大規模小売業者と，卸売業者および生産者の立場の違いによる力関係や，交渉力の違いによる力関係の変化が，このような生鮮サプライチェーンの変化をもたらすとの議論がされてきたが，本書では品質不確実性への対処という視点からも，その変化を説明することができた。

　大規模小売業者の影響の下，卸売市場は，多数の生産者や小売業者の供給・需要を調整するスポット的な取引の場を提供するという役割から，小売需要を基点として産地の要望との調整を図り，長期継続的な取引を提供する場へと変化しつつある。それが卸売市場における流通を変化させている要因と考えられ

る。

卸売市場は多様性をもつ商品の提供者として，大きな存在感をもちうる。

　日本において，生鮮食品のバラエティ（多様性）を考慮した場合，卸売市場は多様性をもつ商品の提供者として，依然大きな存在感を持つ。第6章の分析結果から，商品のバラエティが増え，それによって選別や調製のコストが大きくなる場合には，卸売市場は当該サプライチェーンにおいて流通費用を低減する合理的な存在であることがわかった。卸売市場を介した流通は社会的に見ても望ましいということになる。つまり，流通課業において規模の経済を発揮でき，いわゆる流通の多段階における「二重マージン」のマイナス面を考慮しても，サプライチェーン全体にとってはプラスの影響を与えることになる。卸売市場の経由率が，スーパーマーケットなど小売チェーンの発達により減少していく現象は，多くの先進国で観察されてきたことであった。アメリカやイギリスなどにおいては，組織小売業の台頭とその流通戦略の変化により，卸売市場をはじめとする中間段階は排除される傾向にあるが，この点が日本と異なっている。海外における先行研究では，この卸売市場利用率に，いわゆる流通の「近代化」や「発展」が大きな影響を及ぼしていると主張されてきた。しかしながら，本書の分析結果から，日本においては卸売市場の存在感は低下することはあっても，消滅に直結することはないと考えられる。

1-3　第Ⅲ部の主要な結論

オンライン食品小売サービスにおいては，消費者は費用に関する属性を利便性に関する属性より優先する傾向がある。

　第8章では，オンライン食品小売サービス（ネットスーパー）に関する消費者意識について，サービス選択において重要視する要因はどのようなものかという点に注目した。これは，これまで実証研究がほとんどなされてこなかった分野である。オンライン食品小売サービスを比較する際には手がかりとなるさま

ざまな特徴がある。そこで本書の調査では，いくつかのオンライン食品小売サービスを実際のサービス選択場面に近い状態で評価してもらい，何が消費者にとって好まれる要因であるかを明らかにした。その結果，すでにネットスーパーを利用している消費者と，利用した経験のない消費者との間に，サービスの優先順位には多少の相違が見られたものの，おおむね利便性に関する要因（たとえば，注文後の受取りの早さ，受取り手段のバラエティなど）よりも，費用に関する要因（商品以外に発生する付加的なサービス料金，手数料や配送料など）を優先する傾向が確認された。特に，無料の配送オプションが有るか否かによって，消費者が認識するオンライン小売サービスの魅力がまったく異なるものになることが明らかとなった。これは，日本の消費者が商品以外の付加的なサービスへの出費に敏感であることが小売サービス普及の妨げとなっている，という過去の国際的な比較調査での結果を裏付けるものである。

　上記の結果は，ピッキングや配送の費用削減のために大型の先行投資を必要とする流通モデルが競争優位性をもつことを意味し，今後，オンライン食料品小売サービスが寡占構造となる可能性を示唆している。

「買い物弱者」に向けた小売サービスには，多様性が必要となりうる。

　ネットスーパーをはじめとする食品宅配サービスは，日本の消費者の間では食料品・日用品購入の一手段として浸透し，認知されている。こうしたビジネスモデルは，従来型の食料雑貨店の利用が制約されている，いわゆる「買い物弱者」と呼ばれる人々にとっては効果的な解決策であると言われてきた。しかしながら，第9章で明らかとなったのは，食料品の宅配サービスにおいて，利便性要因の重要性は高くなく，特に受取り方法の多様性や配達の即時性の有無は，消費者が当該小売サービスに感じる魅力にはあまり影響を及ぼさないということである。しかしながら，過去に行われたいくつかのアンケート調査結果や事例研究では，価格以上に利便性を重視するサービスに価値をみいだすセグメントが存在することが示されている。つまり，小売業者は各セグメントのニーズに応じて，多様性のあるサービスや価格設定を提供する必要があること

を意味している。

　複数販売チャネル戦略を採る小売業者にとって，ネットスーパーは有力な販売手段の一つであるが，この手段は対象セグメントの一定の層にしか効果を持たない可能性がある点に留意が必要である。

2　今後の研究課題

　成熟社会におけるマーケティング戦略をめぐる今後の研究課題として，以下の三つのテーマに取り組みたいと考えている。

　まず一つ目は，機能性食品の受容についての各国間比較である。本書の調査対象は日本国内の消費者のみであったが，機能性食品の購買促進要因および阻害要因の検証から，より一般化した結論を導くためには，調査対象となる国や地域の範囲を拡張する必要がある。たとえば，欧州内においても，国や地域によって機能性食品やヘルスクレームに対する意識が異なり，それにより機能性食品に対する受容も異なることがいくつかの研究で示唆されている。では，これらの意識の違いや，機能性食品およびヘルスクレームに対する考え方の違いが，どのように購買意思の決定に影響を及ぼしているのだろうか。今後，アジア地域を中心に機能性食品マーケットはさらに拡大することが予測されているが，こういった新興市場における消費者コミュニケーションはどのようなものが望ましいのであろうか。さらに，機能性食品への馴染み深さや各国のヘルスクレームへの規制が，どのように購買行動に影響を与えるのであろうか。これらについて，各国の事例を比較検証したいと考えている。

　二つ目は，卸売市場がサプライチェーンに果たす機能について，より実証的な検証を行うことである。花卉のように，卸売市場におけるオークションがいまだ価格形成の重要な役割を果たしている商品もある。商品によって卸売市場の役割の重要性とその機能に違いが生じるのはなぜか。また，その違いによっ

て，サプライチェーンに参加する主体はどのような影響を受けているのか。製品特性のどのような違い（季節変動があり，鮮度や品質の選別や規格化が困難な商品であるかどうかなど）が，卸売市場の存在意義にどの程度の影響を及ぼしているのか。それらに関する理論的・実証的分析が課題として残されている。

　三つ目は，買い物が困難な地域における買い物支援サービスのように，地域的要因や消費者の特性を考慮した小売サービスに対するニーズ調査および実態調査の実施である。Shaw（2006），Pine and Bennett（2014）および Widener, et al.（2012）らは，イギリスおよびアメリカなどの欧米先進諸国において，地元の食料品店や日用品店が撤退した地区，いわゆる食の砂漠（food deserts）を取り上げ，そこでの消費者行動を研究した。そこから明らかになったのは，食に対するアクセスを阻害する要因は多様であること，そして地域や消費者によって買い物に対する意識や特性にも多様性があるということであった。では，地域的要因や消費者の特性の違いに応じて，どのような小売サービスを行えばよいのだろうか。また，そのサービス実現のために，地域住民にどの程度のコストを負担してもらう仕組みが考えられるだろうか。人々にとって，食料品や日用品を購買するという行動は，日々の食生活を支え，身体的に健康な日常生活を営む上で必要不可欠であるばかりでなく，日々の生活の中に大きな楽しみをもたらし，良い気晴らしにもなり得ることから，精神的な健康を維持するためにも必要とされるものである。したがって，買い物の場へのアクセスが制限される「買い物弱者」にもその機会を提供することは，地域社会全体の持続可能性を高める上で，きわめて重要である。多様な要因に焦点を当てたアンケート調査を実施し，得られたデータをもとに，これらの課題への答えを探りたい。

参考文献

第1章

Bech-Larsen, T., Grunert, K. G. & Poulsen, J. (2001) *The acceptance of functional foods in Denmark, Finland and the United States: A study of consumers' conjoint evaluations of the qualities of functional foods and perceptions of general health factors and cultural values* (MAPP working paper No.73), University of Aarhus, Aarhus School of Business, The MAPP Centre.

Brunsø, K., Fjord, T. A. & Grunert, K. G. (2002) *Consumers' food choice and quality perception* (MAPP working paper No.73), University of Aarhus, Aarhus School of Business, The MAPP Centre.

Childs, N. M. (1997) Foods that help prevent disease: consumer attitudes and public policy implications, *Journal of Consumer Marketing*, 14(6), 433-447.

Corney, M. J., Shepherd, R., Hedderley, D. & Nanayakkara, C. (1994) Consumer acquisition of commercial and nutrition information in food choice, *Journal of economic psychology*, 15(2), 285-300.

Fern, E. (2007) Marketing of functional foods: A point of view of the industry, In *International developments in science & health claims, ILSI international symposium on functional foods in Europe*.

Ippolito, P. M. & Mathios, A. D. (1989) *Health claims in advertising and labeling: A study of the cereal market*, Federal Trade Commission.

Kotler, P. & Keller, K.I.. (2006) *Marketing Management, 12th edition,* Prentice-Hall. (恩蔵直人監修, 月谷真紀訳 (2008)『マーケティング・マネジメント (第12版)』, ピアソン・エデュケーション。)

Kozup, J. C., Creyer, E. H. & Burton, S. (2003) Making healthful food choices: the influence of health claims and nutrition information on consumers' evaluations of packaged food products and restaurant menu items, *Journal of Marketing*, 67(2), 19-34.

Krugman, H. E. (1965) The impact of television advertising: Learning without involvement, *Public opinion quarterly*, 29(3), 349-356.

Poulsen, J. (1999) *Danish consumers' attitudes towards functional foods* (MAPP working paper No. 62), University of Aarhus, Aarhus School of Business, The MAPP Centre.

Side, C. (2006) Overview on marketing functional foods in Europe, In *Functional food network general meeting*.

Siro, I., Kapolna, E., Kapolna, B. & Lugasi, A. (2008) Functional food. Product development, marketing and consumer acceptance—A review, *Appetite*, 51(3), 456-467.

池尾恭一（2003）『日本型マーケティングの革新』, 有斐閣。
恩藏直人（2007）『コモディティ化市場のマーケティング論理』, 有斐閣。
栗木契, 余田拓郎, 清水信年（2006）『売れる仕掛けはこうしてつくる－成功企業のマーケティング－』, 日本経済新聞社。
経済産業省北海道経済産業局（2009）「消費者ニーズに基づく安全性等評価を活用した健康食品ビジネスの展開方策に関する調査」, 経済産業省北海道経済産業局。
小林貞夫, 石橋陽（1997）「低関与から高関与へ」,『広告科学』, 34（8）, 53-64。
─── , 菊池真理, 朝倉隆司, 木村圭子（1997）「女子学生における食品の健康イメージと消費行動」,『東京学芸大学紀要』, 49, 167-176。
新倉貴士（1995）「消費者カテゴリー知識が広告情報処理に与える影響：転移する態度」,『第28次・吉田秀雄記念事業財団助成研究集』。
───（2005）『消費者の認知世界』, 千倉書房。
延岡健太郎（2006）『ＭＯＴ（技術経営）入門』, 日本経済新聞社。

第2章

Agriculture and Agri-Food Canada (2009) Consumer Trends: Functional Foods, Market analysis report, December.

Annunziata, A. & Vecchio, R. (2011) Factors Affecting Italian Consumer Attitudes Toward Functional Foods, *AgBioForum*, 14(1), 20-32.

Basu, S. K., Thomas, J. E. & Acharya, S. N. (2007) Prospects for growth in global nutraceutical and functional food markets: a Canadian perspective, *Australian Journal of Basic and Applied Sciences*, 1(4), 637-649.

Bech-Larsen, T., Grunert, K. G. & Poulsen, J. (2001) *The acceptance of functional foods in Denmark, Finland and the United States: A study of consumers' conjoint evaluations of the qualities of functional foods and perceptions of general health factors and cultural values* (MAPP working paper No. 73), University of Aarhus, Aarhus School of Business, The MAPP Centre.

─── & Grunert, K. G. (2003) The perceived healthiness of functional foods: A conjoint study of Danish, Finnish and American consumers' perception of functional foods, *Appetite*, 40(1), 9-14.

Brunsø, K., Fjord, T. A. & Grunert, K. G. (2002) *Consumers' food choice and quality perception* (MAPP working paper No.77), University of Aarhus, Aarhus School of Business, The MAPP Centre.

Chen, S. H., Chen, H. F. & Wang, H. C. (2010) Do health claims matter for consumer preference on tea beverage? Experimental evidence from Taiwan, In *115th Joint EAAE/AAEA Seminar, September 15-17, 2010, Freising-Weihenstephan, Germany* (No. 116428), European Association of Agricultural Economists & Agricultural and Applied Economics Association.

Datamonitor (2008) [Online] Available:
http://www.tomatoestoday.com/en/the-functional-food-marketcontinues-to-record-healthy-sales-

despite-deteriorating-levels-of-consumer-trustmembers-16.aspx (Accessed 20 April 2011).

Heasman, M. & Mellentin, J. (2001) *The functional foods revolution: healthy people, healthy profits?*, Routledge.

Hirogaki, M. (2011) Assessing Authorized Labeling as a Marketing Tool: An Empirical Study of Japan, *International Proceedings of Economics Development and Research*, 29, 73–77.

Japan External Trade Organization (JETRO) (2008) Japan's Growing Health-Food Market, [Online] Available:

https://www.jetro.go.jp/ext_images/australia/events/upcoming/index.html/HealthFood.pdf (accessed 30 December 2015).

Kotler, P. & Keller, K.L. (2006) *Marketing Management, 12th edition*, Prentice-Hall.

Krystallis, A. & Chrysochou, P. (2011) Health claims as communication tools that enhance brand loyalty: The case of low-fat claims within the dairy food category, *Journal of Marketing Communications*, 17(3), 213–228.

Lalor, F. & Wall, P. G. (2011) Health claims regulations: comparison between USA, Japan and European Union, *British Food Journal*, 113(2), 298–313.

Landström, E., Koivisto Hursti, U. K., Becker, W. & Magnusson, M. (2007) Use of functional foods among Swedish consumers is related to health-consciousness and perceived effect, *British Journal of Nutrition*, 98(05), 1058–1069.

New Zealand Trade and Enterprise (2009) Market Profile for Functional Foods in Japan, [Online] Available:

http://www.nzte.govt.nz/explore-export-markets/market-research-by-industry/Food-and-beverage/Documents/functional-foods-market-in-Japan.pdf (Accessed 30 January 2012).

Niva, M. (2007) 'All foods affect health': Understandings of functional foods and healthy eating among health-oriented Finns, *Appetite*, 48(3), 384–393.

Poulsen, J. (1999) *Danish consumers' attitudes towards functional foods* (MAPP working paper No. 62), University of Aarhus, Aarhus School of Business, The MAPP Centre.

Shimizu, T. (2003) Health claims on functional foods: the Japanese regulations and an international comparison, *Nutrition research reviews*, 16(2), 241–252.

Side, C. (2006) Overview on marketing functional foods in Europe, In *Functional food network general meeting*.

Siro, I., Kapolna, E., Kapolna, B. & Lugasi, A. (2008) Functional food. Product development, marketing and consumer acceptance—A review, *Appetite*, 51(3), 456–467.

Urala, N. & Lähteenmäki, L. (2004) Attitudes behind consumers' willingness to use functional foods, *Food Quality and Preference*, 15(7), 793–803.

Verbeke, W., Scholderer, J. & Lähteenmäki, L. (2009) Consumer appeal of nutrition and health claims in three existing product concepts, *Appetite*, 52(3), 684–692.

医療経済研究・社会保険福祉協会（2009）「『食品機能と健康』に関するアンケート調査報告書」，医療経済研究・社会保険福祉協会．

栗木契，余田拓郎，清水信年（2006）『売れる仕掛けはこうしてつくる－成功企業のマーケティング－』，日本経済新聞社．

厚生労働省（2012）http://www.mhlw.go.jp/english/topics/foodsafety/fhc/01.html（Accessed 10 August 2016）．

シード・プランニング（2010）『2010年版　特定保健用食品・栄養機能食品・サプリメント市場総合分析調査』，シード・プランニング．

宣伝会議（2009）『健康マーケティング実践事例』，宣伝会議．

新倉貴士（2010）「市場，カテゴリー，ブランドのミッシングリンク」，池尾恭一・青木幸弘編『日本型マーケティングの新展開』，有斐閣，230-248．

富士経済（2010）『特定保健用食品市場2010』，富士経済．

松本邦宏，有吉政春（2006）「成長する健康食品市場への参入戦略」，『知的資産創造』，3月号，40-51．

第3章

Agriculture and Agri-Food Canada (2009) Consumer Trends: Functional Foods, Market analysis report, December.

Basu, S. K., Thomas, J. E. & Acharya, S. N. (2007) Prospects for growth in global nutraceutical and functional food markets: a Canadian perspective, *Australian Journal of Basic and Applied Sciences*, 1(4), 637-649.

Bech-Larsen, T. & Grunert, K. G. (2003) The perceived healthiness of functional foods: A conjoint study of Danish, Finnish and American consumers' perception of functional foods, *Appetite*, 40(1), 9-14.

───── & Poulsen, J. (2001) *The acceptance of functional foods in Denmark, Finland and the United States: A study of consumers' conjoint evaluations of the qualities of functional foods and perceptions of general health factors and cultural values* (MAPP working paper No. 73), University of Aarhus, Aarhus School of Business, The MAPP Centre.

Brunsø, K., Fjord, T. A. & Grunert, K. G. (2002) *Consumers' food choice and quality perception* (MAPP working paper No.77), University of Aarhus, Aarhus School of Business, The MAPP Centre.

Chen, S. H., Chen, H. F. & Wang, H. C. (2010) Do health claims matter for consumer preference on tea beverage? Experimental evidence from Taiwan, In *115th Joint EAAE/AAEA Seminar, September 15-17, 2010, Freising-Weihenstephan, Germany* (No. 116428), European Association of Agricultural Economists & Agricultural and Applied Economics Association.

Coppens, P., Da Silva, M. F. & Pettman, S. (2006) European regulations on nutraceuticals, dietary supplements and functional foods: a framework based on safety, *Toxicology*, 221(1), 59-74.

Feick, L. F., Herrmann, R. O. & Warland, R. H. (1986) Search for nutrition information: a probit analysis of the use of different information sources, *Journal of Consumer Affairs*, 20(2), 173-192.

Gil, J. M., Gracia, A. & Sanchez, M. (2000) Market segmentation and willingness to pay for organic products in Spain, *The International Food and Agribusiness Management Review*, 3(2), 207-226.

Green, P. E. & Rao, V. R. (1971) Conjoint measurement for quantifying judgmental data, *Journal of Marketing research*, 8(3), 355-363.

Hirogaki, M. (2012) How Are Functional Foods Perceived in Japan Empirical Study of Young Japanese Consumers' Behavior, *International Journal of Management Cases*, 14(4), 185-199.

Ippolito, P. M. & Mathios, A. D. (1990) Information, advertising and health: a study of the cereal market, *Rand Journal of Economics*, 21(3), 459-480.

Kotler, P. & Keller, K.L. (2006) *Marketing Management, 12th edition*, Prentice-Hall.

Krutulyte, R., Grunert, K. G., Scholderer, J., Lähteenmäki, L., Hagemann, K. S., Elgaard, P., Nielsen, B. & Graverholt, J. P. (2011) Perceived fit of different combinations of carriers and functional ingredients and its effect on purchase intention, *Food Quality and Preference*, 22(1), 11-16.

Krystallis, A., Maglaras, G. & Mamalis, S. (2008) Motivations and cognitive structures of consumers in their purchasing of functional foods, *Food Quality and Preference*, 19(6), 525-538.

──────── & Chrysochou, P. (2011) Health claims as communication tools that enhance brand loyalty: The case of low-fat claims within the dairy food category, *Journal of Marketing Communications*, 17(3), 213-228.

Lalor, F. & Wall, P. G. (2011) Health claims regulations: comparison between USA, Japan and European Union, *British Food Journal*, 113(2), 298-313.

Landström, E., Koivisto Hursti, U. K., Becker, W. & Magnusson, M. (2007) Use of functional foods among Swedish consumers is related to health-consciousness and perceived effect, *British Journal of Nutrition*, 98(05), 1058-1069.

Luce, R. D. & Tukey, J. W. (1964) Simultaneous conjoint measurement: A new type of fundamental measurement, *Journal of mathematical psychology*, 1(1), 1-27.

Markovina, J., Cacic, J., Gajdoš Kljusuric, J. & Kovacic, D. (2011) Young consumers' perception of functional foods in Croatia, *British food journal*, 113(1), 7-16.

McFadden, D. (1974) Conditional logit analysis of qualitative choice behavior, In: Zarembka, P. (ed.) *Frontiers in Econometrics*, 105-142, New York: Academic Press, 1974.

Milner, J. A. (2000) Functional foods: the US perspective, *The American journal of clinical nutrition*, 71(6), 1654s-1659s.

New Zealand Trade and Enterprise (2009) Market Profile for Functional Foods in Japan, [Online] Available: http://www.nzte.govt.nz/explore-export-markets/market-research-by-industry/Food-and-beverage/Documents/functional-foods-market-in-Japan.pdf (Accessed 30 January 2012).

Patel, D., Dufour, Y. & Domigan, N. (2008) Functional food and nutraceutical registration processes in

Japan and China: a diffusion of innovation perspective, *Journal of Pharmacy & Pharmaceutical Sciences*, 11(4), 1-11.

Poulsen, J. (1999) Danish consumers' attitudes towards functional foods (MAPP working paper No. 62), University of Aarhus, Aarhus School of Business, The MAPP Centre.

Shimizu, T. (2003) Health claims on functional foods: the Japanese regulations and an international comparison, *Nutrition research reviews*, 16(2), 241-252.

Siro, I., Kapolna, E., Kapolna, B. & Lugasi, A. (2008) Functional food. Product development, marketing and consumer acceptance—A review, *Appetite*, 51(3), 456-467.

Thunström, L. & Rausser, G. (2008) The marginal willingness to pay for health-related food characteristics, *Food Economics-Acta Agriculturae Scandinavica, Section C*, 5(3-4), 194-206.

Urala, N. & Lähteenmäki, L. (2004) Attitudes behind consumers' willingness to use functional foods, *Food Quality and Preference*, 15(7), 793-803.

Verbeke, W. (2005) Consumer acceptance of functional foods: socio-demographic, cognitive and attitudinal determinants, *Food quality and preference*, 16(1), 45-57.

―――, Scholderer, J. & Lähteenmäki, L. (2009) Consumer appeal of nutrition and health claims in three existing product concepts, *Appetite*, 52(3), 684-692.

医療経済研究・社会保険福祉協会 (2009)「『食品機能と健康』に関するアンケート調査報告書」, 医療経済研究・社会保険福祉協会。

岩中祥史 (2011)『広島学』, 新潮社。

上岡美保 (2005)「消費者の米選択行動における感覚的属性に関する分析」,『農村研究』, 100, 105-114。

栗木契, 余田拓郎, 清水信年 (2006)『売れる仕掛けはこうしてつくる-成功企業のマーケティング-』, 日本経済新聞社。

シード・プランニング (2010)『2014年版 特定保健用食品・栄養機能食品・サプリメント市場総合分析調査』, シード・プランニング。

消費者委員会 (2012)「消費者の『健康食品』の利用に関する実態調査」, 内閣府。

全国清涼飲料工業会 (2010)『清涼飲料水関係統計資料2010』, 全国清涼飲料工業会。

角田美知江 (2010)「市場参入におけるマーケティング戦略の一考察:知覚された先発者の優位性を中心に」,『北海学園大学経営論集』, 7 (4), 179-202。

新倉貴士 (2010)「市場, カテゴリー, ブランドのミッシングリンク」, 池尾恭一・青木幸弘編『日本型マーケティングの新展開』, 有斐閣, 230-248。

日本政策金融公庫 (2013)「平成24年度上半期消費者動向調査」, 日本政策金融公庫。

富士経済 (2010)『特定保健用食品市場2010』, 富士経済。

――― (2013)『H・Bフーズマーケティング便覧2013』, 富士経済。

マイボイスコム (2010)「『特定保健用食品』の利用 (第2回)」, マイボイスコム株式会社。

松本邦宏, 有吉政春 (2006)「成長する健康食品市場への参入戦略」,『知的資産創造』, 14 (3),

40-51。

村田守康(2010)「花王における3つのイノベーション:「アタック」・「ヘルシア」・「クイックルワイパー」の開発に携わって」,『京都マネジメントレビュー』, 17, 113-129。

第4章

Barkema, A., Drabenstott, M. & Welch, K. (1991) The quiet revolution in the US food market, *Economic Review*, 76(3), 25-41.

Breimyer, H. F. (1976) *Economics of the product markets of agriculture*, Iowa State University Press.

Brookes, R. (1995) Recent changes in the retailing of fresh produce: strategic implications for fresh produce suppliers, *Journal of Business Research*, 32(2), 149-161.

Buccola, S. T. (1985) Pricing efficiency in centralized and noncentralized markets, *American Journal of Agricultural Economics*, 67(3), 583-590.

Cadilhon, J. J., Fearne, A. P., Hughes, D. R. & Moustier, P. (2003) Wholesale markets and food distribution in Europe: new strategies for old functions, *Department of Agricultural Sciences, Imperial College London (Wye Campus)*.

Dimitri, C. (1999) Integration, coordination, and concentration in the fresh fruit and vegetable industry, *Fruit and Tree Nuts Situation and Outlook (March)*, 23-31.

Giraud-Héraud, É., Soler, L. G. & Tanguy, H. (1999) Avoiding double marginalisation in agro-food chains, *European Review of Agricultural Economics*, 26(2), 179-198.

Goldberg, R. A. (1968) Agribusiness coordination: a system approach to the wheat, soybean and florida orange economics, *Boston Graduate school of business administration, Harvard university*, 256.

Goldman, A., Krider, R. & Ramaswami, S. (1999) The persistent competitive advantage of traditional food retailers in Asia: wet markets' continued dominance in Hong Kong, *Journal of Macromarketing*, 19(2), 126-139.

Hall, M. (1948) *Distributive Trading : An economic analysis*, London : Hutchinson's University Library.

Helmberger, P. G., Campbell, G. R. & Dobson, W. D. (1981) Organization and performance of agricultural markets, In: Martin, L. R.(eds.) *A Suavey of agricultural economics literature,* 3, 503-653, University Minnesota Press.

Hennessy, D. A. (1996) Information asymmetry as a reason for food industry vertical integration, *American Journal of Agricultural Economics*, 78(4), 1034-1043.

Hoffman, A. C. (1976) Vertical Integration in the Food Industries, In: Marion, B. W. (eds.) *Coordination and Exchange in the Agricultural Subsectors*, N. C. Project117, Monograph2, North Central Research Foundation, 165-168.

Hueth, B., Ligon, E., Wolf, S. & Wu, S. (1999) Incentive instruments in fruit and vegetable contracts: input control, monitoring, measuring, and price risk. *Review of agricultural economics*, 21(2), 374-389.

Hughes, D. & Merton, I. (1996) "Partnership in produce": the J Sainsbury approach to managing the fresh produce supply chain, *Supply Chain Management: An International Journal*, 1(2), 4-6.

Jumper, S. R. (1974) Wholesale marketing of fresh vegetables, *Annals of the Association of American Geographers*, 64(3), 387-396.

Kaynak, E.(1999) Cross-national and cross-cultural issues in food marketing: past, present and future, *Journal of International Food and Agribusiness Marketing*, 10(4), 1-11.

MacDonald, J. , Perry, J., Ahearn, M., Banker, D., Chambers, W., Dimitri, C., Key, N., Nelson, K. & Southard, L. (2004) Contracts, Markets, and Prices: Organizing the Production and Use of Agricultural Commodities, *USDA-ERS Agricultural Economic Report*, 837.

Manchester, A. C. (1964) The structure of wholesale produce markets, U.S. Dept. of Agriculture, Economic Research Service, Marketing Economics Division.

Markin, R. J. (1968) *The supermarket: an analysis of growth, development, and change*, Pullman: Washington State University Press.

McLaughlin, E. W. & Perosio, D. J. (1994) Fresh fruit and vegetable procurement dynamics: the role of the supermarket buyer, *Research Bulletin*, 94/1, Department of Agricultural, Resource and Managerial Economics, Cornell University.

McMillan, J. (2003) *Reinventing the bazaar: A natural history of markets*, WW Norton & Company. (瀧津弘和，木村友二訳（2007)『市場を創る』NTT 出版)

Mighell, R. L. & Jones, L. A. (1963) Vertical coordination in agriculture. *Agricultural Economics Report*, No.19.

Mittendorf, H. J. (1986) Role of government in improving food market centres in less developed countries, In: Kaynak, E. (Eds.) *World Food Marketing Systems*, 54-72, Butterworths.

Mueller, W. F. & Collins, N. R. (1957) Grower-processor integration in fruit and vegetable marketing. *Journal of Farm Economics*, 39(5), 1471-1483.

Purcell, W. D. (1973) An approach to research on vertical coordination: The beef system in Oklahoma, *American Journal of Agricultural Economics*, 55(1), 65-68.

Reardon, T. & Timmer, C. P. (2007) Transformation of markets for agricultural output in developing countries since 1950: How has thinking changed?, In: *Handbook of agricultural economics*, 3, 2807-2855.

Retail Business (1997a) Corporate intelligence, market survey, fresh fruit and vegetables, Part1, *Retail Business*, 469, March.

─────(1997b) Corporate intelligence, market survey, fresh fruit and vegetables, Part2, *Retail Business*, 470, April.

Rhodes, V. J. (1978) Pricing and Exchange systems within the Marketing-Procurement channel, In: *The Agricultural Marketing System*, 179-203, Grid Puvlishing.

───── and Dauve, J. L. and Parcell, J. L. (2007) *The Agricultural Marketing System 6th ed*, 138-141, Holcomb Hathaway.

Royer, J. S. (1998) "Market structure, vertical integration, and contract coordination" in: J. Royer and

参考文献　229

R. Rogers (Eds.) *The Industrialization of Agriculture : Vertical Coordination in the US Food System*, 73-98, Aldershot: Ashgate Publishing.

Sexton, R. J. & Lavoie, N. (2001) Food processing and distribution: an industrial organization approach, In: Gardner, B. L. & Rausser, G. C. (Eds.) *Handbook of Agricultural Economics*, 1B, 863-932, Amsterdam: Elsevier.

Shaw, S. A. & Gibbs, J. (1996) The role of marketing channels in the determination of horizontal market structure: the case of fruit and vegetable marketing by British growers, *International Review of Retail, Distribution and Consumer Research*, 6(3), 281-300.

Shepherd, A. (2005) *The implications of supermarket development for horticultural farmers and traditional marketing systems in Asia.* Rome, FAO.

Stigler, G. J. (1961) The economics of information, *Journal of Political Economy*, 69(3), 213-225.

Tollens, E. (1997) Wholesale markets in African cities: diagnosis, role, advantages, and elements for further study and development, *FAO Agricultural Services Bulletin*, 143.

Tracey-White, J. D. (1991) *Wholesale markets: Planning and design manual*, Rome: FAO.

Tradescope (1995) Access to Japan's import market : The Japanese for fresh vegetables. *Tradescope*, August, pp.7-18.

White, H. M. (2000) Buyer-supplier relationships in the UK fresh produce industry, *British Food Journal*, 102(1), 6-17.

Zimmerman, M. M. (1955) *The super market: a revolution in distribution,* New York; Toronto: McGraw-Hill Book Company.

食品需給研究センター（2000）『海外卸売市場制度調査報告書（ベルギー・ドイツ・まとめ)』，食品需給研究センター。
農畜産業振興機構（2004）『平成15年度契約取引実態調査報告書』。
広垣光紀（2008）「青果物流通における卸売構造の変化とその方向性」，『広島経済大学経済研究論集』，30（3・4)，209-229。
松田友義（1993）「卸売市場における価格形成メカニズムの日米比較分析」，『卸売市場流通の研究』，新農政研究所，19-47。

第5章

Cadilhon, J. J., Fearne, A. P., Hughes, D. R. & Moustier, P. (2003) Wholesale markets and food distribution in Europe: new strategies for old functions, *Discussion Paper no. 2 (January)*, Department of Agricultural Sciences, Imperial College London (Wye Campus).

―――, Moustier, P., Poole, N. D., Tam, P. T. G. & Fearne, A. P. (2006) Traditional vs. modern food systems? Insights from vegetable supply chains to Ho Chi Minh City (Vietnam), *Development Policy Review*, 24(1), 31-49.

Department of Foreign Affairs and Trade, Australia (2002) *Subsistence to Supermarket II: Agrifood*

Globalisation and Asia Vol II: Changing Agrifood Distribution in Asia, Canberra: Department of Foreign Affairs and Trade.

Dimitri, C. (1999) Integration, coordination, and concentration in the fresh fruit and vegetable industry, *Fruit and Tree Nuts Situation and Outlook (March)*, 23-31.

Jumper, S. R. (1974) Wholesale marketing of fresh vegetables, *Annals of the Association of American Geographers*, 64(3), 387-396.

Kaynak, E. (2000) "Cross-national and cross-cultural issues in food marketing: past, present and future", *Journal of International Food & Agribusiness Marketing*, 10(4), 1-11.

Manchester, A. C. (1964) The structure of wholesale produce markets, U.S. Dept. of Agriculture, Economic Research Service, Marketing Economics Division.

McLaughlin, E. W. & Perosio, D. J. (1994) Fresh fruit and vegetable procurement dynamics: the role of the supermarket buyer, *Research Bulletin*, 94/1, Department of Agricultural, Resource and Managerial Economics, Cornell University.

Retail Business (1997a) Corporate intelligence, market survey, fresh fruit and vegetables, Part1, *Retail Business*, 469, March.

―――― (1997b) Corporate intelligence, market survey, fresh fruit and vegetables, Part2, *Retail Business*, 470, April.

Seidler, E. (2001) Wholesale market development ‒ FAO's experience. Paper prepared for the 22nd Congress of the World Union of Wholesale Markets: Durban, South Africa, September 2001.

Starkey, M. W. & Carberry-Long, M. (1995) The renewed case for co-operation in marketing British apples, *British Food Journal*, 97(4), 3-8.

Supermarket News (1974) *Supermarket News*, Capital Cities Media Inc., Sept 30, 1974.

Tollens, E. (1997) Wholesale Markets in African Cities: Diagnosis, Role, Advantages, and Elements for Further Study and Development, *FAO Food Supply and Distribution to Cities in French-Speaking Africa. Food into cities collection (AC/05-97E): University of Louvain.*

White, H. M. (2000) Buyer-supplier relationships in the UK fresh produce industry, *British Food Journal*, 102(1), 6-17.

小野沢康晴（2004）「野菜流通における契約出荷と市場出荷」,『農林金融』, 57（10）, 584-603。
香月敏孝（2005）『野菜作農業の展開過程』, 農山漁村文化協会。
木立真直（2007）「卸売市場の社会的役割とこれからの戦略課題」, 永木正和, 茂野隆一編著『消費行動とフードシステムの新展開』, 農林統計協会。
小林茂典（2001）「野菜の輸入動向と輸入野菜流通の特徴」,『農林水産政策研究所レビュー』, No.1, 67-79。
坂爪浩史（1999）『現代の青果物流通』, 筑波書房。
佐藤和憲（2001）「フードシステムの変化に対応した野菜産地の再編課題」, 高橋正郎監修, 土井時久, 斉藤修編『フードシステム学全集第6巻　フードシステムの構造変化と農漁業』,

農林統計協会,234-251。
勝賀瀬質(1965)『青果物流通の実態・歴史と展望』,農山漁村文化協会。
食品需給研究センター(1990)「卸売市場流通ビジョン調査報告書」,食品需給研究センター。
――――(1995)「卸売市場整備基本方針策定調査報告書」,食品需給研究センター。
――――(2000)「卸売市場実態調査報告書」,食品需給研究センター。
――――(2003)「生鮮食料品等流通円滑化緊急対策事業報告書」,食品需給研究センター。
鈴木忠和(1983)『野菜経済の大規模化』,楽游書房。
中村勝(1980)『市場の語る日本の歴史』,そしえて文庫。
農畜産業振興機構(2004)『平成15年度契約取引実態調査報告書』,農畜産業振興機構。
農林水産省総合食料局流通課(2007,2006)「卸売市場データ集」,農林水産省。
農林水産省(1993)「食料消費モニター調査」,農林水産省。
――――(2001-1982)『総合農協統計表』,農林統計協会。
――――(2004,2000)「食料品消費モニター調査」,農林水産省。
広垣光紀(2006a)「農産物の規格・基準を巡る公的政策」,『六甲台論集(経営学編)』,53(2),25-41。
――――(2006b)「卸売市場制度生成に関する理論的接近」,『六甲台論集(経営学編)』,53(3),15-29。
藤田武弘(2000)『地場流通と卸売市場』,農林統計協会。
松田友義(1993)「卸売市場における価格形成メカニズムの日米比較分析」,『卸売市場流通の研究』,新農政研究所,19-47。

第6章

Bockstael, N. E. (1984) The welfare implications of minimum quality standards, *American Journal of Agricultural Economics*, 66(4), 466-471.

Cadilhon, J. J., Fearne, A. P., Hughes, D. R. & Moustier, P. (2003) Wholesale markets and food distribution in Europe: new strategies for old functions, *Discussion Paper no. 2 (January), Department of Agricultural Sciences, Imperial College London (Wye Campus)*.

Crespi, J. M. & Marette, S. (2001) How should food safety certification be financed?, *American Journal of Agricultural Economics*, 83(4), 852-861.

Dimitri, C. (1999) Integration, coordination, and concentration in the fresh fruit and vegetable industry, *Fruit and Tree Nuts Situation and Outlook (March)*, 23-31.

Helmberger, P. G., Campbell, G. R. & Dobson, W. D. (1981) Organization and performance of agricultural markets, In: Martin, L. R. (eds.) *A Suavey of agricultural economics literature*, 3, 503-653, University Minnesota Press.

Hennessy, D. A. (1995) Microeconomics of agricultural grading: Impacts on the marketing channel, *American Journal of Agricultural Economics*, 77(4), 980-989.

Jumper, S. R. (1974) Wholesale marketing of fresh vegetables, *Annals of the Association of American*

Geographers, 64(3), 387-396.
Marette, S., Crespi, J. M. & Schiavina, A. (1999) The role of common labelling in a context of asymmetric information, *European Review of Agricultural Economics*, 26(2), 167-178.
Mittendorf, H. J. (1986) Role of government in improving food market centres in less developed countries, In: Kaynak, E. (Eds.) *World Food Marketing Systems*, 54-72, Butterworths.
Mussa, M. & Rosen, S. (1978) Monopoly and product quality, *Journal of Economic theory*, 18(2), 301-317.
Price, D. W. (1967) Discarding low quality produce with an elastic demand, *Journal of Farm Economics*, 49(3), 622-632.
Rhodes, V. J. (1978) Pricing and Exchange systems within the Marketing-Procurement channel, In: *The Agricultural Marketing System*, 179-203, Grid Puvlishing.

香月敏孝（2005）『野菜作農業の展開過程』，農山漁村文化協会．
齋藤勝宏，杉本義行（2001）「食品─競争戦略の構築を─」，『日本経済の効率性と回復策に関する研究会（Ⅱ）』，財務総合政策研究所．
佐藤和憲(2001)「フードシステムの変化に対応した野菜産地の再編課題」，高橋正郎監修『フードシステムの構造変化と農漁業』，農林統計協会．
谷川英夫（1966）「食料品卸売業者の統合（下）」，公正取引 185 号．
藤田武弘（2000）『地場流通と卸売市場』，農林統計協会．
森宏（1982）「農産物流通政策」，久保村隆祐，森宏，田島義博（1982）『流通政策』，中央経済社．

第 7 章

Dawes, J. & Nenycz-Thiel, M. (2014) Comparing retailer purchase patterns and brand metrics for in-store and online grocery purchasing, *Journal of Marketing Management*, 30(3-4), 364-382.
Forbes (2014) Emerging Asia's Grocery Challenge, [online]
    http://www.forbes.com/sites/baininsights/2014/03/12/emerging-asias-grocery-challenge/
    (accessed 20 September 2014).
Kotler, P. & Keller, K. L. (2006) *Marketing Management*, *12th edition*, Prentice-Hall.（恩蔵直人監修，月谷真紀訳（2008）『マーケティング・マネジメント（第 12 版）』，ピアソン・エデュケーション）．
LOGI-BIZ（2001）「ネットスーパーの挫折」，『LOGI-BIZ』，2001 年 8 月号，12-13．
Lee, L. (2003) Online grocers: finally delivering the lettuce, Brick-and-mortar chains are finding profits in cyberspace, *Business Week*, April 28, 3830, 67.
McKinsey & Company (2013) The future of online grocery in Europe, [online]
    http://www.mckinsey.com/global_locations/europe_and_middleeast/spain/en/our_people/~/media/mckinsey/dotcom/client_service/retail/articles/perspectives%20book/05%20online%20grocery.

ashx (accessed 17 September 2014).
Nielsen Newswire (2011) Five Things to Know about Online Grocery Shopping Nielsen, [online] http://www.nielsen.com/us/en/newswire/2011/five-things-to-know-about-online-grocery-shopping.html (accessed 10 September 2014).
Punakivi, M. & Saranen, J. (2001) Identifying the success factors in e-grocery home delivery, *International Journal of Retail & Distribution Management*, 29(4), 156-163.
Reuters (2013) Online grocery sales to double in key European markets by2016: IGD，BERLIN，Oct 24，2013, [online] http://uk.reuters.com/article/2013/10/23/us-retail-online-groceryidUKBRE99M1IO20131023 (accessed 10 September 2014).
Tech in Asia (2012) China's Yihaodian Plans 1,000 Virtual AR Supermarkets Where You'll Shop With Your Smartphone's Camera，October15，2012, [online] http://www.techinasia.com/china-yihaodian-virtual-supermarkets-qr-codes/ (accessed 20 September 2014).
Tesco (2011) *Annual Report* [online] http://www.tescoplc.com/media/417/tesco_annual_report_2011.pdf (accessed 1 July 2014).
Yahoo! Japan (2014) プレスリリース , [online] http://pr.yahoo.co.jp/release/2014/05/08b/ (accessed 3 July 2014).

太田美和子（2014）「英国テスコ強さの一端」,『食品商業』, 2014 年 1 月号，144-147。
川辺信雄（2011）「ネットスーパーの生成と発展－バーチャル・ビジネスとリアル・ビジネスの統合－」,『早稲田商學』, 429，23-78。
経済産業省（2010）「地域生活インフラを支える流通のあり方研究会報告書」, [online] http://www.meti.go.jp/report/downloadfiles/g100514a03j.pdf（2014 年 9 月 10 日ダウンロード）。
─── (2013)「平成 24 年度我が国情報経済社会における基盤整備（電子商取引に関する市場調査）報告書」, 経済産業省商務情報政策局情報経済課, [online] http://www.meti.go.jp/press/2013/09/20130927007/20130927007-4.pdf（accessed 10 September 2014）。
後藤亜希子（2010）「参入が増えるネットスーパーの動向と今後の可能性に関する検討」,『流通情報』, 485，14-21。
清水信年，坂田隆文編（2012）『1 からのリテール・マネジメント』, 中央経済社。
日経 MJ（2009a）「サミット無店舗型・ネットスーパー東京・調布の既存店閉鎖配送センターに収増益企業を探る」,『日経 MJ』, 2009 年 6 月 3 日, 日本経済新聞社。
─── (2009b)「サミット無店舗型ネットスーパー―田尻社長,「注文 1 日 400 件で採算」」,『日経 MJ』, 2009 年 9 月 17 日, 日本経済新聞社。
日本経済新聞（2014）「ネットスーパー賢く利用――重い品をまとめ買い，短時間で無料配達

も」,『日本経済新聞』, 2014 年 7 月 19 日。
日本ネット経済新聞 (2013) [online] http://www.bci.co.jp/netkeizai/foods/2013/475.html 日本流通産業新聞社 (accessed 1 July 2014)。
矢野経済研究所 (2009)『食品宅配市場に関する調査結果』, 矢野経済研究所。
―――― (2013)『2013 年版食品宅配市場の展望と戦略』, 矢野経済研究所。
渡邊常和 (2014)「利益の出るネットスーパー－センター配送と店頭配送メリットとコストを比較－」,『販売革新』, 2014 年 1 月号, 87-90。

第 8 章

Becerril-Arreola, R., Leng, M. & Parlar, M. (2013) Online retailers' promotional pricing, free-shipping threshold, and inventory decisions: a simulation-based analysis, *European Journal of Operational Research*, 230(2), 272-283.

Briggs, F. (2013) IGD: Online grocery retailing in France and Germany forecast to double by 2016 - retail times, *Retail Times,* [online]
http://www.retailtimes.co.uk/igd-online-grocery-retailing-france-germany-forecast-double-2016/ (accessed 9 July 2014).

Dana, L. P. (1998) Small but not independent: SMEs in Japan, *Journal of Small Business Management*, 36(4), 73-76.

Dawes, J. & Nenycz-Thiel, M. (2014) Comparing retailer purchase patterns and brand metrics for in-store and online grocery purchasing, *Journal of Marketing Management*, 30, (3-4), 364-382.

Duffy, G. & Dale, B. (2002) E-commerce processes: a study of criticality, *Industrial Management & Data Systems*, 102(8), 432-441.

Ecclab (2014) [online] http://ecclab.empowershop.co.jp/archives/1846 (accessed 2 June 2014).

Freeman, M. (2009) Experiences of users from online grocery stores', In: Oliver, D., Romm Livermore, C. and Sudweeks, F. (Eds.) *Self Service in the Internet Age: Expectations and Experiences*, 139-160, London: Springer-Verlag.

Green, P. & Rao, V. (1971) Conjoint measurement for quantifying judgmental data, *Journal of Marketing Research*, 8(3), 355-363.

Gümüş, M., Li, S., Oh, W. & Ray, S. (2013) Shipping fees or shipping free? A tale of two price partitioning strategies in online retailing, *Production and Operations Management*, 22 (4), 758-776.

Hasan, H. & Ditsa, G. (1999) The impact of culture on the adoption of IT: an interpretive study, *Journal of Global Information Management (JGIM)*, 7(1), 5-15.

IPSOS (2013) [online]
http://ipsoshk.com/wp-content/uploads/sites/2/2013/11/Verint_Ipsos_Consumer-Insights_Deck_APAC.pdf (accessed 20 June 2014).

Jiang, Y., Shang, J. & Liu, Y. (2013) Optimizing shipping-fee schedules to maximize e-tailer profits,

International Journal of Production Economics, 146(2), 634-645.
Kinsey, J. & Senauer, B. (1996) Consumer trends and changing food retailing formats, *American Journal of Agricultural Economics*, 78(5), 1187-1191.
Kämäräinen, V., Småros, J., Holmström, J. & Jaakola, T. (2001) Cost-effectiveness in the e-grocery business, *International Journal of Retail & Distribution Management*, 29(1), 41-48.
Liu, K., Shiu, J. & Sun, C. (2013) How different are consumers in internet auction markets? Evidence from Japan and Taiwan, *Japan and the World Economy*, 28, 1-12.
Luce, R. & Tukey, J. (1964) Simultaneous conjoint measurement: a new type of fundamental measurement, *Journal of Mathematical Psychology*, 1(1), 1-27.
Marimon, F., Vidgen, R., Barnes, S. & Cristobal, E. (2010) Purchasing behaviour in an online supermarket, *International Journal of Market Research*, 52(1), 111-129.
Miller, G. (1956) The magical number seven, plus or minus two: some limits on our capacity for processing information, *Psychological Review*, 63(2), 81-97.
Morganosky, M. & Cude, B. (2000) Consumer response to online grocery shopping, *International Journal of Retail & Distribution Management*, 28(1), 17-26.
Nagayama, K. & Weill, P. (2004) *Seven Eleven Japan: Reinventing the Retail Business Model*, 4, CISR Working paper 338-MIT Sloan WP 4485.
Nicholls, E., Romaniuk, J. & Sharp, B. (2003) The effect of advertised messages on light and heavy users' brand perceptions, *Doctoral dissertations 2003: Proceedings of Australia and NZ Marketing Academy Conference*, University of South Australia, Adelaide, Australia.
Nielsen Newswire (2011) *Five Things to Know about Online Grocery Shopping Nielsen*, [online] http://www.nielsen.com/us/en/newswire/2011/five-things-to-know-about-online-grocery-shopping.html (accessed 23 June 2014).
Ogawara, S., Chen, J. & Chong, P. (2002) Mobile commerce: the future vehicle of e-payment in Japan?, *Journal of Internet Commerce*, 1(3), 29-41.
―――― & Zhang, Q. (2003) Internet grocery business in Japan: current business models and future trends, *Industrial Management & Data Systems*, 103(9), 727-735.
Punakivi, M. & Saranen, J. (2001) Identifying the success factors in e-grocery home delivery, *International Journal of Retail & Distribution Management*, 29(4), 156-163.
Reuters (2013) Online grocery sales to double in key European markets by 2016-IGD, [online] http://uk.reuters.com/article/2010/13/23/retail-online-grocery-idUKL5N0ID2RE20131023 (accessed 24 October 2013).
Tesco (2011) *Annual Report*, [online] http://www.tescoplc.com/media/417/tesco_annual_report_2011.pdf (accessed 1 July 2014).
Yahoo! Japan (2014) ニュースリリース, [online] http://pr.yahoo.co.jp/release/2014/05/08b/ (accessed 3 July 2014).
朝野熙彦（2000）『入門 多変量解析の実際 第 2 版』，講談社．

岡本真一 (1999)『コンジョイント分析』, ナカニシヤ出版。
洪京和 (2013)「地域における買い物弱者支援サービスの展開について」,『物流問題研究』, 59, 60-71。
後藤亜希子 (2010)「参入が増えるネットスーパーの動向と今後の可能性に関する検討」,『流通情報』, 485, 14-21。
真城知己 (2001)『SPSS によるコンジョイント分析』, 東京図書出版。
清水信年, 坂田隆文編 (2012)『1 からのリテール・マネジメント』, 中央経済社。
帝国データバンク (2011)「食材宅配企業の経営実態調査」, [online] http://www.tdb.co.jp/report/watching/press/pdf/p110908.pdf (accessed 1 July 2014)。
日本ネット経済新聞 (2013) [online] http://www.bci.co.jp/netkeizai/foods/2013/475.html (accessed 1 July 2014), 日本流通産業新聞社。
野村総合研究所 (2012)「消費者の生活向上に資する新たな流通の在り方に関する調査研究」, [online] http://www.meti.go.jp/meti_lib/report/2012fy/E002430.pdf (accessed 1 July 2014)。
マイボイスコム (2013)「ネットスーパー (第 4 回)」, マイボイスコム株式会社。
矢野経済研究所 (2009)「食品宅配市場に関する調査結果 2009」, 矢野経済研究所。

第 9 章

Blanchard, T. & Lyson, T. (2002) Access to low cost groceries in nonmetropolitan counties: Large retailers and the creation of food deserts, In: *Measuring Rural Diversity Conference Proceedings*, November, 21-22.

Boyer, K. K., Prud'homme, A. M. & Chung, W. (2009) The last mile challenge: evaluating the effects of customer density and delivery window patterns, *Journal of Business Logistics*, 30(1), 185-201.

Chand, M. & Tung, R. (2014) The Aging of the World's Population and its Effects on Global Business, *The Academy of Management Perspectives*, 28(4), 409-429.

Cummins, S., Petticrew, M., Higgins, C., Sparks, L. & Findlay, A. (2004) Reducing inequalities in health and diet: the impact of a food retail development: a pilot study, *Final report to the Department of Health,* London: Department of Health.

Goldman, A., Krider, R. & Ramaswami, S. (1999) The persistent competitive advantage of traditional food retailers in Asia: wet markets' continued dominance in Hong Kong, *Journal of Macromarketing*, 19(2), 126-139.

Goldstone, J. A. (2010) The new population bomb: the four megatrends that will change the world, *Foreign Affairs*, 89(1), 31-43.

Guy, C., Clarke, G. & Eyre, H. (2004) Food retail change and the growth of food deserts: a case study of Cardiff, *International Journal of Retail & Distribution Management*, 32(2), 72-88.

Gümüş, M., Li, S., Oh, W. & Ray, S. (2013) Shipping fees or shipping free? A tale of two price partitioning strategies in online retailing, *Production and Operations Management*, 22 (4), 758-776.

Hare, C. (2003) The food-shopping experience: a satisfaction survey of older Scottish consumers, *International Journal of Retail & Distribution Management*, 31(5), 244-255.

Huang, D. L., Rosenberg, D. E., Simonovich, S. D. & Belza, B. (2012) Food Access Patterns and Barriers among Midlife and Older Adults with Mobility Disabilities, *Journal of aging research*, 2012, 1-8.

IPSOS (2013) *Asia Pacific Consumer Insight Study 2013*,
http: //ipsoshk. com/wp-content/uploads/sites/2/2013/11/Verint_Ipsos_Consumer-Insights_Deck_APAC.pdf (Accessed 20 June 2014).

Ishiguro, K. (2014) Food access among elderly Japanese people, *Asian Social Work and Policy Review*, 8(3), 275-279.

Larson, N. I., Story, M. T. & Nelson, M. C. (2009) Neighborhood environments: disparities in access to healthy foods in the US, *American Journal of Preventive Medicine*, 36(1), 74-81.

Liu, K., Shiu, J. and Sun, C. (2013) 'How different are consumers in internet auction markets? Evidence from Japan and Taiwan', *Japan and the World Economy*, 28, 1-12.

Morganosky, M. A. & Cude, B. J. (2000) Consumer response to online grocery shopping, *International Journal of Retail & Distribution Management*, 28(1), 17-26.

Morton, L. W. & Blanchard, T. C. (2007) Starved for access: life in rural America's food deserts, *Rural Realities*, 1(4), 1-10.

Mulangu, F. & Clark, J. (2012) Identifying and measuring food deserts in rural Ohio, *Journal of Extension*, 50(3), 3FEA6.

Myers, H. & Lumbers, M. (2008) Understanding older shoppers: a phenomenological investigation, *Journal of Consumer Marketing*, 25(5), 294-301.

Nagayama, K. & Weill, P. (2004) *Seven Eleven Japan: Reinventing the Retail Business Model*, 4, CISR Working Paper 338-MIT Sloan WP 4485.

Park, C. W., Iyer, E. S. & Smith, D. C. (1989) The effects of situational factors on in-store grocery shopping behavior: the role of store environment and time available for shopping, *Journal of Consumer Research*, 15(4), 422-433.

Pine, A. & Bennett, J. (2014) Food access and food deserts: the diverse methods that residents of a neighborhood in Duluth, Minnesota use to provision themselves, *Community Development*, 45(4), 317-336.

Sakai, M., Brown, J. & Mak, J. (2000) Population aging and Japanese international travel in the 21st century, *Journal of Travel Research*, 38(3), 212-220.

Shaw, H. J. (2006) Food deserts: towards the development of a classification, *Geografiska Annaler: Series B, Human Geography*, 88(2), 231-247.

Warschun, M., Delfmann, W., Albers, S. & Müßig, R. (2012) A Fresh Look at Online Grocery, A.T. Kearney, Inc.,
http://www.atkearney.com/documents/10192/f62c2bb7-d874-42b9-9a0c-07e1054f93f5 (accessed

10 November 2014).

Widener, M. J., Metcalf, S. S. & Bar-Yam, Y. (2012) Developing a mobile produce distribution system for low-income urban residents in food deserts, *Journal of Urban Health*, 89(5), 733-745.

Wrigley, N., Warm, D. & Margetts, B. (2003) Deprivation, diet, and food-retail access: findings from the Leedsfood deserts' study, *Environment and Planning A*, 35(1), 151-188.

石橋忠子（2015）「極限の配送コストが突きつける発想転換の新ステージ（特集　膨らむ需要細らむ供給のアンバランスラストワンマイル 収益性との戦い）」,『激流』, 40 (7), 14-18, 国際商業出版。

木島豊希（2012）「2020年のスーパーマーケット業界の課題と展望に関する調査研究（特集 2020年に向けたスーパーマーケット業界の課題と展望）」,『流通情報』, 494, 41-58。

北原啓司, 村上早紀子, 笹郁子（2012）「弘前市の買い物弱者の現状及び課題の調査研究報告書」, 2012年3月。

経済産業省（METI）（2010a）「平成19年商業統計メッシュデータ」, 経済産業省。

─────（2010b）「地域生活インフラを支える流通のあり方研究会報告書」, 2010年5月, http://www.meti.go.jp/report/downloadfiles/g100514a03j.pdf（accessed 25 September 2014）。

─────（2011）「買い物弱者応援マニュアル ver. 2.0」, http://www.meti.go.jp/press/2011/05/20110530002/20110530002-2.pdf（accessed 25 September 2014）。

激流（2013）「激流レポート 過疎地でも利益が出るコープさっぽろ移動販売の仕組み」,『激流』, 38（11）, 58-61, 国際商業出版。

後藤亜希子（2010）「参入が増えるネットスーパーの動向と今後の可能性に関する検討」,『流通情報』, 42（2）, 14-21。

清水信年, 坂田隆文編（2012）『1からのリテール・マネジメント』, 中央経済社。

新日本スーパーマーケット協会（2014）「2013年版スーパーマーケット白書」, http://www. super. or. jp/wp-content/uploads/2013/02/NSAJhakusho2013-full1. pdf（accessed 30 October 2014）。

総務省（2010）「平成17年国税調査地域メッシュ統計」, 総務省, http://www.stat.go.jp/data/kokusei/2010/kihon1/pdf/gaiyou1.pdf#page = 5（accessed 13 October 2014）。

高橋克也, 薬師寺哲郎（2013）「食料品アクセス問題の実態と市町村の対応」,『フードシステム研究』, 20（1）, 26-39。

高橋愛典, 竹田育広, 大内秀二郎（2012）「移動販売事業を捉える二つの視点－ビジネスモデル構築と買い物弱者対策」,『商経学叢』, 58（3）, 435-459。

千葉県（2010）「平成22年度千葉県コミュニティビジネス実態調査」, http://www.pref.chiba.lg.jp/keishi/shougyoushinkou/kaimono/documents/5jirei.pdf（accessed 20 October 2014）。

内閣府（2014）「平成 26 年版高齢社会白書」,
　　http://www8.cao.go.jp/kourei/whitepaper/w-2014/zenbun/pdf/1s1s_5.pdf（accessed 20 October 2014）。
農林水産省政策研究所（2012）「食料品アクセス問題の現状と対応方向」,
　　http://www.maff.go.jp/primaff/koho/seika/project/pdf/access1-1-1sec.pdf（accessed 10 November 2014）。
マイボイスコム（2013）「ネットスーパー（第 4 回）」, マイボイスコム株式会社。
丸山雅祥（1992）『日本市場の競争構造』, 創文社。
薬師寺哲郎, 高橋克也（2012）「我が国における食料品店と住民の距離」, 農林水産省農林水産政策研究所食料アクセス研究チーム,
　　http://www.maff.go.jp/primaff/koho/seika/project/pdf/access1-4-1.pdf（accessed 25 September 2015）。

第 10 章

Alamdari, F. & Burrell, J. (2000) Marketing to female business travellers, *Journal of Air Transportation World Wide*, 5(2), 3-18.
Babin, B. J. & Boles, J. S. (1998) Employee behavior in a service environment: A model and test of potential differences between men and women, *The Journal of Marketing*, 62(2), 77-91.
Bove, L. L. & Smith, D. A. (2006) Relationship strength between a customer and service worker: does gender Dyad matter?, *Services Marketing Quarterly*, 27(3), 17-34.
Davis, M. M. & Heineke, J. (1998) How disconfirmation, perception and actual waiting times impact customer satisfaction, *international Journal of Service industry Management*, 9(1), 64-73.
────& Maggard, M. J. (1990) An analysis of customer satisfaction with waiting times in a two-stage service process, *Journal of Operations Management*, 9(3), 324-334.
Di Mascio, R. (2010) The service models of frontline employees, *Journal of Marketing*, 74(4), 63-80.
GCOM Co, Ltd. (2006) 「スーパーマーケットのイメージに関するアンケート調査結果レポート」, http://www.gcom-net.co.jp/report/rep0608.pdf (accessed 5 May 2014).
Hartline, M. D. & Jones, K. C. (1996) Employee performance cues in a hotel service environment: Influence on perceived service quality, value, and word-of-mouth intentions, *Journal of Business Research*, 35(3), 207-215.
Hu, H. H., Kandampully, J. & Juwaheer, T. D. (2009) Relationships and impacts of service quality, perceived value, customer satisfaction, and image: an empirical study, *The Service Industries Journal*, 29(2), 111-125.
Iacobucci, D. & Ostrom, A. (1993) Gender differences in the impact of core and relational aspects of services on the evaluation of service encounters, *Journal of consumer psychology*, 2(3), 257-286.
Juwaheer, T. D. (2011) Gender bias in hotel guests' perceptions of service quality: An empirical investigation of hotels in Mauritius, *E-review of Tourism Research*, 9(5), 164-189.

Kulik, C. T. & Robert Jr, L. (2000) Demographics in service encounters: Effects of racial and gender congruence on perceived fairness, *Social Justice Research*, 13(4), 375-402.

Kuo, C. M. (2007) The importance of hotel employee service attitude and the satisfaction of international tourists, *The Service Industries Journal*, 27(8), 1073-1085.

Mathies, G. & Burford, M. (2009) *Gender differences in the customer service understanding of frontline employees*, Working Papers, University of New South Wales.

Meuter, M. L., Ostrom, A. L., Roundtree, R. I. & Bitner, M. J. (2000) Self-service technologies: understanding customer satisfaction with technology-based service encounters, *Journal of marketing*, 64(3), 50-64.

Oh, H. (1999) Service quality, customer satisfaction, and customer value: A holistic perspective, *International Journal of Hospitality Management*, 18(1), 67-82.

Saleh, F. & Ryan, C. (1991) Analysing service quality in the hospitality industry using the SERVQUAL model, *Service Industries Journal*, 11(3), 324-345.

Smith, R. A. (2011) Find the Best Checkout Line, *Wall Street Journal*, December 8.

Snipes, R. L., Thomson, N. F. & Oswald, S. L. (2006) Gender bias in customer evaluations of service quality: an empirical investigation, *Journal of Services Marketing*, 20(4), 274-284.

Sridhar, M. S. (2001) Waiting lines and customer satisfaction, *SRELS journal of information management*, 38(2), 99-112.

Sureshchandar, G. S., Rajendran, C. & Anantharaman, R. N. (2002) The relationship between service quality and customer satisfaction-a factor specific approach, *Journal of services marketing*, 16(4), 363-379.

Taylor, S. (1994) Waiting for service: the relationship between delays and evaluations of service, *The journal of marketing*, 58(2), 56-69.

Taylor, S. A. & Baker, T. L. (1994) An assessment of the relationship between service quality and customer satisfaction in the formation of consumers' purchase intentions, *Journal of retailing*, 70 (2), 163-178.

Turner, J. J. & Borch, K. (2012) "Wham, bam, thank you scan: An analysis of customer satisfaction with self-scan checkouts in IKEA, Germany", *Journal of Shopper Research*, 1(2), 6-16.

Vázquez, R., Rodríguez-Del Bosque, I. A., Díaz, A. M. & Ruiz, A. V. (2001) Service quality in supermarket retailing: identifying critical service experiences, *Journal of retailing and consumer services*, 8(1), 1-14.

Wong, A. & Sohal, A. (2003) Service quality and customer loyalty perspectives on two levels of retail relationships, *Journal of services marketing*, 17(5), 495-513.

朝野熙彦（2000）『入門　多変量解析の実際　第2版』, 講談社。
岡本真一（1999）『コンジョイント分析』, ナカニシヤ出版。
真城知己（2001）『SPSSによるコンジョイント分析』, 東京図書出版。

ドゥ・ハウス Co, Ltd.（2012）「『セルフレジの利用』に関する調査結果」，http://www.dohouse.co.jp/news/research/20120725/（accessed 5 May 2014）。

終章

Pine, A. & Bennett, J. (2014) Food access and food deserts: the diverse methods that residents of a neighborhood in Duluth, Minnesota use to provision themselves. *Community Development*, 45(4), 317-336.

Shaw, H. J. (2006) Food deserts: towards the development of a classification. *Geografiska Annaler: Series B, Human Geography*, 88(2), 231-247.

Widener, M. J., Metcalf, S. S. & Bar-Yam, Y. (2012) Developing a mobile produce distribution system for low-income urban residents in food deserts. *Journal of Urban Health*, 89(5), 733-745.

初出論文

序章
書下ろし
第1章
広垣光紀（2010）「低関与製品に対するマーケティング戦略とその効果」，『広島経済大学経済研究論集』，33(3), 41-49。
第2章
Hirogaki, M. (2012) How Are Functional Foods Perceived in Japan? – Empirical Study of Young Japanese Consumers' Behavior – , *International Journal of Management Cases*, 14(4), 185-199.
第3章
Hirogaki, M. (2013) Estimating consumers' willingness to pay for health food claims: A conjoint analysis, *International Journal of Innovation, Management and Technology*, 4(6), 541-546.
第4章
広垣光紀（2009）「サプライチェーンの革新とその要因」，『広島経済大学経済研究論集』，32(3), 91-103。
第5章
広垣光紀（2008）「青果物流通における卸売構造の変化とその方向性」，『広島経済大学経済研究論集』，30（3・4），209-229。
第6章
広垣光紀（2006）神戸大学大学院経営学研究科博士後期課程第二論文。
第7章
広垣光紀（2014）「ネットスーパーとチャネル戦略」，『釧路公立大学地域研究』，23, 31-45。
第8章
Hirogaki, M. (2015) Key factors in successful online grocery retailing: empirical evidence from Tokyo,

Japan, *International Journal of Entrepreneurship and Small Business*, 26(2), 139-153.

第9章

Hirogaki, M.(2015)Retail Formats for an Aging Society: Findings from Japan, *Proceedings of the 2015 International Conference on Business and Information* - Winter Session, 4 – 6 February 2015 Hawaii, U.S.A., 19-35.

広垣光紀(2015)「買い物弱者(買い物難民)と小売業態」,『釧路公立大学地域研究』, 24, 23-35。

第10章

Hirogaki, M. (2014) Service Quality Management in Retailing: Theory and Empirical Analysis of Customer Satisfaction with Checkout Services, *International Journal of Trade, Economics and Finance*, 5(3), 270-276.

終章

書下ろし

索　引

【あ行】

アイワイネット………………………143
アズダ（Asda）………………………143
e コマース…………………………142, 146
イオン……144-145, 147-148, 152-154, 175
イトーヨーカドー…………143, 145, 147, 152-154
移動販売…………181, 184-186, 188, 192
イノベーション………5-6, 8, 63, 69, 72, 75
ウォルマート（Walmart）……………143
オムニチャネル…………………………6
卸売市場制度…………………78, 111, 129

【か行】

買い物弱者（買い物難民）
　…………6, 10, 140, 180-184, 187, 191
買い物代行…………………………184, 186
カルフール（Carrefour）……………143
競争優位性………9-10, 141, 161-162, 217
健康強調表示（ヘルスクレーム, Health claim）……………………7, 33, 46
コープさっぽろ………………………185, 187
コモディティ化………………………16

【さ行】

サプライチェーン・マネジメント
　………………………………………78
市場外流通……………………………67

支払意欲（支払意思額, WTP: Willingness to Pay）………………45, 48, 51, 56
少子高齢化社会…………………………5, 213
信用属性……………19, 46, 48, 55, 59, 74
心理的属性（サイコグラフィックス）
　………………………………………2
人口統計的属性（デモグラフィックス）
　………………………………………2
垂直的調整（Vertical Coordination）
　……………………………69, 73, 91
スイッチング・コスト………………143
セーフウェイ（Safeway）……………142
製品差別化………4, 6, 8, 13, 63, 73-75
西友………………143, 145, 147, 152, 175
センター型配送モデル（central warehouse model, warehouse shipment model）
　…………139, 146-147, 149, 151, 161

【た行】

ダイエー………………………………144-145
中小企業（SME: Small & Medium Enterprise）……………………………176
手がかり（cue）………………………7
テスコ（Tesco）……………………142-143
店舗型配送モデル（ship-from-store model, store shipment model）
　………………9, 139, 146-148, 151
特定保健用食品（トクホ, FOSHU: Foods for Specified Health Uses）…………33
トレードオフ………9, 35, 51, 57, 139, 156

【な行】

ネットスーパー（オンライン・グローサリー，Online Grocery）……………140

【は行】

バラエティ・シーキング…………16,22
フードデザート（食の砂漠，food deserts）
　………………………179-181,189
ブランド・ロイヤルティ………6,13-16
ヘルシア緑茶……………………21,33,58
ヘルスケア……………………………5,14,17

【ま行】

マーケティング・コミュニケーション
　……………………………………27,58

【ら行】

楽天………………………………144,152-154
リードタイム………………161,166,176
流通費用…………………………6,8,63,216

【著者紹介】

広垣光紀（ひろがき・みつのり）

[著者略歴]
愛媛大学社会共創学部准教授
　1978年，京都市生まれ。2001年，同志社大学商学部卒業。2008年，神戸大学大学院経営学研究科博士課程修了。博士（商学）。

[主要業績]
"Key factors in successful online grocery retailing: empirical evidence from Tokyo, Japan," *International Journal of Entrepreneurship and Small Business*, Vol.26, No.2 (2015) : 139-153.
"How Are Functional Foods Perceived in Japan?- Empirical Study of Young Japanese Consumers' Behavior-," *International Journal of Management Cases*, Vol.14, No.4 (2012) : 185-199.
「特定保健用食品（トクホ）表示が購買行動に及ぼす影響：アンケート調査による実証分析」『社会科学』第92号 (2011): 41-56.

成熟社会とマーケティング・イノベーション

2016年11月20日　初版第1刷発行

著　者　広垣光紀
発行者　千倉成示
発行所　株式会社 千倉書房
　　　　〒104-0031　東京都中央区京橋2-4-12
　　　　TEL 03-3273 3931／FAX 03-3273-7668
　　　　http://www.chikura.co.jp/

印刷・製本　藤原印刷株式会社

© HIROGAKI Mitsunori 2016 Printed in Japan
ISBN 978-4-8051-1091-1　C3034

JCOPY〈(社)出版者著作権管理機構　委託出版物〉

本書のコピー，スキャン，デジタル化など無断複写は著作権法上での例外を除き禁じられています。複写される場合は，そのつど事前に，(社)出版者著作権管理機構（電話03-3513-6969，FAX 03-3513-6979，e-mail : info@jcopy.or.jp）の許諾を得てください。また，本書を代行業者などの第三者に依頼してスキャンやデジタル化することは，たとえ個人や家庭内での利用であっても一切認められておりません。